LIVING LANGUAGE®
ITALIAN

BEYOND THE BASICS

Written by
ANTONELLA ANSANI

Edited by
CHRISTOPHER A. WARNASCH

LIVING LANGUAGE®

Copyright © 2005 by Living Language, A Random House Company

Living Language is a member of the Random House Information Group

Living Language and colophon are registered trademarks of Random House, Inc.

All rights reserved under Pan-American Copyright Conventions. No part of this book may be reproduced or transmitted in any form or by any means, electronic or mechanical, including photocopying, recording, or by any information storage and retrieval system, without permission in writing from the publisher.

Published in the United States by Living Language, A Random House Company

www.livinglanguage.com

Editor: Christopher Warnasch
Production Editor: John Whitman
Production Manager: Heather Lanigan
Interior Design: Sophie Ye Chin

ISBN 1-4000-2173-1

This book is available for special discounts for bulk purchases for sales promotions or premiums. Special editions, including personalized covers, excerpts of existing books, and corporate imprints, can be created in large quantities for special needs. For more information, write to Special Markets/Premium Sales, 1745 Broadway, MD 6-2, New York, New York 10019 or e-mail specialmarkets@randomhouse.com.

PRINTED IN THE UNITED STATES OF AMERICA

10 9 8 7 6 5 4 3 2 1

ACKNOWLEDGMENTS

Thanks to the Living Language staff: Tom Russell, Sanam Zubli, Christopher Warnasch, Zviezdana Verzich, Suzanne McQuade, Suzanne Podhurst, Sophie Chin, Denise De Gennaro, Linda Schmidt, Alison Skrabek, John Whitman, Helen Kilcullen, and Heather Lanigan. Special thanks to Giuseppe Manca.

DEDICATION

A John ed Alessandro.

CONTENTS

LESSON 14

LESSON 15

LESSON 16

LESSON 20

INTRODUCTION

Living Language® *Italian: Beyond the Basics* is a perfect follow-up to any beginner-level Italian course. It focuses on the specific needs of the intermediate student—vocabulary expansion, review of basic grammar, introduction of more challenging grammatical constructions, and natural conversational and idiomatic speech. If you've recently completed a beginner-level course in Italian, or if you're looking for a way to reactivate the Italian that you may have studied years ago, *Italian: Beyond the Basics* is a great course for you.

The complete program includes this course book, four hours of recordings, and a reference dictionary. The recordings include the dialogues and other material from the course book; they're an essential tool for perfecting pronunciation and intonation as well as building listening comprehension. The book may also be used on its own if you're confident in your pronunciation.

COURSE MATERIALS

There are twenty lessons in *Italian: Beyond the Basics*. Each lesson begins with a dialogue that focuses on a particular setting designed to highlight certain vocabulary or grammatical constructions. These settings will also give you a good idea of various cultural issues and put the language you're learning into a realistic context. In addition to the dialogues, each of the twenty lessons also contains language notes, grammar and usage explanations and examples, and several exercises. There is also a reference section at the end of the book containing a grammar summary, a section on letter writing and e-mail, and Internet resources.

DIALOGUE: The dialogue in each lesson features standard, idiomatic Italian and presents a realistic situation that demonstrates natural language use in a real context. The idiomatic English translation is provided below each line of dialogue.

NOTES: The notes refer to specific words, expressions, or cultural items used in the dialogue that are worthy of further comment. A note may clarify a translation, expand on a grammatical construction, or provide a cultural context. The notes are numbered to refer back to particular lines of dialogue for easy reference.

GRAMMAR AND USAGE: This section focuses on a few key grammatical or structural points. There is a clear and simple explanation first, followed by examples to further illustrate the point. Many of the grammar points are included as a review of key basic structures, but the overall scope of this course also includes more challenging and higher level grammar.

EXERCISES: The final section of each lesson gives you an opportunity to practice the material covered in that lesson. There are several different types of exercises, including fill-in-the-blanks, multiple choice, translation exercises, and more.

GRAMMAR SUMMARY: The Grammar Summary contains a concise and comprehensive summary of Italian grammar. This section is an invaluable tool for use either with the course or on its own for independent reference.

LETTER WRITING: This section includes examples of business, formal, and personal letters, as well as e-mail. There are also forms of salutations and closings, as well as sample envelopes.

INTERNET RESOURCES: This section contains a list of Internet resources of interest to the student of Italian.

THE RECORDINGS

The recordings include the complete dialogues from all twenty lessons in the course book, as well as a number of example sentences taken from the grammar and usage sections. Each dialogue is first read at conversational speed without interruption, and then a second time with pauses inserted, allowing you to repeat after the native speakers. By listening to and imitating the native speakers, you'll improve your pronunciation and build your listening comprehension while you reinforce the new vocabulary and structures that you've learned in the book.

HOW TO USE THIS COURSE

Take as much time as you need to work through each lesson. Do not be afraid to look over material that you've already covered if you don't feel confident enough to move ahead. The course is organized so that you can move through it at a pace that is exactly right for you.

Start each lesson by reading through it once to get a sense of what it includes. Don't try to memorize the vocabulary from the dialogue or master the grammar items, and don't attempt to do any of the exercises. Simply familiarize yourself with the lesson in a general sense.

Then start again by reading through the dialogue a first time to get a general sense of it. Then look over the notes to help clarify points that may be confusing. Next, read the dialogue more carefully, focusing on each line and its translation. If you come across new or unfamiliar vocabulary, write it down in a notebook or somewhere else you can return to for practice. Re-read the dialogue until you're comfortable with it.

After you've carefully read the dialogue a few times, turn on the recordings and listen as you read along. The dialogue is first read at normal conversational speed, and then again with pauses inserted for you to repeat. Follow along in your book as you listen, and then again as you repeat, in order to activate two senses—sight and hearing. After you've listened while reading along, close your book and try to follow without any written material. See how much of each sentence and phrase you can successfully repeat. Again, feel free to repeat these steps as many times as you'd like.

After you've finished reading and listening to the dialogue, turn to the Grammar and Usage section. Read each point carefully until it makes sense to you, and take a close look at the example sentences to see how they relate to the point at hand. If you're using a notebook, it's a good idea to take notes on the grammar and try to restate each point in your own words. Try to come up with other examples if you can. After you've completed each point in a similar way, turn on your recordings and listen through the section in the same way as you did for the dialogue. Listening and repeating will serve as an excellent review.

The exercises at the end of each lesson will help you review the material and check your overall progress. If you're unsure of a particular exercise, go back and cover the grammar again. If you're not comfortable moving ahead, make sure you take the time you need.

Turn to the Grammar Summary while you're working through the course to remind yourself of a grammar point you may have forgotten, or to provide yourself with another way of explaining a point you're working on. Also, take a look at the Internet Resources for suggestions on how you can use the Internet as a reference tool or as a way to enhance your studies.

Now, you're ready to begin.

LESSON 1

UN APPUNTAMENTO AL BAR CON UN VECCHIO AMICO
AN APPOINTMENT AT A CAFÉ WITH AN OLD FRIEND

A. DIALOGUE

Si fissa l'appuntamento. Making the appointment.

1. Claudio: **Pronto?**
   Hello?

2. Mark: **Pronto, Claudio, sono Mark.**
   Hello, Claudio, it's Mark.

3. Claudio: **Mark, da dove chiami, da New York?**
   Mark, where are you calling from, New York?

4. Mark: **No, mi trovo qui a Roma e vorrei tanto vederti se hai tempo.**
   No, I'm here in Rome and would love to see you, if you have time.

5. Claudio: **Certamente, non ci vediamo da un sacco di tempo e non vedo l'ora di fare due chiacchiere con te. Per quanto tempo rimani a Roma?**
   Certainly, we haven't seen each other for a long time, and I can't wait to catch up with you. How long are you staying in Rome?

6. Mark: **Rimango solo per una settimana, e purtroppo sono molto occupato per lavoro. Domani pomeriggio, però, sono libero.**
   I'm only staying for a week, and unfortunately I'm very busy with work. But tomorrow afternoon I'm free.

7. Claudio: **D'accordo, allora ci vediamo domani alle quattro al Caffè Sant'Eustachio per un caffè?**
All right, then we'll meet tomorrow for coffee at four, at Caffè Sant'Eustachio?

8. Mark: **Va bene, a domani allora!**
O.K. till tomorrow, then!

Al Caffè Sant'Eustachio. At the Caffè Sant'Eustachio

9. Claudio: **Che piacere rivederti! Ti trovo benissimo. Vuoi sederti dentro o all'aperto?**
What a pleasure to see you again! You look great! Do you want to sit indoors or outside?

10. Mark: **All'aperto, naturalmente!**
Outside, of course.

11. Claudio: **Ecco un tavolino libero!**
There's a free table!

12. Cameriera: **Che cosa prendono i Signori?**
What will you have, gentlemen?

13. Mark: **Io vorrei un espresso doppio. Ho bisogno di svegliarmi.**
I'd like a double espresso. I need to wake up.

14. Claudio: **E io vorrei una birra.**
And I'd like a beer.

15. Cameriera: **Subito, Signori.**
Right away, gentlemen.

16. Mark: **Com'è bella la vita italiana! Ah, ecco la cameriera che ci porta da bere. Salute!**
How beautiful Italian life is! Ah, here's the waitress bringing our drinks. Cheers!

17. Claudio: **Alla tua! E buon soggiorno a Roma!**
Cheers! And here's to an enjoyable stay in Rome!

18. Mark: **È veramente un bel posto! Ho voglia di restarci tutto il giorno!**
This is truly a nice place. I feel like staying here all day!

19. Claudio: **Abbiamo il diritto di passare qui tutto il pomeriggio.**
We can spend the whole afternoon here!

20. Mark: **Non chiedono mai ai clienti d'andare via?**
Don't they ever ask the customers to leave?

21. Claudio: **No, mai. E se si vuole, si può leggere il giornale, scrivere delle lettere, chiacchierare con gli amici o, semplicemente, guardare passare la gente.**
No, never. And, if you want, you can read a newspaper, write letters, chat with friends, or just watch the people passing by.

22. Mark: **Quando si abita a New York ci si dimentica velocemente l'arte di rilassarsi.**
When you live in New York, you quickly forget the art of relaxing.

23. Claudio: **Spero che tu abbia fatto un buon viaggio. Hai preso un volo dell'Alitalia, non è vero?**
I hope you had a good trip. You took an Alitalia flight, didn't you?

24. Mark: **Sì, ed è stato un ottimo volo. Ero seduto vicino ad un turista olandese molto simpatico.**
Yes, and it was a very pleasant flight. I sat next to a Dutch tourist who was very nice.

25. Claudio: **Se riesci a liberarti, una di queste sere potremmo fare due passi in centro, e magari mangiare in un ristorante.**
    If I manage to pull you away from your work, one of these evenings we could take a stroll downtown, and perhaps have dinner in a restaurant.

26. Mark: **Che buon'idea! Cercherò di liberarmi una sera.**
    What a good idea! I'll try to find a free evening.

27. Claudio: **Cameriera, il conto per favore . . . Ecco, pago il conto, lascio la mancia . . . Ma no, Mark, offro io, per celebrare il tuo arrivo a Roma.**
    Waitress, the check, please! I'll pay the bill, leave a tip . . . No, no Mark, I'm treating you to celebrate your arrival in Rome!

B. NOTES

Bar: This is the most common word used to indicate a café or a coffee shop. Like all other words borrowed from other languages, it's masculine. The word for bar in the sense of where a person drinks alcoholic beverages is *osteria* or *pub*.

Si fissa l'appuntamento: *Si* is the impersonal pronoun meaning "we," "they," indefinite "you," "people," etc. See Lesson 19 for a full explanation of the impersonal construction. Other impersonal constructions in this dialogue are in lines 21 and 22.

1. *Pronto?* The common expression used when answering the phone.

4. Forms of *trovarsi* (lit.: to find oneself) are often used in the place of *essere* (to be). *Trovarsi* is a reflexive verb. Reflexive verbs are discussed in detail in Les-

son 3. Other reflexive verbs in this dialogue are *svegliarsi* and *dimenticarsi*.

Vorrei is the conditional form of the verb *volere*. The conditional tense is discussed in detail in Lesson 11.

5. *Non ci vediamo da un sacco di tempo*: This special use of the present tense to indicate an action that began in the past and that is still going on in the present is discussed in detail in this chapter. It often translates as the present perfect (have done) in English.

Un sacco di is an idiomatic expression meaning "much," "many," or "a lot of."

Non vedo l'ora di + infinitive is an idiomatic expression meaning "I can't wait to . . ."

6. *Rimango*: The verb *rimanere* (to stay), is irregular and is conjugated as follows: *rimango, rimani, rimane, rimaniamo, rimanete, rimangono.*

The verb *tenere* (to keep) and its derivatives: *appartenere* (to belong); *contenere* (to contain); *intrattenere* (to entertain); *mantenere* (to maintain, to keep, to support financially); *ottenere* (to obtain); *ritenere* (to believe); *sostenere* (to claim); and *trattenere* (to retain); follow a similar pattern, but with more irregularities: *tengo, tieni, tiene, teniamo, tenete, tengono.*

7. The Caffè Sant'Eustachio is one of Rome's most celebrated cafés. It is located near Piazza Navona.

8. *D'accordo, va bene, o.k.*, are all expressions used to indicate agreement.

9. *Ti trovo benissimo*: lit.: I find you very well, is an idiomatic expression meaning "you look great."

10. *All'aperto*: outside, outdoors, lit: at the open. The expression *al fresco* literally means in the fresh air and is less used in Italian.

12. *Che cosa prendono [Loro]?*: the third person plural *Loro* is sometimes used formally to indicate "you (plural.)" *Prendere* (lit.: to take), is used when offering or asking for food.

13. *Ho bisogno di* (I need to). This is an idiomatic expression with the verb *avere* (to have). Another is found in line 16: *Ho voglia di* (I feel like). Other common idiomatic expressions with *avere* are: *avere caldo* (to be hot); *avere freddo* (to be cold); *avere fame* (to be hungry); *avere sete* (to be thirsty); *avere ragione* (to be right); *avere torto* (to be wrong); *avere fretta* (to be in a hurry); *avere paura* (to be afraid). Age is also expressed with *avere* in Italian: *Maria ha quindici anni*: Maria is fifteen years old. To review the irregular conjugation of *avere*, see the Grammar Summary at the end of this book.

16. *La vita italiana*: The definite article is used with nouns to express a general concept or idea. Examples: *La vita è bella* (Life is beautiful). *La salute è importante* (Health is important). For a detailed explanation of the use of definite articles in Italian, see Lesson 2.

    La cameriera che ci porta da bere: lit.: "the waitress who is bringing us [something] to drink." The verb *bere* is conjugated in the present as if the infinitive were *bevere*. Thus: *bevo, bevi, beve, beviamo, bevete, bevono*.

    Salute; *alla tua salute*; *alla tua*, are all familiar toasts.

19. *Abbiamo il diritto di*: it literally means "we have the right to / of," but has here the meaning of "can," "to be able to," "to be allowed to."

    passare: to spend (time); *spendere*: to spend (money).

20. Different verbs are used in Italian to express the verb "to leave." *Partire* is used to indicate leaving on a trip: *Parto domani per l'Italia* (I am leaving for Italy tomorrow). *Il treno parte alle 8.* (The train is leaving at 8). *Uscire* is used when leaving a closed space to go outside. *Mario esce dall'ufficio alle 5.* (Mario leaves the office at 5). *Usciamo di casa alle 7 per andare al lavoro.* (We leave the house at 7 to go to work). *Andare via* literally means "to go away." *Andiamo via, questa festa è noiosa!* (Let's leave, this party is boring!). Finally, *lasciare* is used to indicate leaving someone or something behind. *Piove e ho lasciato l'ombrello a casa.* (It's raining and I left my umbrella at home). *Giulia ha lasciato il suo ragazzo.* (Giulia left her boyfriend).

24. *Un turista. Turista* is a masculine noun with an irregular ending in -*a*. For a more detailed explanation of irregular nouns, see Lesson 2.

27. *La mancia*: Although service is usually included in the bill at cafés, bars and restaurants, customers sometimes leave a small tip for the waiter.

C. GRAMMAR AND USAGE

1. *Il presente indicativo* / The Present Indicative

As you probably remember, there are three groups of verbs in Italian with three conjugations. Their infinitive forms respectively end in *-are* (*parlare*); *-ere* (*vedere*); and *-ire* (*dormire*).

The present tense of regular verbs is formed by dropping the ending from the infinitive, and by adding the following endings to the stem of the verb:

io	parl-o	ved-o	dorm-o
tu	parl-i	ved-i	dorm-i
lui / lei / Lei	parl-a	ved-e	dorm-e
noi	parl-iamo	ved-iamo	dorm-iamo
voi	parl-ate	ved-ete	dorm-ite
loro / Loro	parl-ano	ved-ono	dorm-ono

Some common verbs of the third group, such as *capire* (to understand); *finire* (to finish); *preferire* (to prefer); *suggerire* (to suggest); *costruire* (to build), etc., insert *-isc-* between the stem and the ending of the verb in the *io, tu, lui, loro* subjects:

cap-isc-o
cap-isc-i
cap-isc-e
cap-iamo
cap-ite
cap-isc-ono

Note: To review the present tense of common irregular verbs, such as *essere, avere, andare, dare, fare, stare, dovere, potere, volere, sapere, venire, uscire, dire*, etc., see the Grammar Summary at the end of this book.

The Italian present tense can be used to express a habitual action in the present:

Mangio sempre al ristorante il sabato sera.
    I always eat at the restaurant on Saturday evenings.

Luigi parla italiano molto bene.
Luigi speaks Italian very well.

It can also express an action in progress:

Mark, da dove chiami?
Mark, where are you calling from?

Giorgio dorme.
Giorgio is sleeping.

Just as in English, it can express a future action:

Ci vediamo domani.
We meet / are meeting / are going to meet tomorrow.

La prossima estate vado in Italia.
I'm going to Italy next summer.

The present can express an action which began in the past and is still going on in the present. As you can see, the English prepositions "for" or "since" are rendered in Italian with *da,* and the translation is usually in the present perfect or the present perfect progressive.

Non ci vediamo da un sacco di tempo.
We haven't seen each other for a long time.

Studio italiano da quattro anni.
I've been studying Italian for four years.

An action in progress in the present can also be expressed using the present tense of *stare* followed by the gerund. The gerund is formed by adding -*ando* to the stem of first conjugation verbs, and -*endo* to the stem of second and third conjugation verbs. You'll learn more on this later.

Mark, da dove stai chiamando?
Mark, where are you calling from?

Giorgio sta dormendo.
Giorgio is sleeping.

I ragazzi stanno leggendo un libro.
   The boys are reading a book.

2. *Il genere e ll numero dei nomi* / The Gender and
   Number of Nouns

   All Italian nouns can be either masculine or feminine.
   Nouns ending in -*o* are generally masculine, and form their
   plural in -*i* (*volo, voli; appuntamento, appuntamenti*);
   nouns ending in -*a* are generally feminine, and form their
   plural in -*e* (*birra, birre; sera, sere*) and nouns ending in
   -*e* can be either masculine or feminine, and form their
   plural in -*i* (*cameriere (m) camerieri; arte (f), arti*).

	Singular	Plural
Masculine	-*o*	-*i*
Feminine	-*a*	-*e*
Masc. / Fem.	-*e*	-*i*

   Hai preso un volo dell'Alitalia, non è vero?
      You took an Alitalia flight, right?

   Io vorrei una birra.
      I would like a beer.

   *Quando si abita a New York ci si dimentica velocemente
   l'arte di rilassarsi.*
      When you live in New York you quickly forget the art
      of relaxing.

   Some words are invariable in the plural, such as those
   that end in an accented vowel:

   Roma e Firenze sono due bellissime città.
      Rome and Florence are two very beautiful cities.

   Bevo troppi caffè.
      I drink too many coffees.

Words ending in a consonant (which are usually foreign words) are also invariable in the plural.

Il calcio e il ciclismo sono due sport popolari in Italia.
Soccer and cycling are two very popular sports in Italy.

Abbiamo tre computer in casa nostra.
We have three computers in our house.

Abbreviations are also invariable in the plural.

Vuoi vedere le foto (fotografie) del nostro viaggio?
Would you like to see the pictures of our trip?

Non ci sono molti cinema (cinematografi) in questa città.
There aren't many movie theatres in this city.

Finally, nouns of one syllable are invariable in the plural.

L'Inghilterra ha avuto molti re violenti.
England has had many violent kings.

Si dice che le cicogne portano i neonati.
It is said that cranes bring babies.

Some nouns undergo spelling changes in the plural:

Masculine nouns ending in *-co* form their plural either in *-chi* or *-ci*. When the accent of the word falls on the syllable preceding *-co*, the word forms its plural in *-chi*.

Ci sono molti parchi a New York.
There are many parks in New York.

La briscola e la scopa sono due giochi di carte molto popolari in Italia.
Briscola and Scopa are two very popular card games in Italy.

These words are exceptions to this rule: *amico, amici* (friend, friends); *nemico, nemici* (enemy, enemies); *greco, greci* (Greek, Greeks).

When the accent of the word falls two syllables before -*co*, then the word forms the plural in -*ci*.

I medici americani ricevono una formazione rigorosa.
    American doctors receive a rigorous training.

Enrico Fermi è uno dei fisici italiani più rinomati.
    Enrico Fermi is one of the most renowned Italian physicists.

Masculine nouns ending in -*go* form their plural in -*ghi*.

I laghi alpini sono molto freddi.
    Alpine lakes are very cold.

Gli alberghi a Roma sono molto costosi.
    Hotels in Rome are very expensive.

However, nouns ending in -*ologo*, form the plural in -*ologi*.

I dermatologi prescrivono molte creme ai loro pazienti.
    Dermatologists prescribe many creams for their patients.

Molti psicologi hanno partecipato al convegno.
    Many psychologists participated in the convention.

Feminine nouns ending in -*ca* and -*ga* form the plural respectively in -*che* and -*ghe*.

Le amiche di Cristina sono molto simpatiche.
    Cristina's friends are very nice.

I bambini scrivono su quaderni con le righe.
    The children write in lined notebooks.

Nouns ending in -*io*, -*cia* and -*gia* drop the -*i* in the plural form, unless it is stressed:

Ho lasciato i bagagli alla stazione.
    I left my luggage at the station.

Ci sono molte spiagge bellissime in Sardegna.
There are many beautiful beaches in Sardinia.

Gli zii di Giovanni abitano a Venezia.
Giovanni's uncles live in Venice.

Molte farmacie sono chiuse la domenica in Italia.
In Italy many pharmacies are closed on Sundays.

EXERCISES

A. Write the plural form of the following nouns:

1. *nemico*

2. *ufficio*

3. *ciliegia*

4. *amica*

5. *università*

6. *foto*

7. *zio*

8. *bugia*

9. *antropologo*

10. *fango*

11. *sport*

12. *re*

B. Complete the following sentences with the present tense of the irregular verbs in parentheses.

1. *Tu _____ (andare) in Italia tutti gli anni?*

2. *No, io _____ (andare) solo ogni due anni perché i miei amici _____ (venire) a trovarmi a New York.*

3. *Lei che lavoro* _____ *(fare)? Io* _____
   (essere) un commercialista.

4. *Mario, noi* _____ *(potere) vederci*
   oggi?

5. *No, oggi io* _____ *(dovere) fare troppe*
   cose e non _____ *(avere) tempo.*

6. *Signora Rossi, come* _____ *(stare)?*

7. *Non ascoltare Mario! Lui* _____ *(dire)*
   sempre troppe bugie.

8. *Voi* _____ *(volere) andare al cinema*
   stasera?

9. *Lui* _____ *(dare) molte feste in giardino*
   durante l'estate.

10. *Noi non* _____ *(sapere) quando arriva*
    Marcella.

C. Complete the following sentences with the present
   tense of the appropriate Italian translation of the verb
   "to leave."

   1. *Noi* _____ *spesso l'ombrello a casa.*

   2. *Marco* _____ *di casa tutte le mattine*
      alle 7:00.

   3. *Gli aerei per l'Italia* _____ *sempre di*
      sera.

   4. *Quando andiamo a teatro e lo spettacolo è noioso*
      noi _____ .

   5. *Lo sai che Maria* _____ *suo marito per*
      andare a vivere con Tommaso?

6. *Spesso gli italiani* _____ *dall'ufficio tardi la sera.*

D. Choosing from the following list, fill in the blanks with the present indicative of the appropriate verb.

tenere   appartenere   contenere   intrattenere

mantenere   ottenere   ritenere   sostenere   trattenere

1. *I Cocchi* _____ *le loro figlie anche se non vivono più con loro.*

2. *Non puoi usare quella penna perché* _____ *a Luigi che ne è molto geloso.*

3. *Quanta acqua* _____ *quella bottiglia?*

4. *Silvia* _____ *di avere ragione, ma io* _____ *che abbia torto.*

5. *Luca non* _____ *mai quello che vuole perché urla troppo.*

6. *Loro* _____ *sempre molti ospiti.*

7. *Quando i bambini sono in piscina vanno sott'acqua e* _____ *il respiro.*

8. *Quel signore anziano* _____ *tutti i suoi soldi in casa!*

E. Translate the following sentences into Italian:

1. When he is hungry he eats a lot.

2. If you're thirsty, why don't you drink a nice glass of water?

3. Do you need to go to the supermarket?

4. I feel like going to the movies.

5. You're wrong when you say that Giulia is arrogant. (familiar)

6. If you're right, he's arriving at 8:00. (familiar, plural)

7. How old are you? I'm twenty-four.

8. I'm so hot! Can we open the window?

ANSWER KEY

A. 1. *nemico — nemici;* 2. *ufficio — uffici;* 3. *ciliegia —
ciliege;* 4. *amica — amiche;* 5. *università — università;*
6. *foto — foto;* 7. *zio — zii;* 8. *bugia — bugie;*
9. *antropologo — antropologi;* 10. *fango — fanghi;*
11. *sport — sport;* 12. *re — re.*

B. 1. *Tu vai in Italia tutti gli anni?* 2. *No, io vado solo
ogni due anni perché i miei amici vengono a trovarmi a
New York.* 3. *Lei che lavoro fa? –Io sono un
commercialista.* 4. *Mario, noi possiamo vederci oggi?*
5. *No, oggi io devo fare troppe cose e non ho tempo.*
6. *Signora Rossi, come sta?* 7. *Non ascoltare Mario!
Lui dice sempre troppe bugie.* 8. *Voi volete andare al
cinema stasera?* 9. *Lui dà molte feste in giardino
durante l'estate.* 10. *Noi non sappiamo quando arriva
Marcella.*

C. 1. *Noi lasciamo spesso l'ombrello a casa.* 2. *Marco
esce di casa tutte le mattine alle 7:00.* 3. *Gli aerei per
l'Italia partono sempre di sera.* 4. *Quando andiamo a
teatro e lo spettacolo è noioso noi andiamo via.* 5. *Lo
sai che Maria lascia suo marito per andare a vivere
con Tommaso?* 6. *Spesso gli italiani escono dall'ufficio
tardi la sera.*

D. 1. *I Cocchi mantengono le loro figlie anche se non
vivono più con loro.* 2. *Non puoi usare quella penna
perché appartiene a Luigi che ne è molto geloso.*
3. *Quanta acqua contiene quella bottiglia?* 4. *Silvia
sostiene di avere ragione, ma io ritengo che abbia
torto.* 5. *Luca non ottiene mai quello che vuole perché
urla troppo.* 6. *Loro intrattengono sempre molti ospiti.*
7. *Quando i bambini sono in piscina vanno sott'acqua
e trattengono il respiro.* 8. *Quel signore anziano tiene
tutti i suoi soldi in casa!*

E. 1. *Quando ha fame mangia molto.* 2. *Se hai sete, perché non bevi un bel bicchiere d'acqua?* 3. *Hai / Avete bisogno di andare al supermercato?* 4. *Ho voglia di andare al cinema.* 5. *Hai torto quando dici che Giulia è arrogante.* 6. *Se avete ragione, lui arriva alle 8:00.* 7. *Quanti anni hai? —Ho ventiquattro anni.* 8. *Ho così caldo! Possiamo aprire la finestra?*

LESSON 2

IL TELEGIORNALE
THE NEWS

A. DIALOGUE

Enrico e Rossella sono in salotto, seduti comodamente sul divano, e guardano la TV.
Enrico and Rossella are in the living room, comfortably sitting on the couch and watching TV.

1. Enrico: **Rossella, sono quasi le 8:00 e tra poco comincia il telegiornale. Oggi non ho avuto tempo di leggere** *Il Corriere della Sera* **e voglio proprio sapere che cosa è successo oggi nel mondo.**
   Rossella, it's almost 8:00 and the news is starting soon. Today I didn't have time to read *Il Corriere della Sera* and I really want to find out what happened in the world today.

2. Rossella: **Va bene, ma aspettiamo fino alle 8:30 quando comincia il telegiornale di Raidue, non sopporto il giornalista di Canale 5!**
   That's fine, but let's wait until 8:30 when the *Raidue* news comes on. I can't stand the anchorman on Channel 5!

3. Enrico: **D'accordo. Nel frattempo possiamo guardare su televideo se c'è qualcosa di interessante da vedere stasera. Non ho sonno e avrei voglia di guardare un bel film.**
   All right. In the meanwhile we can see on *televideo* if there's something interesting to watch tonight. I'm not sleepy, and I feel like watching a nice movie.

4. Rossella: **Allora, vediamo. Su Raiuno danno** *Caro* **diario e su Retequattro danno** *La stanza del figlio.* **Deve essere la serata di Nanni Moretti!**
Well, let's see. On *Raiuno* they're going to show *Caro diario*, and on *Retequattro* they're going to show *La stanza del figlio*. This must be Nanni Moretti's evening!

5. Enrico: **Guardiamo** *Caro diario!* **Anche se l'ho già visto due volte, è sempre divertente.** *La stanza del figlio,* **invece, è molto bello, ma anche così deprimente!**
Let's watch *Caro diario*. Even though I've seen it twice already, it's funny. *La stanza del figlio,* on the other hand, is a beautiful movie, but it's so depressing!

6. Rossella: **Enrico, è ora di guardare il telegiornale!**
Enrico, it's time to watch the news!

7. Giornalista: **Anche oggi su tutto il Nord d'Italia i temporali continuano. Alcuni paesi nel Trentino sono stati evacuati perché a rischio di un allagamento . . .**
Today again thunderstorms continue all over northern Italy. A few towns in Trentino have been evacuated due to possible flooding . . .

8. Rossella: **Enrico, secondo te è cambiato il tempo? Una volta non c'erano così tanti disastri ecologici. Ora invece non c'è più la primavera, d'estate fa sempre troppo caldo, non nevica quasi più sulle Alpi, e quando piove viene un diluvio!**
Enrico, do you think the weather has changed? In the past we didn't have so many ecological disasters. Now, on the other hand, we don't have spring anymore, in the summer it's always too hot, in the Alps

it hardly snows any more, and when it rains it's a deluge!

9. Enrico: **Beh, non esagerare! Però è vero, il clima è cambiato, e sono sicuro che l'effetto serra è una realtà, non un mito.**
Well, don't exaggerate! But it's true, though, climate has changed, and I'm sure that the greenhouse effect is a reality, not a myth.

10. Giornalista: **Oggi a Roma quasi un milione di persone sono scese in piazza per protestare contro il carovita . . .**
Today in Rome almost a million people crowded the square to demonstrate against the high cost of living . . .

11. Rossella: **E hanno fatto bene! Da quando abbiamo l'euro, tutti i prezzi sono aumentati, anzi, sono raddoppiati! Quando vado a fare la spesa, spendo molto di più di una volta.**
And they did well! Ever since we've had euros, all the prices have increased; in fact, they've doubled! When I go grocery shopping, I spend much more than I used to.

12. Enrico: **Hai ragione, si lamentano tutti. Per molte famiglie non è più possibile andare in vacanza, e anche mangiare al ristorante una volta ogni tanto è diventato un lusso.**
You're right, everybody is complaining. For many families it's not possible to go on vacation any more, and even eating in a restaurant once in a while has become a luxury.

13. Rossella: **Noi siamo fortunati perché abbiamo un buon lavoro, ma non so proprio come fanno quelle famiglie dove solo una persona lavora.**

We're lucky because we both have a good job, but I really don't know how those families with only one income manage.

14. Enrico: **È vero, un mio collega, Giovanni, mi ha detto che sua moglie ha deciso di cercare un lavoro perché non riescono più ad andare avanti con uno stipendio solo. Il problema è che è molto difficile trovare un lavoro dopo una certa età.**
It's true. A colleague of mine, Giovanni, told me that his wife decided to look for a job because they can't make ends meet on only one income. The problem is that it's very difficult to find a job after a certain age.

15. Giornalista: **Alcuni scienziati inglesi hanno dichiarato che per dormire bene sono necessari temperatura fresca, buio completo, silenzio, ma soprattutto un grande letto comodo tutto per sé.**
English scientists have declared that in order to have a good night's sleep, the following are necessary: cool temperature, complete darkness, silence, but above all a big, comfortable bed, all for oneself.

16. Rossella: **Hai sentito? Ho ragione allora quando sostengo che di notte tu mi svegli quando russi e ti muovi! Forse dovremmo avere letti separati, o, meglio, camere separate!**
Did you hear that? Then I'm right when I claim that at night you wake me up when you snore, and toss and turn! Perhaps we should have separate beds or, even better, separate rooms!

17. Enrico: **Ecco, cambiamo programma, fra poco comincia il film!**
Here, let's change the channel, the movie is going to begin soon!

B. NOTES

Telegiornale: lit.: The TV newspaper

1. *Il Corriere della Sera*: published in Milan, is probably the most respected newspaper in Italy. It is the equivalent of *The New York Times* or *The Washington Post*. Other popular newspapers include *La Repubblica*, *La Stampa*, *La Nazione* and *Il Mattino*. The financial newspaper is *Il Sole 24 Ore*, and two popular sports newspapers are *La Gazzetta dello Sport*, and *Il Corriere dello Sport*.

    Non ho avuto tempo; *che cosa è successo*: these are the past forms of, respectively, *avere* and *succedere*. For a complete explanation of the past tense, see Lesson 3.

    Sapere: to know. The verb to know is rendered in Italian by two different verbs: *sapere* and *conoscere*. *Sapere* is irregular and is conjugated as follows: *so, sai, sa, sappiamo, sapete, sanno*. *Sapere* is used to indicate the knowledge of a fact: *So dove abiti* (I know where you live). It also has the meaning of "to know how": *So parlare tre lingue* (I know how to speak three languages). It can also mean "to find out": *Voglio sapere che cosa è successo nel mondo* (I want to find out what happened in the world).

    Conoscere is a regular verb (*conosco, conosci, conosce, conosciamo, conoscete, conoscono*) and has the meaning of "to be familiar with": *Conosco Giovanni* (I know Giovanni); *conosciamo un buon ristorante italiano* (we know a good Italian restaurant). In the past tense it has the meaning of "to meet someone for the first time": *Ieri a una festa ho conosciuto l'amica di Franco* (Yesterday at a party I met Franco's girlfriend).

2. *Sopportare*. A "false friend," it is almost always used in the negative. *Non sopporto il giornalista di*

Canale 5 (I cannot stand the anchorman on Channel 5).

3. *Televideo*: It is a "real time" text-only newspaper available on *Raiuno*, *Raidue* and *Raitre* (regional edition) since 1984, as well as on some private channels. It contains hundreds of pages about national and international news, the stock market, sports, TV and radio programming, etc. Now it is also available online at www.televideo.rai.it. More than 20 million Italians use it daily as a source of information.

Qualcosa di + adjective + *da* + infinitive, as in *qualcosa di interessante da vedere* (something interesting to see); *qualcosa di buono da mangiare* (something good to eat). Note that the adjective is always masculine. The same construction is also used with *niente* (nothing): *Alla TV non c'è niente di bello da vedere stasera* (There is nothing good to see tonight on TV).

Un bel film. For the irregular forms of the adjective *bello* see Lesson 6.

4. There are three public (state-run) television channels in Italy: *Raiuno*, *Raidue* and *Raitre*, and a number of private channels. The most popular private channels, *Retequattro*, *Canale 5*, and *Italia 1*, are owned by *Fininvest*, a financial conglomerate headed by the current prime minister, Silvio Berlusconi.

Nanni Moretti, one of Italy's best-loved film directors, won the Best Director Award at the Cannes Film Festival in 1994. *Caro diario* was the first of his films to be released in the United States. In this cinematic simulation of a diary, Moretti, playing himself, makes a series of witty and insightful observations about contemporary culture and life in general. *La stanza del figlio* is a drama about the devastating effects of a child's death on his family.

5. The word "time" can be translated in Italian either with *ora* (the time of day): *È ora di guardare il telegiornale* (it's time to watch the news); or with *volta* (how many times an action is repeated): *L'ho già visto due volte* (I've already seen it twice). The word *tempo* is used to indicate the time at one's disposal: *Non ho tempo di uscire* (I do not have time to go out), and also to indicate the weather. *Secondo te è cambiato il tempo?* (Do you think the weather has changed?)

10. *Sono scese in piazza*: lit.: They descended on the square. This is an idiomatic expression to describe people protesting in the streets and squares of Italian cities. *Sceso* is the irregular past participle of *scendere*. For more details on the past tense, see Lesson 3.

11. The euro replaced the *lira* and the national currencies of most countries belonging to the European Union on January 1, 2002. In Italy, its value was established at 1936.27 liras.

    Fare la spesa (to go grocery shopping.) This is one of many idiomatic expressions that use the verb *fare*. Many of these expressions are rendered in English with the verb "to take": *fare una foto* (to take a picture); *fare una passeggiata* (to take a walk); *fare il bagno / fare la doccia* (to take a bath / a shower); *fare una pausa* (to take a break). Other idiomatic expressions with fare include: *fare colazione* (to have breakfast); *fare spese* (to shop); *fare attenzione* (to pay attention); *fare una domanda* (to ask a question); *fare un viaggio* (to take a trip); *fare un giro* (to take a stroll); and *fare una gita* (to go on a short trip).

14. *Collega, problema, programma,* and *giornalista* are masculine words with an irregular singular ending in *-a*. For more details on irregular nouns, see the grammar and usage section in this chapter. Note that *collega* and *giornalista*, since they refer to people, may also be feminine.

C. GRAMMAR AND USAGE

1. *Gli articoli* / The Articles

Indefinite (a, an) and definite (the) articles in Italian agree with the noun they refer to in gender and number. The form of the article is determined by the spelling of the noun.

INDEFINITE ARTICLES:

Masculine

before most consonants and vowels	*un*
before *s* + consonant, *z-*, *ps-*, *pn-*, *gn-*, *i-* or *y-* + vowel	*uno*

Feminine

before consonants	*una*
before vowels	*un'*

Ho un'amica italiana che si chiama Lorenza.
I have an Italian friend named Lorenza.

Il Concord è un aereo molto veloce.
The Concord is a very fast plane.

Lo sci è uno sport molto divertente.
Skiing is a very fun sport.

Roma è una città molto ántica.
Rome is a very ancient city.

DEFINITE ARTICLES:

	Singular	Plural
Masculine		
before most consonants	*il*	*i*
before *s-* + consonat, *z-*, *ps-*, *pn-*, *gn-*, *i-* or *y-* + vowel	*lo*	*gli*
before vowels	*l'*	*gli*
Feminine		
before consonants	*la*	*le*
before vowels	*l'*	*le*

Gli italiani amano guardare il telegiornale, le telenovele, i film, gli sceneggiati televisivi, e i documentari.
Italians love to watch the news, soap operas, movies, mini series, and documentaries.

Il caffè, la cioccolata in tazza, l'acqua minerale, l'aperitivo e lo spumante sono bevande popolari in Italia.
Coffee, hot chocolate, mineral water, aperitif, and sparkling wine are popular beverages in Italy.

In Italian the definite article is required with titles preceding last names or when referring to someone in the third person. When addressing someone directly, the article is omitted.

Il signor Orsi preferisce leggere il giornale che guardare il telegiornale.
   Mr. Orsi prefers reading the paper over watching the news.

Signor Orsi, che canale preferisce guardare?
   Mr. Orsi, which channel do you prefer to watch?

It is also required in front of abstract nouns and general statements:

La speranza è l'ultima a morire.
   Hope is the last to die.

Gli italiani amano mangiare bene.
   Italians love to eat well.

The definite article is used with dates, seasons, and expressions of time. It is used in front of the days of the week to express that something occurs habitually on a particular day:

Enrico è nato il 5 giugno.
   Enrico was born on June 5.

Il telegiornale comincia alle 8:30.
   The news begins at 8:30.

Ora invece non c'è più la primavera, e d'estate fa sempre troppo caldo.
   Now, on the other hand, we don't have spring anymore, and in the summer it's always too hot.

La domenica vanno sempre al cinema.
   On Sundays they always go to the movies.

It is used in front of geographical nouns, such as names of countries, regions, states, rivers, mountains, lakes, continents, and oceans:

L'Umbria è una delle regioni italiane più belle.
   Umbria is one of the most beautiful Italian regions.

Il Po è il fiume più lungo in Italia.
The Po is the longest river in Italy.

The definite article is also used in front of possessive adjectives and pronouns, except with singular nouns denoting family members:

Il mio canale preferito è Raitre.
My favorite channel is *Raitre*.

Mio cugino abita nel Connecticut, ma i miei zii abitano nel Maine.
My cousin lives in Connecticut, but my aunt and uncle live in Maine.

2. *Gli aggettivi* / Adjectives

Italian adjectives agree in gender and number with the noun they modify, and are usually placed after the noun. There are two groups of adjectives:

Adjectives whose masculine singular form ends in *-o* have four possible endings, and adjectives whose masculine singular form ends in *-e* have only two possible endings:

	Singular	Plural
Masculine	*alt-o*	*alt-i*
Feminine	*alt-a*	*alt-e*
Masc / Fem	*intelligent-e*	*intelligent-i*

La stanza del figlio è un film bello ma deprimente.
La stanza del figlio is a beautiful but depressing movie.

Per dormire bene sono necessari temperatura fresca e buio completo.
To have a good night's sleep, cool temperature and complete darkness are necessary.

The colors / adjectives *blu, rosa* and *viola* are invariable:

Ha comprato un vestito viola molto elegante.
. She bought a very elegant violet dress.

Demonstrative, indefinite, and possessive adjectives precede the noun:

Questo film è molto divertente.
This movie is very funny.

Vuoi vedere un altro programma?
Do you want to see another program?

Mio marito guarda sempre la partita di calcio alla TV.
My husband always watches the soccer game on TV.

A few adjectives, such as *buono, cattivo, bello, brutto, giovane, vecchio, grande, piccolo*, usually precede the noun. See Lessons 6 and 10 for more details on the use of these adjectives.

3. *Sostantivi irregolari* / Irregular Nouns

A few masculine nouns, usually derived from Greek, have an irregular singular ending in -*a*. Many of these nouns are cognates. The plural form ends regularly in -*i*. Here are some of the most common:

dramma (drama)	*emblema* (emblem)	*clima* (climate)
programma (program)	*poema* (poem)	*papa* (pope)
telegramma (telegram)	*problema* (problem)	*pianeta* (planet)
aroma (aroma)	*schema* (scheme)	*poeta* (poet)
diploma (diploma)	*sistema* (system)	*profeta* (prophet)
panorama (panorama)	*teorema* (theorem)	*trauma* (trauma)

Quali sono i tuoi programmi preferiti?
What are your favorite programs?

L'Orlando Furioso è un famoso poema epico di Ludovico Ariosto.
   The Orlando Furioso is a famous epic poem by Ludovico Ariosto.

Nouns ending in *-ista* and *-iatra* (which usually indicate professions), and a few others such as *collega* (colleague) and *astronauta* (austronaut) can be either masculine or feminine. The plural, however, ends in *-i* in the masculine form, and in *-e* in the feminine form. Here are a few common nouns:

giornalista (journalist)	*pediatra* (pediatrician)
pianista (pianist)	*geriatra* (gerontologist)
regista (movie / theater director)	*psichiatra* (psychiatrist)
turista (tourist)	

Maurizio Pollini è un famoso pianista italiano.
   Maurizio Pollini is a famous Italian pianist.

Carmen Lasorella era una giornalista di Raidue.
   Carmen Lasorella was a Raidue journalist.

EXERCISES

A. Complete with the correct form of *conoscere* or *sapere*.

1. *Noi* _____ *un ottimo ristorante francese.*

2. *Tu* _____ *sciare?*

3. *Io* _____ *Mariella ma non* _____ *dove abita.*

4. *Quante lingue* _____ *parlare voi?*

5. *Loro* _____ *bene New York, ma non* _____ *usare la metropolitana.*

B. Fill in the blank with the correct form of *ora, tempo,* or *volta.*

1. *Quante _____ sei andato in Italia?*

2. *Non vedo l' _____ di tornare a casa, sedermi sul divano e guardare la TV.*

3. *Quando ho _____ mi piace leggere un libro.*

4. *Che _____ fa a New York?*

5. *In Italia trasmettono il telegiornale molte _____ al giorno.*

6. *A che _____ arriva il treno da Milano?*

C. Complete with the appropriate indefinite or definite article.

1. *Conosco _____ studente americano che studia a Roma.*

2. *_____ giornalista di Canale 5 mi è antipatico.*

3. *_____ stadi in Italia sono sempre affollati.*

4. *_____ California e _____ Oregon sono due stati sulla costa occidentale.*

5. *Questa sera vado a vedere _____ commedia inglese.*

6. *Marco adora _____ automobili sportive.*

7. *_____ miei bambini amano _____ gnomi.*

8. *Io mangio _____ yogurt tutte le mattine.*

9. *_____ amica di Cristina va in Germania questa estate.*

10. _____ *zaini degli studenti sono troppo pesanti.*

D. Change the following sentences from the singular to the plural, or vice versa. Make all the possible changes.

1. *Lo zio di Francesco guarda sempre il telegiornale.*

2. *I poeti leggono le loro poesie in pubblico.*

3. *La giornalista annuncia che il senatore va in America in viaggio ufficiale.*

4. *Il programma televisivo di stasera è molto noioso.*

5. *Gli scienziati hanno scoperto le più importanti cure per il cancro.*

6. *Conosciamo le cause dell'effetto serra.*

7. *Io pago il conto al ristorante con la carta di credito.*

8. *Alla TV guardo il film, lo sceneggiato televisivo, la telenovela e lo sport.*

9. *Al supermercato compro la mela, lo zucchino e il surgelato.*

10. *I re e le regine vanno ai balli mascherati.*

E. Translate into Italian:

1. RAI, Italian public television, has three channels.

2. Love is blind.

3. Mount Blanc is the tallest mountain in France.

4. Mary is nervous because she has a problem at work.

5. Armstrong is an American cyclist.

6. Nanni Moretti is a much-loved director in Italy.

7. I was born on the fourth of July.

8. Football and baseball are not very popular sports in Italy.

9. Pink roses are beautiful.

10. I need to go shopping and buy a pair of black shoes.

ANSWER KEY

A. 1. *Noi conosciamo un ottimo ristorante francese.* 2. *Tu sai sciare?* 3. *Io conosco Mariella ma non so dove abita.* 4. *Quante lingue sapete parlare voi?* 5. *Loro conoscono bene New York, ma non sanno usare la metropolitana.*

B. 1. *Quante volte sei andato in Italia?* 2. *Non vedo l'ora di tornare a casa, sedermi sul divano, e guardare la TV.* 3. *Quando ho tempo mi piace leggere un libro.* 4. *Che tempo fa a New York?* 5. *In Italia trasmettono il telegiornale molte volte al giorno.* 6. *A che ora arriva il treno da Milano?*

C. 1. *Conosco uno studente americano che studia a Roma.* 2. *Il giornalista di Canale 5 mi è antipatico.* 3. *Gli stadi in Italia sono sempre affollati.* 4. *La California e l'Oregon sono due stati sulla costa occidentale.* 5. *Questa sera vado a vedere una commedia inglese.* 6. *Marco adora le automobili sportive.* 7. *I miei bambini amano gli gnomi.* 8. *Io mangio lo yogurt tutte le mattine.* 9. *L'amica di Cristina va in Germania questa estate.* 10. *Gli zaini degli studenti sono troppo pesanti.*

D. 1. *Gli zii di Francesco guardano sempre i telegiornali.* 2. *Il poeta legge la sua poesia in pubblico.* 3. *Le giornaliste annunciano che i senatori vanno in America in viaggi ufficiali.* 4. *I programmi televisivi di stasera sono molto noiosi.* 5. *Lo scienziato ha scoperto la più importante cura per il cancro.* 6. *Conosco la causa dell'effetto serra.* 7. *Noi paghiamo i conti ai ristoranti con le carte di credito.* 8. *Alla TV guardiamo i film, gli sceneggiati televisivi, le telenovele e gli sport.* 9. *Ai supermercati compriamo le mele, gli zucchini e i surgelati.* 10. *Il re e la regina vanno al ballo mascherato.*

E. 1. *La RAI, la televisione pubblica italiana, ha tre
    canali.* 2. *L'amore è cieco.* 3. *Il Monte Bianco è la
    montagna più alta in Francia.* 4. *Maria è nervosa
    perché ha un problema al lavoro.* 5. *Armstrong è un
    ciclista americano.* 6. *Nanni Moretti è un regista molto
    amato in Italia.* 7. *Sono nato/a il quattro (di) luglio.*
    8. *Il football e il baseball non sono sport molto
    popolari in Italia.* 9. *Le rose rosa sono belle.* 10. *Ho
    bisogno di andare a fare spese e comprare un paio di
    scarpe nere.*

LESSON 3

AL TELEFONO
ON THE PHONE

A. DIALOGUE

È sabato pomeriggio; il telefono squilla in casa di Francesca Gandolfo a Bologna, e Francesca risponde al telefono.
It's Saturday afternoon. The telephone rings in Francesca Gandolfo's house in Bologna, and Francesca answers the phone.

1. Francesca: **Pronto?**
   Hello?

2. Giovanna: **Pronto, Francesca, come va?**
   Hello, Francesca, how's it going?

3. Francesca: **Giovanna, dove sei? Ho appena chiamato a casa tua ma non ha risposto nessuno.**
   Giovanna, where are you? I just called your house, but nobody answered.

4. Giovanna: **Ti sto chiamando dal telefonino. Sono venuta al Centronova a comprare il regalo per Giuliana, ma ci sono troppe cose belle e non riesco a decidere cosa prendere. Inoltre, le cose che preferisco costano un po' troppo, e non so se posso permettermele.**
   I'm calling you on my cell phone. I came to Centronova to buy a gift for Giuliana, but there are too many beautiful things, and I can't decide what to get. And the things I prefer cost a bit too much, and I don't know if I can afford them.

5. Francesca: **Mamma mia, è vero che domani sera c'è la sua festa di compleanno! Mi sono completamente dimenticata del regalo! E adesso come faccio? Domani i negozi sono tutti chiusi!**
   Oh boy, it's true that tomorrow evening is her birthday party! I completely forgot about the gift! And now what do I do? Tomorrow all the stores are closed!

6. Giovanna: **Potresti raggiungermi adesso qui al centro commerciale. Se vuoi ti aspetto, e magari possiamo comperarle un regalo insieme. Se dividiamo la spesa, possiamo comprarle un bel regalo e fare una bella figura!**
   You could meet me now here at the mall. If you want, I'll wait for you, and maybe we can buy her a gift together. If we share the expense, we can buy her a nice gift and impress her.

7. Francesca: **È un'ottima idea: aiuto te e risolvo pure il mio problema! Prima di uscire, però, ti voglio parlare dei miei programmi per stasera e chiederti se ti interessa venire con me.**
   That's a great idea: I help you, and also solve my problem! Before I go out, though, I want to speak to you about my plans for tonight, and ask you if you're interested in coming with me.

8. Giovanna: **Dove? E con chi?**
   Where? And with whom?

9. Francesca: **Beh, dove ancora non lo so. Però voglio uscire con mio cugino Livio che è appena arrivato dalla Francia con un suo amico. Se vieni anche tu, sarà senz'altro più divertente!**
   Well, where I don't know yet. But I want to go out with my cousin Livio who just got here from France with a friend of his. If you come as well, it will certainly be more fun!

10. Giovanna: **Io sono libera, ma come si chiama questo amico, e com'è?**
I'm free, but what is this friend's name, and what is he like?

11. Francesca: **Si chiama Michel, è parigino, ma parla sia l'italiano che l'inglese perfettamente. È alto e moro, con bellissimi occhi verdi. Si laurea il mese prossimo in medicina, ma ha già finito tutti gli esami e vuole fare una vacanza in Italia prima di andare a specializzarsi in chirurgia plastica negli Stati Uniti.**
His name is Michel, he's from Paris, but he speaks both Italian and English perfectly. He's tall and dark-haired, with beautiful green eyes. He'll graduate from medical school next month, but he's already finished all his exams, and he wants to take a vacation in Italy before going to specialize in plastic surgery in the United States.

12. Giovanna: **Non dire altro! Allora dove andiamo?**
Say no more! Where are we going then?

13. Francesca: **Non lo so, non riesco a decidermi. Cosa pensi tu?**
I don't know, I can't decide. What do you think?

14. Giovanna: **Dobbiamo fare qualcosa di speciale per Michel, ma dobbiamo anche divertirci. Ascolta! Cosa ne dici se ceniamo da Rodrigo e poi andiamo a ballare in discoteca?**
We have to do something special for Michel, but we've also got to have fun. Listen! What about having dinner at Rodrigo's and then going dancing in a club?

15. Francesca: **Mi sembra una buona idea, ma ne parlo prima con Livio e Michel per vedere se questo programma va bene anche a loro.**

That seems like a good idea to me, but I'll talk to Livio and Michel about it first to figure out if they like this plan too.

16. Giovanna: **D'accordo, ma non dimenticarti che dobbiamo comprare prima il regalo per Giuliana.**
O.K., but don't forget that we have to buy a gift for Giuliana first.

17. Francesca: **Sì sì, mi ricordo! Adesso mi vesto e arrivo subito. Ci vediamo tra mezz'ora davanti al negozio di Benetton.**
Oh yes, I remember! Now I'm going to get dressed and I'll be right there. I'll see you in half an hour in front of Benetton.

18. Giovanna: **Intanto che ti aspetto, voglio anche cercare un bel vestito da mettermi stasera!**
While I'm waiting for you, I want to look for a nice dress to wear tonight!

19. Francesca: **Ma come sei vanitosa! Hai mille vestiti, non hai certo bisogno di un vestito nuovo per stasera. Per favore, cerca di pensare a cosa possiamo comprare per Giuliana. Non abbiamo molto tempo per fare spese!**
You're so vain! You have a thousand dresses, you certainly don't need a new dress for tonight. Please, try to think about what we can buy for Giuliana. We don't have much time to shop!

20. Giovanna: **Va bene, però se vedo un vestito che mi piace me lo provo!**
All right, but if I see a dress that I like, I'm going to try it on!

21. Francesca: **Mi raccomando, fra mezz'ora da Benetton. Non essere in ritardo!**

Make sure you're at Benetton in half an hour. Don't be late!

B. NOTES

Note that the preposition *a* is used in expressions about telephones, as in *parlare al telefono* (to speak on the phone); *rispondere al telefono* (to answer the phone), etc.

4. Although the expression *telefono cellulare* exists, most Italians call a cellular phone *telefonino*, or "little phone."

   Riuscire a + infinitive is a very common verb used instead of *potere* to express "can," "to be able to," or "to succeed in (doing)."

   Permettersi is a reflexive verb. It means "to take the liberty to do something," and used with *potere* it means to afford.

5. *Mamma mia!* This is a very common Italian exclamation that probably needs no translation!

   Come faccio: lit. "How do I do?" is used to express "What do / can / should I do."

   With very few exceptions, Italian stores are closed on Sundays.

6. *Raggiungere* means to reach, but it is also used with the meaning of "meet up with a person" in a place where he or she is already.

   Fare una bella (brutta) figura: to cut a good figure. Something of an obsession with Italians, this expression is used to indicate any circumstance when someone looks good (or bad), or acts well (or badly).

9. Sometimes Italians use *boh* instead of *beh* to indicate that they really have no idea.

11. *Sia . . . che* translates as "both . . . and."

14. *Cosa ne dici se* translates as "How about / What about . . . doing something." For the use of the pronoun *ne*, see Lesson 7. See another example of the use of *ne* in 15.

    Rodrigo: One of the best restaurants in Bologna.

18. *Intanto che* can also be expressed with *mentre*, meaning "while."

19. The verb *pensare* is used both with the preposition *a* and *di*. It is used with *a* when one thinks about something or someone: *Penso alla mia ragazza* (I am thinking about my girlfriend). It is used with the preposition *di* when one thinks about doing something: *Penso di andare al cinema stasera* (I am thinking about going to the movies tonight).

21. Both *essere in ritardo* and *essere tardi* mean to be late. However, *essere in ritardo* is used to indicate a person who is late: *Mario è sempre in ritardo* (Mario is always late); while *essere tardi* is used to express that it (the time) is late: *È tardi, dobbiamo uscire* (It is late, we have to leave).

    Raccomandarsi is a reflexive verb usually used to encourage someone to do something. Typically, a mother would say to a child: "*Mi raccomando, comportati bene!*" (Make sure you behave well!)

C. GRAMMAR AND USAGE

1. *I verbi riflessivi*. Reflexive Verbs.

Reflexive verbs, whose infinitives are recognizable by the *-si* ending, are verbs where the subject acts on itself. Italian uses reflexive verbs more often than English, which prefers prepositional sentences to express the same idea. Reflexive verbs are conjugated just like non-reflexive verbs, but are preceded by the reflexive pronoun as follows:

	lavarsi	*mettersi*	*coprirsi*	*pulirsi*
	(to wash oneself)	(to put on, to dress oneself)	(to cover oneself)	(to clean oneself)
io	*mi lavo*	*mi metto*	*mi copro*	*mi pulisco*
tu	*ti lavi*	*ti metti*	*ti copri*	*ti pulisci*
lui / lei / Lei	*si lava*	*si mette*	*si copre*	*si pulisce*
noi	*ci laviamo*	*ci mettiamo*	*ci copriamo*	*ci puliamo*
voi	*vi lavate*	*vi mettete*	*vi coprite*	*vi pulite*
loro / Loro	*si lavano*	*si mettono*	*si coprono*	*si puliscono*

Io mi lavo la sera prima di andare a dormire.
> I wash up in the evening before going to sleep.

Mario si mette il cappotto perché fa freddo.
> Mario is putting on his coat because it is cold.

Some verbs are reflexive in structure but not in meaning:

L'amico di mio cugino si chiama Michel.
> My cousin's friend is called Michel. / My cousin's friend's name is Michel.

Si laurea il mese prossimo in medicina.
> He will graduate from medical school next month.

Si specializza in chirurgia plastica negli Stati Uniti.
> He specializes in plastic surgery in the United States.

The reflexive structure is used in Italian to express reciprocity (one another, each other). In these cases the subject is always plural:

Ci vediamo tra mezz'ora da Benetton.
> We'll meet (lit. "see each other") in half an hour at Benetton.

Marco e Teresa si amano molto.
> Marco and Teresa love each other very much.

2. *Il passato prossimo* / The Present Perfect

The present perfect (*passato prossimo*) is used to indicate a completed action in the past. *Ho mangiato*, for example, translates into English as "I have eaten," "I ate," or "I did eat." This tense is formed with the present tense of the auxiliary verbs *avere* or *essere*, followed by the past participle of the main verb. Regular past participles are formed by dropping the infinitive ending (*-are*, *-ere*, or *-ire*), and replacing it respectively with *-ato*, *-uto*, or *-ito* (i.e., *mangiare → mangiato*; *credere → creduto*; *dormire → dormito*).

When a verb is conjugated with *avere*, the past participle remains unchanged, unless the verb is preceded by a direct object pronoun (see Lesson 5). When a verb is conjugated with *essere*, however, the past participle agrees in gender and number with the subject of the verb.

	mangiare	*andare*
io	*ho mangiato*	*sono andato/a*
tu	*hai mangiato*	*sei andato/a*
lui / lei / Lei	*ha mangiato*	*è andato/a*
noi	*abbiamo mangiato*	*siamo andati/e*
voi	*avete mangiato*	*siete andati/e*
loro / Loro	*hanno mangiato*	*sono andati/e*

Most verbs are conjugated with the auxiliary *avere*.

Ho appena chiamato a casa tua ma non ha risposto nessuno.
I just called your house but nobody answered.

Ho comprato un bel vestito nuovo.
I bought a nice new dress.

Ho visitato Parigi l'estate scorsa.
I visited Paris last summer.

Some verbs use the auxiliary *essere* in the present perfect. They include verbs indicating movement from a place to another, such as *andare* (to go), *venire* (to come), *uscire* (to go out), *entrare* (to come in), *arrivare* (to arrive), *partire* (to leave), *ritornare* (to return), etc., as well as verbs that indicate absence of movement, such as *stare* (to stay), *restare* (to stay), *rimanere* (to remain), etc. Remember that the past participle must agree with the subject if the verb takes *essere* as a past auxiliary.

Sono venuta al Centronova a comprare il regalo per Giuliana.
I came to Centronova to buy a gift for Giuliana.

Il treno è arrivato in ritardo.
The train arrived late.

Ieri sera sono rimasta a casa.
Last night I stayed at home.

Verbs indicating a physical or psychological change of state also take *essere*, such as *nascere* (to be born), *morire* (to die), *ingrassare* (to get fat), *dimagrire* (to lose weight), *invecchiare* (to grow old), *succedere* (to happen), etc.

I miei nonni sono nati in Italia.
My grandparents were born in Italy.

Hai visto Giorgio? È dimagrito moltissimo.
Did you see George? He's lost a lot of weight.

Che cosa è successo?
   What happened?

Reflexive and reciprocal verbs are conjugated with *essere*.

Mi sono completamente dimenticata del regalo.
   I completely forgot about the gift.

·Ieri i miei amici si sono incontrati al ristorante.
   Yesterday my friends got together at the restaurant.

Mi sono già vestita.
   I've already gotten dressed.

Finally, the verb *piacere* (to like), and those with the same grammatical structure, such as *mancare* (to miss), *bastare* (to be enough), etc., also take *essere*. For more details on these verbs, see Lesson 8.

Ti è piaciuto il film ieri sera?
   Did you like the movie last night?

Mi sei mancata moltissimo!
   I missed you a lot.

3. *Le preposizioni* / Prepositions

The eight most common prepositions in Italian are: *di*, *a*, *da*, *in*, *con*, *su*, *per*, *tra* (*fra*). When followed by an article, the prepositions *di*, *a*, *da*, *in*, and *su* contract with the article and form a single word. In this process, the following spelling changes occur:

a) the preposition *in* > *ne*
b) the preposition *di* > *de*
c) the article *il* drops the *i*
d) every article beginning with *l* doubles the *l*.

di — del, della, dello, dell', dei, delle, degli.
a — al, alla, allo, all', ai, alle, agli.
da — dal, dalla, dallo, dall', dai, dalle, dagli.

in — nel, nella, nello, nell', nei, nelle, negli.
su — sul, sulla, sullo, sull', sui, sulle, sugli.

For example:

di + il > del	*È il libro del professore.* (This is the professor's book.)
in + la > nella	*Il maglione è nella camera da letto.* (The sweater is in the bedroom.)
da + l' > dall'	*È tornato dall'aeroporto.* (He came back from the airport.)
su + i > sui	*C'è la neve sui monti.* (There is snow on the mountains.)

Prepositions are very idiomatic in every language, so it's best to study their meaning and usage in several examples. We'll start with *da* in this lesson.

4. *La preposizione da* / The Preposition *da*

The most common translation of the preposition *da* is "from."

È appena arrivato dalla Francia con un suo amico.
   He's just arrived from France with a friend.

Da can also be used with a person's name, a pronoun or a noun that refers to a person to indicate "at the house of," "at the office of," "at the restaurant of," etc.

Mi raccomando, fra mezz'ora da Benetton.
   Make sure (to be) at Benetton in half an hour.

Cosa ne dici se ceniamo da Rodrigo?
   What about having dinner at Rodrigo's (restaurant)?

Prima di venire a casa passo da Paolo.
   Before coming home I'll stop by Paolo's (house).

It can also indicate purpose or necessity.

Voglio anche cercare un bel vestito da mettermi stasera.
I also want to look for a nice dress to wear tonight.

Ho molte cose da fare oggi.
I have a lot of things to do today.

Da also indicates what something is used for.

Hai una macchina da scrivere?
Do you have a typewriter?

Ho comprato una macchina da cucire.
I bought a sewing machine.

With nouns and adjectives *da* indicates age.

Da bambina abitavo in Italia.
When I was a girl I used to live in Italy.

Che cosa farai da grande?
What will you do when you grow up?

Da is used after *qualcosa* or *niente* with an infinitive (see Lesson 2).

Vorrei qualcosa di fresco da bere.
I would like something cool to drink.

In expressions of time, *da* indicates the duration of an action.

Sandro lo conosce da tre anni.
Sandro has known him for three years.

Studiava italiano da sei anni quando finalmente è andato in Italia.
He'd been studying Italian for six years when he finally went to Italy.

EXERCISES

A. Complete the following sentences with the present tense of one of the following verbs:

baciarsi chiamarsi divertirsi incontrarsi laurearsi
lavarsi mettersi svegliarsi

1. *A che ora* _____ *tu la mattina?*

2. *Come* _____ *l'amico di tuo cugino?*

3. *I bambini* _____ *il maglione perché hanno freddo.*

4. *Noi* _____ *in psicologia l'anno prossimo.*

5. *Per salutarsi gli italiani* _____ *sulle guance due volte.*

6. *Lui* _____ *i denti dopo ogni pasto.*

7. *Voi* _____ *quando andate al mare.*

8. *Maria, va bene se* _____ *domani sera da Rodrigo alle otto?*

B. Complete the following sentences with the past tense of the following verbs:

andare arrivare comprare cucinare dimenticarsi
lavorare morire nuotare studiare uscire

1. *Ieri gli studenti* _____ *molto prima dell'esame.*

2. *Ieri sera io* _____ *con i miei amici.*

3. *Loro* _____ *in piscina tutto il giorno.*

4. *Suo padre* _____ *nel 1983.*

5. *Tu* _____ *molto per finire quel progetto.*

6. *Il treno* _____ *con mezz'ora di ritardo.*

7. *Voi* _____ *in vacanza in Europa.*

8. *Devo ritornare al negozio perché* _____ *di comprare il latte.*

9. *Noi* _____ *una casa più grande.*

10. *Lui* _____ *un'ottima cena.*

C. Change the following passage from the present tense to the past tense.

Luigi e Giovanni decidono di andare in vacanza in Italia. Telefonano ad un'agenzia di viaggi, si informano sui prezzi dei biglietti aerei, comprano due biglietti su un volo Alitalia e partono dopo una settimana. Quando arrivano a Roma, prendono un taxi fino all'albergo, si cambiano ed escono subito per cominciare a visitare la città. Passano una settimana a Roma; di giorno visitano i musei, le piazze e i monumenti; la sera mangiano in ottimi ristoranti, vanno al cinema o a teatro, o si divertono in discoteca. Luigi e Giovanni passano una vacanza indimenticabile.

D. Translate the following sentences into Italian.

1. Yesterday I woke up at six, but I only got up at nine.

2. Last summer I spent a week at my grandmother's house.

3. Giorgio came back late from the office.

4. I am thinking about my vacation.

5. Every winter I gain a lot of weight.

6. We have many books on the shelves.

7. I forgot my purse in Antonio's car.

8. There is nothing interesting to see on TV.

9. We have known each other for a long time.

10. They are thinking about going skiing next weekend.

ANSWER KEY

A. 1. *A che ora ti svegli tu la mattina?* 2. *Come si chiama l'amico di tuo cugino?* 3. *I bambini si mettono il maglione perché hanno freddo.* 4. *Noi ci laureiamo in psicologia l'anno prossimo.* 5. *Per salutarsi gli italiani si baciano sulle guance due volte.* 6. *Lui si lava i denti dopo ogni pasto.* 7. *Voi vi divertite quando andate al mare.* 8. *Maria, va bene se ci incontriamo domani sera da Rodrigo alle otto?*

B. 1. *Ieri gli studenti hanno studiato molto prima dell'esame.* 2. *Ieri sera io sono uscito/a con i miei amici.* 3. *Loro hanno nuotato in piscina tutto il giorno.* 4. *Suo padre è morto nel 1983.* 5. *Tu hai lavorato molto per finire quel progetto.* 6. *Il treno è arrivato con mezz'ora di ritardo.* 7. *Voi siete andati/e in vacanza in Europa.* 8. *Devo ritornare al negozio perché mi sono dimenticato/a di comprare il latte.* 9. *Noi abbiamo comprato una casa più grande.* 10. *Lui ha cucinato un'ottima cena.*

C. *Luigi e Giovanni hanno deciso di andare in vacanza in Italia. Hanno telefonato ad un'agenzia di viaggi, si sono informati sui prezzi dei biglietti aerei, hanno comprato due biglietti su un volo Alitalia e sono partiti dopo una settimana. Quando sono arrivati a Roma, hanno preso un taxi fino all'albergo, si sono cambiati e sono usciti subito per cominciare a visitare la città. Hanno passato una settimana a Roma; di giorno hanno visitato i musei, le piazze e i monumenti; la sera hanno mangiato in ottimi ristoranti, sono andati al cinema o a teatro, o si sono divertiti in discoteca. Luigi e Giovanni hanno passato una vacanza indimenticabile.*

D. 1. *Ieri mi sono svegliato/a alle sei, ma mi sono alzato/a solo alle nove.* 2. *L'estate scorsa ho passato una* *settimana da mia nonna. 3. Giorgio è ritornato tardi dall'ufficio. 4. Penso alle mie vacanze. 5. Ogni inverno ingrasso molto. 6. Abbiamo molti libri sugli scaffali. 7. Ho dimenticato la borsa nella macchina di Antonio. 8. Non c'è niente di interessante da vedere alla TV. 9. Ci conosciamo da molto tempo. 10. Pensano di andare a sciare il prossimo weekend.*

LESSON 4

I TRASPORTI PUBBLICI
PUBLIC TRANSPORTATION

A. DIALOGUE

La metropolitana
The Subway

1. Jane: **Cristina, grazie mille, sei stata veramente gentile a portarmi a Tivoli. È un posto meraviglioso. E ringrazia anche tuo padre per averci dato un passaggio fino a qui con la macchina.**
   Cristina, thank you so much. You were really kind to bring me to Tivoli. It's a beautiful place. And say thanks to your father as well for giving us a ride in his car.

2. Cristina: **Prego, sono contenta di essere venuta con te. Se non vado a vedere i luoghi turistici quando vengono a trovarmi gli amici, mi dimentico di abitare in una delle città più belle del mondo!**
   You're welcome, I'm happy I came with you. If I don't go to visit places when my friends come to visit, I forget I live in one of the most beautiful cities in the world.

3. Jane: **Si sta facendo tardi e devo incontrarmi con mio zio Roberto per cena. Qual è il modo più veloce per tornare a Roma?**
   It's getting late and I have to meet my uncle Roberto for dinner. What's the fastest way to go back to Rome?

4. Cristina: **Sarà meglio prendere la metropolitana; è un metodo veloce ed economico, e fortunatamente la metropolitana arriva fino a Tivoli.**
It's probably better to take the subway. It's quick and cheap, and luckily the subway goes as far as Tivoli.

5. Jane: **Quanto tempo ci vuole per arrivare al mio albergo in metropolitana?**
How long will it take to get to my hotel by subway?

6. Cristina: **Ci vorranno circa quaranta minuti fino al Colosseo, poi quando arriviamo lì è meglio prendere l'autobus perché non c'è una fermata della metropolitana vicino al tuo albergo.**
It'll take about forty minutes up to the Coliseum. Then, when we get there it's better to take a bus because there isn't a subway stop near your hotel.

7. Jane: **D'accordo allora. Ecco la stazione della metropolitana. Dove compriamo i biglietti?**
All right then. Here's the subway station. Where do we buy tickets?

8. Cristina: **Non dobbiamo comprarli. I biglietti della metropolitana sono uguali a quelli dell'autobus e ne ho comprati dieci questa mattina dal tabaccaio.**
We don't need to buy them. The subway tickets are the same as the bus tickets, and I bought ten of them this morning at the tobacconist's.

9. Jane: **Sei troppo gentile, non voglio che paghi sempre tu. Voglio comprare anch'io dei biglietti, così potrò usarli anche nei prossimi giorni.**
You're too kind, I don't want you to pay all the time. I want to buy some tickets, too, so I'll be able to use them during the next few days.

10. Cristina: **Ecco un giornalaio. Si possono comprare i biglietti anche lì.**
Here's a newspaper stand. You can buy tickets there as well.

L'autobus
The bus

11. Cristina: **Eccoci al Colosseo. Adesso, come ti ho spiegato prima, sarà meglio prendere l'autobus. Ecco la fermata dell'autobus.**
Here we are at the Coliseum. Now, as I explained before, it's probably better to take a bus. Here's the bus stop!

12. Jane: **Ma quanta gente!**
What a crowd!

13. Cristina: **Sì, sfortunatamente è l'ora di punta. Vediamo, credo sia questa la linea che dobbiamo prendere.**
Yes, unfortunately it's rush hour. Let's see, I think this is the line we need.

14. Jane: **Riusciremo a salire? È pieno di gente!**
Will we be able to get in? It's full of people!

15. Cristina: **Se sarà necessario, spingeremo un po'. Non essere timida, in Italia fanno tutti così! Saliamo da dietro, dobbiamo scendere fra solo due fermate, e forse sarà più facile raggiungere l'uscita.**
If it's necessary, we'll push a bit. Don't be shy; in Italy everybody does it! Let's get in from the back door; we have to get off in only two stops, and it will probably be easier to get to the exit.

16. Jane: **Ma il conduttore è davanti, cosa facciamo con i biglietti?**
But the driver is in the front, what do we do with the tickets?

17. Cristina: **Dobbiamo obliterare i biglietti in quella macchinetta.**
We have to punch our tickets in that machine.

18. Jane: **Dobbiamo fare che cosa? Non ho mai sentito quella parola!**
We have to do what? I've never heard that word!

19. Cristina: **Obliterare. Lo so, è una parola strana che si usa quasi solo quando si parla di annullare un biglietto di un treno o di un autobus. Ah, eccoci già arrivate. Per favore, spingi il bottone per segnalare che vogliamo scendere!**
Punch. I know, it is a strange word that is almost only used when we're talking about punching a train or bus ticket. Ah, here we are. Please, press the button to signal that we want to get off!

20. Jane: **Meno male che siamo quasi arrivate. Siamo in ritardo e sono sicura che quando raggiungeremo l'albergo lo zio Roberto mi starà già aspettando.**
Thankfully we're almost there. We're late and I'm sure that when we reach the hotel Uncle Roberto will be already waiting for me.

Il taxi
The Taxi

21. Jane: **Grazie mille zio Roberto per una serata molto piacevole. Oggi è stata davvero una giornata memorabile, ma ora comincio a sentire la stanchezza.**

Many thanks Uncle Roberto for a very pleasant evening. Today has really been a memorable day, but I'm starting to feel tired now.

22. Roberto: **Ti riporto subito in albergo. Vieni, c'è un posteggio di taxi proprio dietro l'angolo.**
I'll take you right back to the hotel. Come on, there's a taxi stand right around the corner.

23. Jane: **Ah, che bello! Finalmente un viaggio veramente comodo. Però pago io, tu hai già pagato quella cena meravigliosa.**
Ah, great! Finally a truly comfortable trip. But I'm going to pay for it, you've already paid for that wonderful dinner.

24. Roberto: **Sei sicura Jane? I taxi a Roma sono cari!**
Are you sure, Jane? In Rome taxis are expensive!

25. Jane: **Non ti preoccupare! Oggi non ho speso quasi nulla, e poi a quest'ora non c'è traffico e arriveremo all'albergo in fretta.**
Don't worry! Today I hardly spent any money, and at this hour there isn't much traffic and we'll get to my hotel quickly.

26. Roberto: **Se proprio insisti, accetto la tua offerta!**
If you really insist, I'll accept your offer!

B. NOTES

1. *Tivoli:* A small town near Rome, where both *Villa Adriana* (a huge complex of Roman buildings built between 118 and 134 A.D. under Emperor Hadrian's directions) and *Villa d'Este* (a Renaissance residence famous for its gardens and fountains) are located.

2. Italian often uses infinitive constructions where English uses relative clauses: *Sono contenta di essere venuta con te* (I am happy I came with you); *Mi dimentico di abitare in una bella città* (I forget I live in a beautiful city). Typically, when a verb is followed by an infinitive, that infinitive is often preceded by either the preposition *a* or *di*.

6. To take (time) is rendered in Italian by two different expressions: *volerci* and *metterci*.

   Volerci is always used impersonally: *ci vogliono tre ore per andare da Bologna a Roma in treno* (it takes three hours to go from Bologna to Rome by train). *Metterci*, however, is always used with a personal subject: *io ci metto quattro ore per andare da Bologna a Roma in macchina* (it takes me four hours to drive from Bologna to Rome). Remember that *volerci* is conjugated with *essere* in the past, while *metterci* is conjugated with *avere*: *ci sono volute tre ore per cucinare il ragù* (it took three hours to cook the ragù); *ci ho messo un'ora a finire il lavoro* (It took me an hour to finish the job).

8. In most Italian cities you can't pay for a bus ride on the bus. Tickets must be bought in advance either at a tobacconist's or at a newspaper stand.

C. GRAMMAR AND USAGE

1. *Il futuro ed il futuro anteriore* / The Future and the Future Perfect

   The future tense is formed by dropping the final -*e* from the infinitive, and adding the endings -*ò, -ai, -à, -emo, -ete, -anno*. In verbs of the first conjugation, the -*a* of the infinitive ending changes to -*e*:

	cantare	*leggere*	*finire*
io	*canter-ò*	*legger-ò*	*finir-ò*
tu	*canter-ai*	*legger-ai*	*finir-ai*
lui / lei / Lei	*canter-à*	*legger-à*	*finir-à*
noi	*canter-emo*	*legger-emo*	*finir-emo*
voi	*canter-ete*	*legger-ete*	*finir-ete*
loro / Loro	*canter-anno*	*legger-anno*	*finir-anno*

Arriveremo all'albergo in fretta.
> We'll get to the hotel quickly.

Mariella scriverà ai suoi parenti domani.
> Mariella will write to her relatives tomorrow.

Finiranno il lavoro tra una settimana.
> They'll finish the job in a week.

Some common verbs that have irregular stems in the future are: *venire > verr-*; *volere > vorr-*; *rimanere > rimarr-*, etc. Other irregular stems are formed by dropping both vowels from the infinitive ending: *andare > andr-*; *avere > avr-*; *cadere > cadr-*; *dovere > dovr-*; *potere > potr-*; *sapere > sapr-*; *vedere > vedr-*. The future stem of *essere* is *sar-*. For additional irregular futures, please see the Grammar Summary.

Voglio comprare anch'io dei biglietti, così potrò usarli anche nei prossimi giorni.
> I also want to buy some tickets, so I'll be able to use them during the next few days.

Presto le foglie cadranno.
> Soon the leaves will fall.

Andremo in Italia per una lunga vacanza.
We'll go to Italy for a long vacation.

In dependent clauses introduced by *se, quando, appena,* and *dopo che*, the future is used if the future is used in the main clause, while the present is used if it is also used in the main clause.

Se sarà necessario, spingeremo un po'.
If it's necessary, we'll push a bit.

Quando Marco arriva andiamo al cinema.
When Marco arrives, we'll go to the movies.

As you saw in Lesson 1, the present tense can also be used to express a future action, particularly in the near future. This is similar to English.

Questa sera vado a trovare i miei amici.
Tonight I'll go visit my friends.

Fra una settimana parto per le vacanze.
In a week I leave to go on vacation.

The future tense is very frequently used in Italian to convey the idea of probability, supposition, or conjecture about the present:

Sarà meglio prendere la metropolitana.
It's probably better to take the subway.

Ci vorranno circa quaranta minuti fino al Colosseo.
It probably takes about forty minutes to get to the Coliseum.

The future perfect, or *il futuro anteriore*, is formed with the future of *essere* or *avere*, followed by the past participle. Just as is the case with the present perfect, past participles of *essere* verbs must agree with the subject.

	cantare	arrivare
io	avrò cantato	sarò arrivato/a
tu	avrai cantato	sarai arrivato/a
lui / lei / Lei	avrà cantato	sarà arrivato/a
noi	avremo cantato	saremo arrivati/e
voi	avrete cantato	sarete arrivati/e
loro / Loro	avranno cantato	saranno arrivati/e

The future perfect is used to express an action that will be completed prior to another action or a specific time in the future:

Quando raggiungeremo l'albergo lo zio Roberto sarà già arrivato.
> When we reach the hotel uncle Roberto will already have gotten there.

Questa sera avrò già finito questo lavoro.
> Tonight I'll already have finished this job.

The future perfect is also used idiomatically to express probability, supposition, or conjecture about a past action:

Quando è uscito Franco? –Sarà uscito un'ora fa.
> When did Franco leave? –He probably left an hour ago.

Quando hanno comprato il biglietto dell'aereo? L'avranno comprato una settimana fa.
> When did they buy the plane ticket? They probably bought it a week ago.

2. *Gli aggettivi ed i pronomi possessivi* / Possessive Adjectives and Pronouns

The following are the Italian possessive adjectives:

	Masculine		Feminine	
	Singular	Plural	Singular	Plural
my	*il mio*	*i miei*	*la mia*	*le mie*
your (fam. sg.)	*il tuo*	*i tuoi*	*la tua*	*le tue*
his / her / its	*il suo*	*i suoi*	*la sua*	*le sue*
your (form. sg.)	*il Suo*	*i Suoi*	*la Sua*	*le Sue*
our	*il nostro*	*i nostri*	*la nostra*	*le nostre*
your (fam. pl.)	*il vostro*	*i vostri*	*la vostra*	*le vostre*
their	*il loro*	*i loro*	*la loro*	*le loro*
your (form. pl.)	*il Loro*	*i Loro*	*la Loro*	*le Loro*

Italian possessive adjectives differ from English possessive adjectives in two important ways. First, like any adjective in Italian, they agree in gender and number with the noun they modify. (*Loro*, which is an exception, is invariable.)

I miei maglioni sono vecchi.
   My sweaters are old.

Il suo cane è un po' aggressivo.
   His / her dog is a bit aggressive.

La sua macchina è veloce.
   His / her car is fast.

Second, they are normally preceded by the definite article. However, the definite article does not precede the possessive adjectives in front of unmodified, singular nouns denoting members of the family, with the exception of *loro*, which always retains the article. With *mamma, papà, nonno,* and *nonna,* the use of the article is optional. *Fratellino, cuginetto, sorellastra*, etc. are modified, and so they require the use of the article.

Devo incontrarmi con mio zio Roberto per cena.
   I must meet my uncle Roberto for dinner.

Mia zia abita in Francia, ma i miei zii abitano in Italia.
   My aunt lives in France, but my uncles live in Italy.

Come sta il tuo fratellino?
   How is your little brother?

(La) tua mamma è molto giovanile.
   Your mother is very youthful.

Possessive adjectives are not used in Italian when ownership is understood, especially with articles of clothing and parts of the body.

Mi lavo i capelli.
   I wash my hair.

Si è tolto il maglione perché faceva caldo.
   He took off his sweater because it was hot.

Possessive pronouns have the same forms as the possessive adjectives, and are preceded by the definite article as well.

Ecco il mio libro. Dov'è il tuo?
   Here is my book. Where is yours?

Tuo cugino è americano, e il suo è italiano.
   Your cousin is American, and his is Italian.

3. *Le preposizioni a ed in* / The Prepositions *A* and *In*

The preposition *a* is used in Italian to express "to" or "in" with names of cities.

Io abito a Milano.
   I live in Milan.

Sei stata veramente gentile a portarmi a Tivoli.
  You have been very kind to take me to Tivoli.

It is also used in front of indirect objects (see Lesson 6).

Ho scritto una lettera a Giuliana.
  I wrote a letter to Giuliana.

Ho mandato un regalo ai miei nipoti.
  I sent a gift to my nephews.

In addition, it is used after certain verbs before an infinitive, such as *abituarsi a* (to get used to); *aiutare a* (to help), *cominciare a* (to begin), *insegnare a* (to teach), etc.

Mi ha insegnato a suonare il piano.
  He taught me to play the piano.

Ho cominciato a lavorare quando avevo diciassette anni.
  I began to work when I was seventeen.

The preposition *a* is also used to express at what time an action occurred.

È arrivato alle due.
  He arrived at two.

Gli italiani cenano alle otto.
  Italians have dinner at eight.

The preposition *in* is used to express "to" or "in" with names of states, countries, continents, etc.

I miei parenti abitano in Italia.
  My relatives live in Italy.

Andiamo sempre in vacanza negli Stati Uniti.
  We always go on vacation in the United States.

It is also used with the same meaning in the following expressions: *in biblioteca* (to / in the library); *in campagna* (to / in the country); *in chiesa* (to / in the church);

in città (to / in the city); *in classe* (to / in the classroom); *in montagna* (to / in the mountains); *in ufficio* (to / in the office).

Abbiamo una casa in montagna.
We have a house in the mountains.

Vado a studiare in biblioteca.
I go to study in the library.

The preposition *in* is used in dates.

Sono nata nel millenovecento settantotto.
I was born in 1978.

Dante nacque nel milleduecento sessantacinque.
Dante was born in 1265.

The preposition *in* is also used to express means of transportation, translated as "by":

Quanto tempo ci vuole per arrivare al mio albergo in metropolitana?
How long will it take to go to my hotel by subway?

Vanno sempre a lavorare in autobus.
They always go to work by bus.

To go on foot, however, is expressed by *a piedi*.

Vengono a casa nostra a piedi.
They walk (come on foot) to our house.

EXERCISES

A. Change the following sentences from the present to the future.

1. *Domani posso fare spese perché ricevo lo stipendio.*

2. *Il prossimo anno vado in vacanza in Italia.*

3. *Mirella Freni canta alla Scala domani sera.*

4. *Sabato prossimo vediamo un vecchio film di Visconti.*

5. *Se Giorgio viene a trovarmi gli preparo una bella torta.*

6. *Ti telefono appena so quando arrivo.*

7. *Quando hai tempo di venire a trovarmi?*

8. *Quando ho tempo voglio imparare l'italiano bene.*

9. *Se arrivi dopo le nove sono a casa.*

10. *Domani gli studenti studiano per l'esame.*

B. Complete the following sentences with either the future or the future perfect.

1. *Quando lui ritorna io* _____ *(uscire) già.*

2. *"Dov'è Roberto?" "* _____ *(essere) all'università."*

3. *"Quanti anni ha la moglie di Tommaso?" "* _____ *(avere) trent'anni."*

4. *"Quando è arrivata Luciana?" "* _____ *(arrivare) ieri sera."*

5. *"Quanti corsi insegna il tuo professore?" "* _____ *(insegnare) due o tre corsi."*

6. *Ti* _____ *(scrivere) una lettera quando* _____ *(arrivare) in Italia.*

7. *Lui è sempre in ritardo. Quando arriverà io* _____ *(finire) già il lavoro.*

8. *Noi* _____ *(decidere) dove andare in vacanza fra pochi giorni.*

C. Translate the possessive adjective given in parentheses. Insert the definite article when appropriate.

Giorgio è _____ *(my) migliore amico.* _____ *(His) famiglia non è molto numerosa.* _____ *(His) madre si chiama Giulia e ha cinquantacinque anni.* _____ *(His) padre si chiama Enrico e ha sessant'anni. Lui ha un fratello e una sorella.* _____ *(His) fratello non è sposato, ma ha molti amici, e* _____ *(his) amici vanno spesso a trovarlo a casa dei genitori.* _____ *(His) sorella è sposata.* _____ *(Her) marito si chiama Franco e ha trent'anni. Loro hanno tre figli, due maschi e una femmina.* _____ *(Their) figlia si chiama Cristina, ha quattro anni, ed è molto graziosa. Com'è* _____ *(your) famiglia?*

D. Complete the following sentences with a preposition. Use either *da, in* or *a*. When appropriate, use the preposition plus article.

1. *Andiamo spesso* _____ *Italia per lavoro.*

2. *Quando vai* _____ *Boston, rimani* _____ *tuoi nonni o vai in albergo?*

3. *Quando sono in Europa, viaggiano sempre* _____ *treno.*

4. *Il suo treno parte* _____ *due del pomeriggio.*

5. *Quando ho vissuto* _____ *Stati Uniti, mi sono abituato* _____ *mangiare uova per colazione.*

6. _____ *giovane uscivo spessissimo la sera, ma ora sono sempre stanco.*

7. *Ho bisogno di un ferro* _____ *stiro per stirare il mio vestito.*

8. *A che ora torni di solito* _____ *ufficio?*

9. *Mirella è nata _____ 1974.*

10. *Gli studenti arrivano ____ classe in orario.*

E. Translate the following sentences into Italian.

1. He spends a lot of money; he probably makes a lot of money!

2. Why don't we have dinner at Tonino's?

3. They live in Padua, but they go to Venice almost every day.

4. If you write to me, I'll answer your letters.

5. Where did the guys go last night? They probably went to the movies.

6. Do you prefer to live in Europe or in the United States?

7. Do you go to work by car or by bus?

8. My wife works. What does yours do?

9. His sister lives in New York, but his brothers live in Boston.

10. It's time to go to school; did you put your clothes on?

ANSWER KEY

A. 1. *Domani potrò fare spese perché riceverò lo
stipendio. 2. Il prossimo anno andrò in vacanza in
Italia. 3. Mirella Freni canterà alla Scala domani sera.
4. Sabato prossimo vedremo un vecchio film di
Visconti. 5. Se Giorgio verrà a trovarmi gli preparerò
una bella torta. 6. Ti telefonerò appena saprò quando
arrivo. 7. Quando avrai tempo di venire a trovarmi?
8. Quando avrò tempo vorrò imparare l'italiano bene.
9. Se arriverai dopo le nove sarò a casa. 10. Domani
gli studenti studieranno per l'esame.*

B. 1. *Quando lui ritorna io sarò già uscito/a. 2. "Dov'è
Roberto?" "Sarà all'università." 3. "Quanti anni ha la
moglie di Tommaso?" "Avrà trent'anni." 4. "Quando è
arrivata Luciana?" "Sarà arrivata ieri sera."
5. "Quanti corsi insegna il tuo professore?"
"Insegnerà due o tre corsi." 6. Ti scriverò una lettera
quando arriverò in Italia. 7. Lui è sempre in ritardo.
Quando arriverà io avrò già finito il lavoro. 8. Noi
decideremo dove andare in vacanza fra pochi giorni.*

C. *Giorgio è il mio migliore amico. La sua famiglia non è
molto numerosa. Sua madre si chiama Giulia e ha
cinquantacinque anni. Suo padre si chiama Enrico e ha
sessant'anni. Lui ha un fratello e una sorella. Suo
fratello non è sposato, ma ha molti amici, e i suoi amici
vanno spesso a trovarlo a casa dei genitori. Sua sorella
è sposata. Suo marito si chiama Franco e ha trent'anni.
Loro hanno tre figli, due maschi e una femmina. La
loro figlia si chiama Cristina, ha quattro anni, ed è
molto graziosa. Com'è la tua famiglia?*

D. 1. *Andiamo spesso in Italia per lavoro. 2. Quando vai a
Boston, rimani dai tuoi nonni o vai in albergo?*

3. *Quando sono in Europa, viaggiano sempre in treno.*
4. *Il suo treno parte alle due del pomeriggio.*
5. *Quando ho vissuto negli Stati Uniti, mi sono abituato a mangiare uova per colazione.* 6. *Da giovane uscivo spessissimo la sera, ma ora sono sempre stanco.*
7. *Ho bisogno di un ferro da stiro per stirare il mio vestito.* 8. *A che ora torni di solito dall'ufficio?*
9. *Mirella è nata nel 1974.* 10. *Gli studenti arrivano in classe in orario.*

E. 1. *Spende molti soldi; guadagnerà molti soldi!*
2. *Perché non ceniamo da Tonino?* 3. *Abitano a Padova, ma vanno a Venezia quasi tutti i giorni.* 4. *Se mi scriverai, risponderò alle tue lettere.* 5. *Dove sono andati i ragazzi ieri sera? Saranno andati al cinema.*
6. *Preferisci / preferite vivere in Europa o negli Stati Uniti?* 7. *Vai al lavoro in macchina o in autobus?*
8. *Mia moglie lavora. Cosa fa la tua?* 9. *Sua sorella vive a New York, ma i suoi fratelli vivono a Boston.*
10. *È ora di andare a scuola. Ti sei messo/a i vestiti?*

LESSON 5

FACCIAMO UNA PASSEGGIATA
LET'S TAKE A WALK

A. DIALOGUE

Filippo e Gianna sono venuti a Roma per un congresso, e durante un pomeriggio libero decidono di andare a rivisitare alcuni luoghi turistici che non vedono da tantissimi anni.

Filippo and Gianna have come to Rome for a conference. During a free afternoon, they decide to go and revisit some tourist places that they haven't seen in many years.

1. Gianna: **Visto che oggi pomeriggio non c'è nulla di interessante nel programma del congresso, perché non andiamo a fare una passeggiata? Qui intorno all'albergo ci sono molti luoghi interessanti da vedere.**

   Since there's nothing interesting on the conference program this afternoon, why don't we go and take a walk? Here around the hotel there are a lot of interesting places to visit.

2. Filippo: **D'accordo, ma non vengo a Roma da così tanto tempo che non so più come girare per la città.**

   O.K., but I haven't been in Rome for so long that I don't know how to get around the city any more.

3. Gianna: **Magari possiamo chiedere a qualcuno qual è il modo migliore per andare verso il centro storico.**

   Maybe we can ask someone the best way to get to the historic center.

4. Filippo: **Scusi Signore, potrebbe indicarci la strada per andare da qui al centro storico?**
Excuse me Sir, could you tell us which is the best way to get from here to the historic center?

5. Signore: **Da qui è molto facile: dal Colosseo che è sulla vostra destra, percorrete Via dei Fori Imperiali, attraversate Piazza Venezia, voltate a sinistra per Via del Plebiscito, e continuate lungo Corso Vittorio Emanuele II, poi girate a destra su Via del Rinascimento, e sulla vostra sinistra troverete Piazza Navona.**
From here it's very easy: from the Coliseum, here on your right, go down Via dei Fori Imperiali, cross Piazza Venezia, turn left onto Via del Plebiscito, and continue along Corso Vittorio Emanuele II; then turn right onto Via del Rinascimento, and on your left you'll find Piazza Navona.

6. Gianna: **Signore, lei è stato molto gentile. Siccome non abbiamo molto tempo, potrebbe dirci quali sono le cose più importanti da vedere?**
Sir, you've been very kind. Since we don't have much time, could you tell us which are the most important things to see?

7. Signore: **Certamente! In Piazza Navona, c'è la famosa fontana del Bernini. Non troppo lontano da lì, troverete il Pantheon e la fontana di Trevi. Se vi perdete, non avete che domandare indicazioni ad un altro passante.**
Certainly! In Piazza Navona there's Bernini's famous fountain. Not too far from there, you'll find the Pantheon and the Trevi fountain. If you get lost, all you have to do is ask another passerby for directions.

8. Gianna: **Grazie mille!**
   Thanks so much!

9. Signore: **Non c'è di che. Buona passeggiata!**
   You're welcome. Enjoy your walk!

10. Filippo: **Gianna, è una camminata un po' lunga. Te la senti?**
    Gianna, it's a bit of a walk. Do you feel like it?

11. Gianna: **Sì, non preoccuparti! Oggi è una giornata magnifica, c'è il sole ma non fa troppo caldo, c'è un tempo ideale per fare una lunga passeggiata.**
    Yes, don't worry! Today is a beautiful day, the sun is out, but it isn't too hot. It's ideal weather to take a walk.

Venti minuti più tardi.
Twenty minutes later.

12. Filippo: **Gianna, hai notato che traffico? E che aria inquinata! L'ultima volta che sono venuto a Roma il traffico non era così terribile, e l'aria non era così inquinata!**
    Gianna, have you noticed the traffic, and the polluted air? The last time I came to Rome, the traffic was not so terrible, and the air was not so polluted!

13. Gianna: **Hai ragione. Quando avevo sedici anni, sono venuta a Roma in gita scolastica, e ricordo che molta più gente passeggiava per le strade e, anche se c'erano molte macchine, e soprattutto molti motorini, l'aria era più pulita. Ora ho quasi voglia di prendere un taxi!**
    You're right. When I was sixteen, I came to Rome on a school trip, and I remember that many more people were walking in the streets, and even though

there were a lot of cars, and especially a lot of scooters, the air was cleaner. Now I almost feel like taking a cab!

14. Filippo: **Guarda Gianna, siamo quasi arrivati,
ecco Piazza Navona!** .
Look, Gianna, we're almost there! There is Piazza
Navona!

15. Gianna: **Che pace qui, finalmente! Meno male che
hanno reso Piazza Navona un'isola pedonale. C'è
più silenzio, l'aria è un po' più pulita, e c'è un bar
con i tavolini all'aperto dove andremo a berci una
buona bibita fresca!**
How peaceful here, finally! Thank goodness they
made Piazza Navona a "pedestrian island." It's qui-
eter, the air's a bit cleaner, and there's a café with
tables outside where we'll go drink a nice cool soda!

16. Filippo: **Che meraviglia! Sembra di essere in
un'altra epoca, quando non c'erano macchine,
motorini e rumori. Quando la gente non correva
in modo frenetico tutto il giorno e aveva più
tempo per godersi la vita!**
How wonderful! It seems like we're in a different
era, when there were no cars, motor scooters, or
noise. When people did not run frantically all day
long, and had more time to enjoy life!

17. Gianna: **Filippo, non essere così nostalgico!
Quando hai fretta, ti lamenti che non ci sono
abbastanza macchine, taxi, o aerei per potere
fare tutto velocemente! Non sei proprio mai contento!**
Filippo, don't be so nostalgic! When you're in a
hurry, you complain that there aren't enough cars,
taxis, or planes to do everything quickly! You really
are never happy!

18. Filippo: **Hai ragione, allora gustiamoci questo momento di calma, e prendiamo anche un bel gelato per celebrare questo pomeriggio di libertà!**
    You're right, so let's enjoy this moment of calm, and let's also have a nice ice cream to celebrate this afternoon of freedom!

19. Gianna: **Sei sempre il solito goloso! Cerchiamo di fare in fretta, però, perché voglio anche vedere la fontana di Trevi!**
    You're always such a glutton! Let's try to be quick, though, because I want to see the Trevi fountain, too!

20. Filippo: **E magari emulare Anita per rinfrescarti un po'?**
    And perhaps emulate Anita to cool off a bit?

21. Gianna: **Non fare lo stupido! Però una monetina la voglio gettare!**
    Don't be silly! But, I do want to throw a coin!

22. Filippo: **Anch'io, così saremo sicuri di ritornare presto a Roma!**
    So do I, so we'll be sure to come back to Rome soon!

B. NOTES

1. *Visto che*, *poiché*, and *siccome* (see # 6) are different ways to express "since": *Poiché sei qui, dammi una mano*! (Since you are here, give me a hand).
    Congresso: "a false friend" meaning "meeting" or "conference," and not "congress."

3. *Magari*: a familiar word meaning "perhaps," it is also used in exclamations with the meaning of "I

wish!" *"Hai vinto alla lotteria?" "Magari!"* ("Did you win the lottery?" "I wish!").

10. *Sentirsela*: a reflexive verb with an invariable suffix -*la*, it has the meaning of "to feel up to something." *Non me la sento di uscire stasera* (I am not up to going out tonight).

13. *Motorini* are small scooters, such as a *Vespa*. They are a very common means of transportation, popular with both young and older drivers. A *moto(cicletta)* usually has a more powerful engine than a *motorino*.

15. *Che* + a noun (*Che pace qui!*) translates to the English "how"+ adjective (How peaceful!). See also *Che meraviglia* (How wonderful) in # 16.
    Che + noun + adjective *(Che ragazza intelligente)* translates to the English "What a" + adjective + noun (What an intelligent young woman). Remember that when using an adjective that usually precedes the noun, the structure becomes *che* + adjective + noun:
    Che bella ragazza! (What a beautiful young woman!)

20. The baroque *Fontana di Trevi* (the Trevi Fountain) is probably one of the most famous fountains in the world. In a famous scene of Federico Fellini's renowned movie *La dolce vita*, the actress Anita Ekberg bathed in this fountain to cool off on a hot summer evening. According to a legend, if you throw a coin in this fountain you are assured that you will return to Rome.

21. In Italian it is difficult to distinguish between "silly" and "stupid." When said in jest, *stupido* is not really an offensive word. Also, the idiomatic expression *non fare lo stupido* conveys the idea that someone is

acting, rather than being, stupid, and thus is less offensive than the English "don't be stupid."

C. GRAMMAR AND USAGE

1. *I pronomi oggetto diretto* / Direct Object Pronouns

A direct object indicates the direct recipient(s) of the action of the verb. It is not introduced by a preposition, and it answers the question "what?" or "whom?" For example, in the sentence *Maria guarda un film ogni settimana*, (Maria watches a movie every week), *un film* is the direct object. In Italian, just as in English, a direct object noun can be replaced by a direct object pronoun. But in Italian this pronoun is generally placed immediately before the verb.

Singular		Plural	
mi	me	*ci*	us
ti	you	*vi*	you
lo	him / it	*li*	them (m.)
la	her / it	*le*	them (f.)
La	you (form.)	*Li*	you (form. m.)
		Le	you (form. f.)

Vedi la tua amica stasera? –Sì, la vedo.
Are you going to see your friend tonight? –Yes, I'm going to see her.

Quando mi chiami? –Ti chiamo domani pomeriggio.
When are you going to call me? –I'll call you tomorrow afternoon.

Signore, La posso aiutare?
Sir, can I help you?

The singular direct object pronouns can drop their vowel when placed in front of a verb that begins with a vowel.

T'aspetto davanti al negozio.
> I'll wait for you in front of the store.

L'acquisto domani.
> I'll buy it tomorrow.

When the verb is in the infinitive form, the object pronoun is attached to the end of the infinitive, after dropping its final *-e.*

Studi la grammatica tutti i giorni? –Sì, è importante studiarla tutti i giorni.
> Do you study grammar every day? –Yes, it's important to study it everyday.

Parlo molto in italiano perché voglio impararlo bene.
> I speak Italian a lot because I want to learn it well.

With the modal verbs *potere, dovere* or *volere,* the object pronoun can be placed either before the conjugated modal verb or attached to the infinitive.

Posso invitare Mariella alla festa? –Sì, puoi invitarla (Sì, la puoi invitare).
> Can I invite Mariella to the party? –Yes, you can invite her.

Vuoi prendere un bel gelato? –Sì, lo voglio prendere (Sì, voglio prenderlo).
> Do you want to get a nice ice cream? –Yes, I want to get one / it.

Object pronouns are always attached to *ecco.*

Dove sei? –Eccomi!
> Where are you? –Here I am!

Dov'è la fontana di Trevi? –Eccola!
> Where is the Trevi fountain? –There it is!

When *lo, la, li, le* precede a compound tense, the past participle must agree in gender and number with the pronoun.

Avete comprato le mele? –Sì, le abbiamo comprate.
> Did you buy some apples? –Yes, we bought some / them.

Hai bevuto l'aranciata? –Sì, l'ho bevuta.
> Did you drink the orange soda? –Yes, I drank it.

Also, *mi, ti, ci,* and *vi* may agree in gender and number in such cases, but this is not obligatory. Both agreement and non-agreement are used.

Vi ho visto. Vi ho visti.
> I saw (all of) you.

Remember that the following verbs take an object pronoun after a preposition in English, but just a direct pronoun in Italian: *ascoltare* (to listen to); *aspettare* (to wait for); *cercare* (to look for); *guardare* (to look at), and *pagare* (to pay for).

Chi ha pagato la cena? –L'ha pagata Giorgio.
> Who paid for dinner? –Giorgio did.

Quando il professore spiega, gli studenti l'ascoltano.
> When the professor explains, the students listen to him.

2. *L'imperativo informale /* The Informal Imperative

The imperative is used to give a command or to make a suggestion. The forms of the informal imperative in Italian are the same as those of the present tense, with the exception of the *tu* form of first conjugation verbs (-*are*), which ends in -*a* rather than -*i*. Thus verbs that are irregular in the present tense are also irregular in the imperative. Notice that an exclamation point normally follows an imperative in Italian.

	ascoltare	prendere	partire	finire
tu	ascolta	prendi	parti	finisci
noi	ascoltiamo	prendiamo	partiamo	finiamo
voi	ascoltate	prendete	partite	finite

Giuseppe, mangia la verdura!
Giuseppe, eat the vegetables!

Francesco, vieni subito qui!
Francesco, come here right away!

Prendiamo un bel gelato!
Let's get a nice ice cream!

Percorrete Via dei Fori Imperiali e attraversate Piazza Venezia!
Go down Via dei Fori Imperiali and cross Piazza Venezia.

Essere and *avere* have an irregular imperative form:

essere: sii, siamo, siate

avere: abbi, abbiamo abbiate

Per favore, sii gentile!
Please, be kind!

Sono in ritardo, abbi pazienza!
I'm late, be patient!

Andare, dare, fare, and *stare* have an irregular *tu* imperative form· *va', da', fa', sta',* as well as a regular one: *vai, dai, fai,* and *stai. Dire* only has an irregular *tu* imperative, *di'.* But their other imperative forms are regular: *andiamo, andate; diamo, date; facciamo, fate; stiamo, state; diciamo, dite.*

Di'a Cristina di studiare!
Tell Cristina to study.

Va' in biblioteca! Vai in biblioteca!
> Go to the library.

The negative imperative is formed by placing *non* in front of the imperative. However, the *tu* negative imperative is formed by *non* followed by the infinitive.

Filippo, non essere così nostalgico!
> Filippo, don't be so nostalgic!

Ragazzi, non tornate a casa tardi!
> Guys, don't come home late!

Direct and indirect object pronouns, as well as reflexive pronouns, are attached to the end of the informal imperative. With the negative imperative, the pronouns can either precede the imperative, or be attached to it.

Non buttare via la pasta, mangiala!
> Don't throw the pasta away, eat it!

Vestiti in fretta, è ora di andare a scuola!
> Get dressed quickly, it's time to go to school!

Non preoccuparti (Non ti preoccupare)!
> Don't worry!

Before attaching a pronoun to *va'*, *da'*, *fa'*, *sta'*, and *di'*, remember to drop the apostrophe and to double the first consonant of the pronoun, with the exception of *gli*, which does not double the consonant.

Per favore, dimmi la verità!
> Please, tell me the truth.

Non dargli retta! (Non gli dare retta!)
> Don't pay attention to him!

Fammi un favore!
> Do me a favor!

The infinitive is often used when giving directions to the general public in signs, public notices, recipes, etc.

Non fumare!
   No smoking.

Tritare le verdure finemente!
   Finely chop the vegetables.

3. *L'imperfetto* / The Imperfect

The imperfect is a simple (not compound) past tense used to describe habitual actions, actions in progress, and general circumstances in the past. The imperfect is formed by dropping the final *-re* of the infinitive, and by adding the following endings: *-vo, -vi, -va, -vamo, -vate, -vano*.

	cantare	*vedere*	*dormire*	*finire*
io	*cantavo*	*vedevo*	*dormivo*	*finivo*
tu	*cantavi*	*vedevi*	*dormivi*	*finivi*
lui / lei / Lei	*cantava*	*vedeva*	*dormiva*	*finiva*
noi vamo	*cantavamo*	*vedevamo*	*dormivamo*	*fini-*
voi	*cantavate*	*vedevate*	*dormivate*	*finivate*
loro / Loro	*cantavano*	*vedevano*	*dormivano*	*finivano*

The verb *essere* is irregular in the imperfect: *ero, eri, era, eravamo, eravate, erano*.

The following verbs have irregular stems, but regular endings: *bere: beve-; dire: dice-; fare: face-*. In addition, verbs with the infinitive ending in *-urre* (for example, *tradurre*) are conjugated in the imperfect as if their infinitive were *-ucere (traducere)*; and verbs with the infinitive ending in *-porre* (for example: *supporre*) are conjugated as if their infinitive were *-onere (supponere)*.

Il traffico non era così terribile, e l'aria non era così inquinata!
> The traffic was not so terrible, and the air was not so polluted!

All'università vedevano molti film stranieri.
> At the university they used to see many foreign movies.

Mario finiva sempre i compiti prima di me.
> Mario always finished his homework before me.

Traducevano molti libri dall'inglese in italiano.
> They used to translate many books from English into Italian.

For a complete explanation of the uses of the imperfect, and a comparison with the present perfect, please see Lesson 7.

EXERCISES

A. Put the following sentences in the imperfect.

1. *Giorgio è sempre stanco.*

2. *Traduco molti libri in inglese.*

3. *Fanno sempre troppo rumore.*

4. *Andate al cinema tutti i giorni.*

5. *Bevo troppa birra.*

6. *Diciamo molte bugie.*

7. *Propongono sempre idee innovative.*

8. *Siamo troppo occupati.*

B. Answer the following questions using the appropriate direct object pronouns.

1. *È importante imparare le lingue straniere? Sì,*

2. *Hai mai mangiato i tortellini a Bologna? No,*

3. *Fai la spesa tutti i giorni? Sì,*

4. *Puoi comprare il pane per favore? Sì,*

5. *Leggi gli articoli sportivi? No,*

6. *Quando ci chiamate?*

7. *Hai visto Martina ieri? Sì,*

8. *Vi visitano spesso i vostri amici? No,*

9. *Quando dai l'esame di matematica?*

10. *Ti ascoltano i tuoi figli quando dai consigli? Sì,*

C. Tell the following people to do the opposite of what they are doing. Follow the first example.

1. *Marco non fa mai i compiti. (Marco, fa' . . . !)*

2. *Marcello dice le bugie.*

3. *I bambini comprano le caramelle.*

4. *Noi non leggiamo mai un libro di storia.*

5. *Roberto rompe i giocattoli.*

6. *Loro non fanno mai ginnastica.*

7. *Rosetta non studia una lingua straniera.*

8. *Tuo marito interrompe il lavoro.*

9. *Gli studenti non studiano le lezioni.*

10. *Noi guardiamo sempre la TV.*

D. In your answers to exercise C, please replace any direct object with a pronoun.

ANSWER KEY

A. 1. *Giorgio era sempre stanco.* 2. *Traducevo molti libri in inglese.* 3. *Facevano sempre troppo rumore.* 4. *Andavate al cinema tutti i giorni.* 5. *Bevevo troppa birra.* 6. *Dicevamo molte bugie.* 7. *Proponevano sempre idée innovative.* 8. *Eravamo troppo occupati.*

B. 1. *Sì, è importante impararle.* 2. *No, non li ho mai mangiati.* 3. *Sì, la faccio tutti i giorni.* 4. *Sì, posso comprarlo / lo posso comprare.* 5. *No, non li leggo.* 6. *Vi chiamiamo domani.* 7. *Sì, l'ho vista.* 8. *No, non ci visitano spesso.* 9. *Lo do domani.* 10. *Sì, mi ascoltano.*

C. 1. *Marco, fa' i compiti!* 2. *Marcello, non dire le bugie!* 3. *Bambini, non comprate le caramelle!* 4. *Leggete un libro di storia!* 5. *Roberto, non rompere i giocattoli!* 6. *Fate ginnastica!* 7. *Rosetta, studia una lingua straniera!* 8. *Non interrompere il lavoro!* 9. *Studiate le lezioni!* 10. *Non guardate sempre la TV!*

D. 1. *Marco, falli!* 2. *Marcello, non dirle!* 3. *Bambini, non compratele!* 4. *Leggetelo!* 5. *Roberto, non romperli!* 6. *Fatela!* 7. *Rosetta, studiala!* 8. *Non interromperlo!* 9. *Studiatele!* 10. *Non guardatela sempre!*

LESSON 6

AL CENTRO COMMERCIALE
AT THE MALL

A. DIALOGUE

Finalmente Francesca raggiunge Giovanna al Centronova e insieme vanno in alcuni negozi per cercare un regalo di compleanno per Giuliana.
Finally Francesca meets Giovanna at Centronova, and together they go into a few stores to look for a birthday gift for Giuliana.

1. Francesca: **Mentre mi aspettavi, hai trovato qualcosa di bello per Giuliana?**
   While you were waiting for me, did you find anything nice for Giuliana?

2. Giovanna: **Sì, ho visto delle cose carine, ma poi ho cominciato a guardare questi pantaloni di pelle . . .**
   Yes, I saw a few cute things, but then I started looking at these leather pants . . .

3. Francesca: **Insomma Giovanna, ti avevo detto che dovevi cercare un regalo per Giuliana, ma tu naturalmente hai dovuto cercare qualcosa per te!**
   Really, Giovanna, I told you that you had to look for a gift for Giuliana, but naturally you had to look for something for yourself.

4. Giovanna: **Francesca, per favore, non litighiamo. Lo sai che quando sono in un centro commerciale non posso resistere alla tentazione e devo guardare e provare tutto. Ora ti prometto che da questo momento penserò solo al regalo per Giuliana!**

Please Francesca, let's not fight. You know that when I'm in a mall I can't resist temptation, and I have to look at and try on everything! Now I promise you that from this moment on I'll only think about Giuliana's gift!

5. Francesca: **Va bene, dimmi allora che cosa hai visto prima di perderti dietro a quei pantaloni di pelle.**
O.K., then tell me what you saw before you lost yourself in those leather pants.

6. Giovanna: **Beh, per prima cosa ho visto questo bellissimo foulard di Armani, ma poi ho pensato che era troppo elegante per Giuliana ... lo sai che le piace vestirsi in modo sportivo.**
Well, first I saw this gorgeous Armani scarf, but then I thought that it was too elegant for Giuliana ... you know how she likes to dress casually.

7. Francesca: **Infatti, quindi niente foulard. Cos'altro hai visto?**
That's right, so no scarf. What else did you see?

8. Giovanna: **Un bellissimo maglioncino di cachemire. Non è troppo elegante, e sta benissimo anche con i jeans. Vuoi vederlo?**
A beautiful cashmere sweater. It's not too elegant, and it goes very well with jeans, too. Do you want to see it?

9. Francesca: **D'accordo, andiamo!**
All right, let's go!

10. Giovanna: **Buongiorno Signora, vorrei vedere di nuovo quel maglioncino di cachemire che mi ha mostrato un'oretta fa.**

Good morning Ma'am, I would like to take another
look at that cashmere sweater you showed me about
an hour ago.

11. Commessa: **Certamente! Può dirmi di nuovo che
colore Le interessava?**
Certainly. Can you remind me which color you were
interested in?

12. Giovanna: **Quello azzurro.**
The light blue one.

13. Francesca: **Che bel maglioncino! In quali altre
tinte l'avete?**
What a beautiful sweater! Which other colors do you
have?

14. Commessa: **Oltre che in azzurro, l'abbiamo nei
colori classici: giallo, beige, rosso, blu e nero. Ce
l'abbiamo anche nei colori di moda quest'anno:
verde mela, arancione e color tabacco.**
In addition to light blue, we have it in the classical
colors: yellow, beige, red, blue, and black. And we
also have it in this year's fashionable colors: apple
green, orange, and tobacco brown.

15. Giovanna: **Francesca, perché non te lo provi? Tu e
Giuliana avete più o meno la stessa corporatura,
così vediamo come sta addosso.**
Francesca, why don't you try it on? You and Giuliana
have more or less the same figure, so we'll see how
it fits.

16. Commessa: **Che taglia porta?**
What size do you wear?

17. Francesca: **Una quarantadue . . . Oh, mi sta veramente bene . . . Signora, quanto viene?**

A forty-two . . . Oh, it fits me very nicely . . .
Ma'am, how much is it?

18. Commessa: **Duecentottantacinque euro. È una
vera occasione!**
Two hundred eighty-five euros. It's a real bargain!

19. Francesca: **Certamente, grazie . . . ci pensiamo!
Giovanna, sei impazzita? Ma ti rendi conto che
non possiamo permettercelo? Perché mi fai
perdere tempo a guardare una cosa che non possiamo comprare?**
Certainly, thanks . . . we'll think about it! Giovanna,
are you crazy? Do you realize that we can't afford it?
Why are you making me waste my time looking at
something that we can't buy?

20. Giovanna: **Ma non era bellissimo?**
But, wasn't it beautiful?

21. Francesca: **Sì, ma dobbiamo trovare qualcos'altro.
Perché non andiamo a vedere in quel negozio se
hanno il DVD di *La meglio gioventù*? È il più bel
film degli ultimi anni. So che Giuliana non l'ha
visto quando è uscito al cinema, e sono sicura che
le piacerà molto.**
Yes, but we have to find something else. Why don't
we go and check in that store if they have *The Best
of Youth* on DVD? It's the best film of the past few
years. I know Giuliana didn't see it when it came out
in the theatres, and I'm sure that she'll like it very
much.

22. Giovanna: **È una buon'idea, e magari se ci rimangono dei soldi possiamo anche comprarle una
scheda telefonica, così non può più avere la scusa
per non telefonarci.**

That's a good idea, and maybe if we have money left over we can buy her a phone card, too, so she can't have an excuse not to call us any more.

23. Francesca: **Adesso sì che cominciamo a ragionare! Mi sembra un ottimo piano d'azione. Andiamo!**
Now we're talking! It seems like a great plan of action. Let's go!

24. Giovanna: **Sì, affrettiamoci, perché presto dobbiamo tornare a casa a prepararci per andare a cena con Livio ed il suo amico.**
Yes, let's hurry, because soon we have to go back home and get ready to go to dinner with Livio and his friend.

B. NOTES

1. Italians prefer to shop in small boutiques, but in the past decade or so malls and outlets have become very popular, putting many individual boutiques and small stores out of business. *I grandi magazzini* (department stores) were never very popular in Italy, with a few exceptions, notably *La Rinascente* in many Italian cities.

6. The word *foulard* is French, but it is often used instead of the Italian equivalent *fazzoletto* to mean a (usually silk) scarf. *Fazzoletto* is used mostly to mean a handkerchief.

   Piacere (to like): for the structure of this and similar verbs, see lesson 8.

8. *Maglioncino*. The word *maglia* indicates any knit material. By adding different suffixes, Italian indicates different kinds of knit articles of clothing:

maglietta is a summer shirt, or tee shirt; *maglione* is a heavy winter sweater; *maglioncino* is a light sweater.

Note the Italian spelling *cachemire* vs. the English "cashmere."

10. *Di nuovo, ancora,* and *un'altra volta* are different ways to express "again."

Oretta: when *ora* is used in the diminutive, it expresses "approximately an hour."

11. *Le interessa.* Note the use of the indirect object pronoun with the verb *interessare.*

17. Size *quarantadue* corresponds to an American size eight.

When used with an indirect object, *stare bene* means "to fit well, to become someone." *Questo vestito le sta bene.* (This dress fits her well, is becoming to her.)

Quanto viene? is another way to say *Quanto costa?* (How much is it?)

18. Note that the word *euro* is invariable and does not pluralize.

19. *Rendersi conto* means "to realize," while *realizzare* (a false cognate) means "to fulfill" or "to accomplish." *Mi sono reso/a conto che quando andrò in pensione non potrò realizzare il mio sogno di viaggiare perché non avrò abbastanza soldi.* (I realized that when I retire I won't be able to fulfill my dream to travel because I won't have enough money.)

Impazzire, conjugated with *essere*, means "to become crazy."

21. *La meglio gioventù* is a six-hour movie by director Marco Tullio Giordana. It was originally created as

a mini-series for TV, but later distributed in movie theatres. It won the "Un Certain Regard" prize at the 2003 Cannes festival, and it has been hailed by international critics as one of the best Italian movies since Neo-realism.

22. Cell phone pre-paid cards are very popular in Italy, especially with young people. Cell phone users are charged only when making a call, but they are not charged when receiving a call. Thus one can receive phone calls even when no credit is available in their pre-paid phone.

C. GRAMMAR AND USAGE

1. *I verbi modali* / Modal Verbs

Dovere (must, to owe, to have to), *potere* (can, to be able to), and *volere* (to want), also known as modal verbs, are irregular in the present tense, and are often followed by a verb in the infinitive form. Note that *dovere* and *potere* can be conjugated in all tenses.

Non posso resistere alla tentazione e devo guardare e provare tutto.
I can't resist temptation, and I must look at and try everything on.

Vogliono sempre fare molti regali ai parenti.
They always want to give a lot of presents to their relatives.

When conjugated in the present perfect, *avere* is used if the infinitive following the modal verbs usually requires *avere*, and *essere* if the infinitive usually requires *essere*. However, in current spoken Italian *avere* is often used in all cases.

Ieri le ragazze hanno dovuto comprare un regalo per un'amica.
> Yesterday the young women had to buy a gift for a friend.

Sono potuti andare in campagna perché ieri era un giorno festivo.
> They could go to the country because yesterday was a holiday.

Dovere, potere and *volere* can have different meanings in the present perfect and in the imperfect. Generally, the present perfect is stronger than the imperfect. See the difference in meaning in the following examples.

Dovevi cercare un regalo per Giuliana, ma tu naturalmente hai dovuto cercare qualcosa per te.
> You were supposed to look for a gift for Giuliana [but didn't], but naturally you had to look [and did] for something for yourself.

Volevano comprare una Ferrari, ma non avevano i soldi.
> They wanted to buy a Ferrari, but they didn't have the money.

Hanno voluto comprare una barca a tutti i costi.
> They wanted to buy a boat at all costs [and they did].

Potevamo uscire, ma abbiamo deciso di guardare la TV.
> We could have gone out, but we decided to watch TV.

Siamo potuti uscire perché mia madre ha guardato i bambini.
> We were able to go out [and we did] because my mother watched the children.

With modal verbs, pronouns can either precede the conjugated modal verb, or be attached to the infinitive that follows the modal verb.

Hai chiamato Roberto? No, devo chiamarlo oggi / lo devo chiamare oggi.
> Did you call Roberto? No, I must call him today.

Possiamo alzarci / ci possiamo alzare tardi domani mattina.
> We can get up late tomorrow morning.

In the past tense, modal verbs followed by a reflexive verb use *essere* as an auxiliary when the reflexive pronoun is placed before the verb, and use *avere* when the reflexive pronoun is attached to the infinitive.

Ieri si sono dovuti preparare / hanno dovuto prepararsi in fretta perché erano in ritardo.
> Yesterday they had to get ready in a hurry because they were late.

I bambini si sono voluti addormentare / hanno voluto addormentarsi tardi.
> The children wanted to fall asleep late.

2. *I pronomi oggetto indiretto* / Indirect Object Pronouns

An indirect object indicates the indirect recipient(s) of the action of the verb. As a noun, it is introduced by the preposition *a,* and it answers the question "to or for whom?" In the sentence *Maria fa un regalo a Giovanni, a Giovanni* is the indirect object (while *un regalo* is the direct object). An indirect object noun can be replaced by an indirect object pronoun, which does not need the preposition *a,* and is generally placed immediately before the verb. An exception is *loro,* which always follows the verb without *a.* Note, however, that *loro* is more and more being replaced by *gli,* and that the formal *Loro* has also become very rare.

Singular		Plural	
mi	to me	*ci*	to us
ti	to you	*vi*	to you
gli	to him	*gli / loro*	to them (m.)
le	to her	*gli / loro*	to them (f.)
Le	to you (form. m. and f.)	*Loro*	to you (form. m. and f.)

Hai parlato a Maria? –Sì, le ho parlato ieri.
>   Did you speak to Maria? –Yes, I spoke to her yesterday.

Scrivi spesso ai tuoi genitori? –Sì, gli scrivo / scrivo loro spesso.
>   Do you write often to your parents? –Yes, I write to them often.

Quando ci mandate il contratto?
>   When are you going to send us the contract?

The rules governing the position of the indirect object pronoun are exactly the same as those for the direct object pronoun (see Lesson 5). However, remember that, as mentioned above, *loro* always follows the verb.

Certain verbs, such as *telefonare* (to telephone), *insegnare* (to teach), *interessare* (to interest), and *rispondere* (to answer) take an indirect object pronoun in Italian, but a direct object pronoun in English.

Quando telefoni a Rosa? –Le ho già telefonato.
>   When are you going to call Rosa? –I've already called her.

Che colore Le interessa?
>   What color are you interested in?

3. *Gli aggettivi bello e quello* / The Adjectives *bello* and *quello*

The adjectives *bello* (beautiful) and *quello* (that) work differently from typical adjectives. They usually precede the noun, and their *-lo* ending changes in the same pattern as the definite article.

il libro	(il) bel libro	quel libro
lo studio	(il) bello studio	quello studio
l'amico	(il) bell'amico	quell'amico
l'amica	(la) bell'amica	quell'amica
la ragazza	(la) bella ragazza	quella ragazza
i libri	(i) bei libri	quei libri
gli studi	(i) begli studi	quegli studi
gli amici	(i) begli amici	quegli amici
le amiche	(le) belle amiche	quelle amiche

Vorrei vedere di nuovo quel maglioncino di cachemire che mi ha mostrato un'oretta fa.
> I would like to take another look at that cashmere sweater you showed me about an hour ago.

Che bel maglioncino!
> What a beautiful sweater!

Quegli studenti sono molto bravi.
> Those students are very good.

4. *La preposizione di* / The Preposition *di*

The preposition *di* (of) is used to indicate possession.

È il compleanno di Giuliana.
> It's Giuliana's birthday.

Di chi sono questi libri? Sono degli studenti.
 Whose books are these? They are the students'.

It also indicates where a person is from. Please note that this idiomatic structure can be used only with names of cities.

Di dove siete? –Siamo di Milano.
 Where are you from? –We are from Milan.

Sono di Madrid, ma abitano a Roma da trent'anni.
 They are from Madrid, but they have lived in Rome for thirty years.

Di also indicates the material an object is made from.

Ho comprato un bel maglioncino di cachemire.
 I bought a nice cashmere sweater.

Ho bisogno di un contenitore di plastica.
 I need a plastic container.

Di is used with certain verbs and expressions, such as *accorgersi di* (to notice), *avere bisogno di* (to need), *avere paura di* (to be afraid of), *avere voglia di* (too feel like), *innamorarsi di* (to fall in love with), *parlare di* (to speak about), etc.

Hai paura dei topi?
 Are you afraid of mice?

Marco si è innamorato di una ragazza francese.
 Marco fell in love with a French girl.

Finally, the preposition *di* + article is used idiomatically to express the partitive "some" or "any."

Per favore, mangia del pane.
 Please, eat some bread.

Hai visto delle cose carine?
Did you see any nice things?

Please note that *qualche* and *alcuni/e* can also be used to express the partitive. *Qualche* is only used with singular nouns, although it can only have a plural meaning. *Alcuni/e* can only be used with plural nouns.

Compra qualche giornale.
Buy a few newspapers.

Compra alcuni giornali.
Buy a few newspapers.

EXERCISES

A. Complete the following sentences with the proper auxiliary (either *essere* or *avere*).

1. *Noi _____ dovuto comprare una macchina nuova.*

2. *Io non _____ potuto andare al cinema perché non avevo tempo.*

3. *Tu ti _____ voluto svegliare presto.*

4. *Michele _____ dovuto prepararsi la colazione da solo.*

5. *I ragazzi _____ potuto superare l'esame perché hanno studiato molto.*

6. *Voi non _____ potuti arrivare in orario.*

7. *La ragazza _____ dovuto lavorare tutto il fine settimana.*

8. *Giovanni _____ voluto salire sul Monte Bianco.*

B. Complete the following sentences with either the past or the imperfect of the verb in parenthesis.

1. *L'anno scorso i miei genitori* _____ *(volere) andare in Italia, ma poi hanno cambiato idea.*

2. *Giuseppe* _____ *(dovere) lavorare fino a tardi per finire il progetto.*

3. *Giulietta non* _____ *(potere) venire a casa mia ieri sera perché aveva la febbre.*

4. *Francesco* _____ *(volere) uscire anche se stava male.*

5. *Noi* _____ *(dovere) studiare, ma invece abbiamo giocato a tennis.*

6. *Perché non* _____ *(volere) conoscere Maria? È una ragazza molto simpatica.*

7. *Lui* _____ *(potere) uscire con noi, ma ha deciso di rimanere a casa.*

8. *Io* _____ *(dovere) dargli dei soldi per accontentarlo.*

C. Answer the following questions by replacing the underlined expression with the appropriate object pronoun.

1. *Hai scritto <u>a Giulia</u>? No,*

2. *Avete comprato <u>gli sci nuovi</u>? Sì,*

3. *Hanno venduto il libro <u>all'antiquario</u>? Sì,*

4. *Parli <u>a Giorgio</u> tutti i giorni? No,*

5. *Hanno vinto <u>la partita</u>? Sì,*

6. *Avete letto <u>la storia di Marcovaldo</u>? No,*

7. *La ragazza ha telefonato __alla sua amica__? Sì,*

8. *Il professore insegna __italiano__ agli studenti? Sì,*

D. Complete the following sentences with the correct form of *bello* or *quello* as appropriate.

1. *Ho visto _____ vestito che mi hai descritto.*

2. *Che _____ automobile che hai!*

3. *Ho visto dei _____ scoiattoli al parco.*

4. *_____ ragazzi sono troppo arroganti.*

5. *_____ borsa è troppo costosa.*

6. *Ha speso un _____ po' di soldi!*

7. *Ho letto dei _____ libri quest'estate.*

8. *Abbiamo delle _____ conchiglie a casa.*

E. Complete with an appropriate partitive.

1. *Ho bisogno di comprare _____ pane.*

2. *Abbiamo _____ mele in casa, ma lui non le mangia.*

3. *Solo _____ studente prende sempre ottimi voti.*

4. *_____ ragazze non vogliono uscire con lui.*

5. *Prende sempre _____ torta con il caffè.*

6. *Stefano ha _____ amici molto simpatici.*

7. *Lei ha _____ vestiti molto eleganti.*

8. *Hanno sempre _____ idee ingegnose.*

ANSWER KEY

A. 1. *Noi abbiamo dovuto comprare una macchina nuova.*
2. *Io non sono potuto andare al cinema perché non avevo tempo.* 3. *Tu ti sei voluto svegliare presto.*
4. *Michele ha dovuto prepararsi la colazione da solo.*
5. *I ragazzi hanno potuto superare l'esame perché hanno studiato molto.* 6. *Voi non siete potuti arrivare in orario.* 7. *La ragazza ha dovuto lavorare tutto il fine settimana.* 8. *Giovanni è voluto salire sul Monte Bianco.*

B. 1. *L'anno scorso i miei genitori volevano andare in Italia, ma poi hanno cambiato idea.* 2. *Giuseppe ha dovuto lavorare fino a tardi per finire il progetto.*
3. *Giulietta non è potuta venire a casa mia ieri sera perché aveva la febbre.* 4. *Francesco è voluto uscire anche se stava male.* 5. *Noi dovevamo studiare, ma invece abbiamo giocato a tennis.* 6. *Perché non hai voluto conoscere Maria? È una ragazza molto simpatica.* 7. *Lui poteva uscire con noi, ma ha deciso di rimanere a casa.* 8. *Io ho dovuto dargli dei soldi per accontentarlo.*

C. 1. *No, non le ho scritto.* 2. *Sì, li abbiamo comprati.*
3. *Sì, gli hanno venduto il libro.* 4. *No, non gli parlo tutti i giorni.* 5. *Sì, l'hanno vinta.* 6. *No, non l'abbiamo letta.* 7. *Sì, le ha telefonato.* 8. *Sì, l'insegna agli studenti.*

D. 1. *Ho visto quel vestito che mi hai descritto.* 2. *Che bell'automobile che hai!* 3. *Ho visto dei begli scoiattoli al parco.* 4. *Quei ragazzi sono troppo arroganti.*
5. *Quella borsa è troppo costosa.* 6. *Ha speso un bel po' di soldi!* 7. *Ho letto dei bei libri quest'estate.*
8. *Abbiamo delle belle conchiglie a casa.*

E. 1. *Ho bisogno di comprare del pane.* 2. *Abbiamo delle /
alcune mele in casa, ma lui non le mangia.* 3. *Solo
qualche studente prende sempre ottimi voti.* 4. *Delle /
alcune ragazze non vogliono uscire con lui.* 5. *Prende
sempre della torta con il caffè.* 6. *Stefano ha degli /
alcuni amici molto simpatici.* 7. *Lei ha dei / alcuni
vestiti molto eleganti.* 8. *Hanno sempre delle / alcune
idee ingegnose.*

LESSON 7

NUOVI AMICI SI INCONTRANO
NEW FRIENDS MEET

A. DIALOGUE

Francesca e Giovanna raggiungono Livio ed il suo amico francese Michel da Rodrigo.
Francesca and Giovanna join Livio and his French friend Michel at Rodrigo's.

1. Francesca: **Ciao Livio, scusa se siamo un po' in ritardo, ma io e Giovanna siamo dovute andare al centro commerciale per comprare un regalo per Giuliana. A proposito, ti presento Giovanna.**
Hi Livio. I'm sorry we're a bit late, but Giovanna and I had to go to the mall to buy a gift for Giuliana. By the way, this is Giovanna.

2. Livio: **Piacere Giovanna, e questo è Michel.**
Nice to meet you, Giovanna, and this is Michel.

3. Giovanna e Francesca: **Piacere!**
Nice to meet you!

4. Cameriere: **Prego Signori, da questa parte, il vostro tavolo è pronto.**
Ladies and Gentlemen, this way, please, your table is ready.

5. Francesca: **Allora Michel, Livio mi ha detto che sei il ragazzo più simpatico che ha conosciuto in Francia. Perché non ci racconti un po' di te?**
So Michel, Livio told me that you are the nicest guy he met in France. Why don't you tell us a little about yourself?

6. Michel: **In verità non c'è molto da dire. Come forse saprai, mi sto per laureare in medicina; ho già finito gli esami ma devo difendere la tesi, e così ho deciso di approfittare dell'ospitalità di Livio e di fare una breve vacanza in Italia.**
   There isn't much to say really. As you probably know, I'm about to graduate in medicine; I've already finished my exams, but I have to defend my thesis, so I decided to take advantage of Livio's hospitality and take a short vacation in Italy.

7. Giovanna: **Michel, parli davvero un ottimo italiano. Dove l'hai imparato?**
   Michel, you really speak excellent Italian. Where did you learn it?

8. Michel: **Quando avevo cinque anni, i miei genitori ed io abbiamo cominciato a venire in vacanza in Italia tutte le estati per un mese. Ho conosciuto dei bambini e siamo diventati amici. Ci scrivevamo durante l'anno, e ci incontravamo di nuovo d'estate, e così è stato facile imparare la lingua.**
   When I was five, my parents and I began to come to Italy on vacation for a month every summer. I met some kids and we became friends. During the year we would write to one another, and in the summer we would meet again, and so it was easy to learn the language.

9. Giovanna: **E tu Livio, che cosa facevi in Francia?**
   And you, Livio, what were you doing in France?

10. Livio: **Sono andato a Parigi a studiare con l'Erasmus per un anno, e lì ho conosciuto Michel. Abitavamo nello stesso dormitorio. All'inizio non sapevo che c'era un ragazzo che conosceva l'Italia così bene, ma appena l'ho saputo l'ho subito contattato. Avevo molta nostalgia dell'Italia e la**

compagnia di Michel mi ha aiutato molto a superarla.

I went to study in Paris for a year with Erasmus, and I met Michel there. We were living in the same dorm. In the beginning I didn't know there was a guy who knew Italy so well, but as soon as I found out I got in touch with him right away. I was very homesick, and Michel's company helped me through it.

11. Francesca: **Michel, è vero che vai negli Stati Uniti a continuare gli studi? Come mai hai deciso di andare in America? E perché hai scelto chirurgia plastica come specializzazione?**

Michel, is it true that you're going to the States to continue your studies? How come you decided to go to America? And why did you choose plastic surgery as your specialty?

12. Michel: **Quante domande! Cominciamo con gli Stati Uniti! Ci vado innanzi tutto perché ci sono ottimi programmi di chirurgia plastica, e poi perché desidero conoscere un nuovo paese. La scelta di chirurgia plastica, invece, deriva da una mia esperienza italiana.**

So many questions! Let's begin with the United States! I'm going there above all because there are great programs in plastic surgery, but also because I want to get to know a new country. The choice of plastic surgery, on the other hand, comes from an Italian experience of mine.

13. Giovanna: **Davvero? Che esperienza?**

Really? What experience?

14. Michel: **Come ho detto prima, quando ero giovane trascorrevo tutte le estati in Italia. A volte andavamo al mare, altre volte in montagna, sulle**

Dolomiti. Un anno, mentre eravamo in vacanza a Cortina, un ragazzo che alloggiava nel nostro stesso albergo è andato a fare una scalata. Era un giorno molto ventoso, e il ragazzo è caduto malamente dalla roccia. Per fortuna è sopravvissuto ma quando l'ho rivisto nello stesso albergo l'anno dopo, aveva il volto sfigurato. Mi sentivo così triste per lui, che ho deciso in quel momento di diventare medico per curare le persone con dei gravi problemi estetici. Ecco la mia storia!

As I said before, when I was young I would spend every summer in Italy. Sometimes we would go to the beach, other times to the mountains, in the Dolomites. One year, while we were vacationing in Cortina, a guy who was staying at our same hotel went climbing. It was a very windy day, and he took a bad fall off the rock. Luckily he survived, but when I saw him in the same hotel the following year, his face was disfigured. I felt so sad for him that right there and then I decided to become a doctor and treat people with serious aesthetic problems. That's my story!

15. Francesca: **E naturalmente non nuoce che ora tutti vogliono cambiare il loro aspetto fisico, anche quando hanno solo piccoli problemi, e questo ti aiuterà a guadagnare molti soldi.**
Naturally it doesn't hurt that now everybody wants to change their physical appearance, even when they just have small problems, and this will help you to make a lot of money.

16. Michel: **Sarò idealista, ma questo aspetto del mio lavoro non mi interessa affatto. Infatti non escludo la possibilità di diventare un giorno uno dei medici senza frontiere e lavorare nei paesi poveri dove c'è così tanto bisogno di medici.**

I'm probably an idealist, but that aspect of my job doesn't interest me at all. In fact, I'm considering the possibility of becoming one of the doctors without borders one day and working in poor countries where there is such a need for doctors.

17. Giovanna: **Bravo! Tanti giovani fanno medicina, ma ce ne sono ben pochi che hanno il tuo spirito umanitario. Anch'io vorrei potere aiutare il prossimo . . . Francesca perché ridi?**
Good for you! So many young people study medicine, but so few of them have your humanitarian spirit. I'd like to help other people, too . . . Francesca, why are you laughing?

18. Francesca: **Scusa Giovanna, lo so che hai un cuore d'oro, ma proprio non posso immaginarti vivere e lavorare in un paese dove non ci sono centri commerciali . . . non sapresti cosa fare nel tuo tempo libero!**
Sorry Giovanna, I know you have a heart of gold, but I really can't imagine you living and working in a country where there are no malls . . . you wouldn't know what to do in your spare time!

19. Giovanna: **Oh, ma in quei paesi ci sono mille mercatini pieni di oggetti artigianali: gioielli, tappeti, stoffe . . . sono sicura che non mi annoierei affatto!**
Oh, but in those countries there are thousands of small markets full of handicrafts: jewels, rugs, fabrics . . . I am sure I wouldn't get bored at all!

20. Francesca: **Lo vedi, ho ragione, sei proprio incorreggibile!**
You see, I'm right: you are incorrigible!

21. Livio: **O.K., perché non cominciamo a pensare a cosa fare per divertirci un po' mentre Michel è qui in Italia?**
O.K., why don't we start thinking about what we can do to have some fun while Michel is here in Italy?

22. Giovanna: **Non mi importa cosa decidete di fare, io ci sto!**
Whatever you decide to do, I'm game!

B. NOTES

4. *Prego Signori, il vostro tavolo è pronto.* Although the formal form should be "*il Loro tavolo*," this form is disappearing, and is usually replaced by the *voi* form.

5. *Il ragazzo più simpatico* (the nicest guy). For a full explanation of the superlative, see Lesson 13.
   In Italian the verb *dire* usually translates as both "to say" and "to tell." However, to indicate the action of narrating, the verb *raccontare* can be used.

6. *Stare per* + infinitive translates "to be about to."
   Saprai, and also *sarò* in 16, are futures of probability (See Lesson 4).
   The adjective "short" can be translated in Italian with *corto* (which indicates length), *breve* (which indicates time), and *basso* (which indicates height).

8. *Inoltre* means "also" or "moreover," and is usually used at the beginning of a sentence.

10. *Erasmus* is the European Union program in the field of higher education that promotes student exchange programs among the participating countries.

Avere nostalgia di translates literally as "to have nostalgia for."

11. *Come mai?* is a colloquial expression that translates as "how come?"

14. *Tutte le estati* (every summer). The adjective "every" (or "each") can be expressed in Italian by the adjective *tutto*, or by the adjective *ogni. Ogni* is invariable and can only be used with singular nouns, but has a plural meaning: *andavamo in Italia ogni estate* (we would go to Italy every/each summer). *Tutto* is a regular adjective, and as such it agrees in gender and number with the noun it modifies: *andavamo in Italia tutte le estati* (we would go to Italy every/each summer). However, please note the irregular position of the article, which is placed between *tutto* and the noun. Note that when used in the singular with a time expression, *tutto* has the meaning of "all...long." *Lavoriamo tutto il giorno* (we work all day long). With a plural time expression it means "every." *Lavoriamo tutti i giorni* (we work every day). In other contexts, *tutto* means "all." *Hai bevuto tutto il vino* (You drank all the wine).

For more details on impersonal adjectives and pronouns, see Lesson 12.

Le Dolomiti is a region in the Italian Alps, and Cortina is its most renowned resort.

16. Although the verb *considerare* exists, *Non escludere la possibilità* is a more common expression used to translate "to consider."

Medici senza frontiere (Doctors Without Borders) is an international organization whose purpose is to deliver medical emergency aid to victims of disasters and conflicts, or those in need because of geographical or social isolation.

17. *Fare medicina* is idiomatic for *studiare medicina* (to study medicine).

C. GRAMMAR AND USAGE

1. *Contrasto fra passato e imperfetto* / Present Perfect Vs. Imperfect

In lesson 3 and lesson 5 we studied the present perfect and the imperfect. They are both used to speak of an event that occurred in the past. However, while the past is a narrative tense, the imperfect is a descriptive tense. Thus, when we want to speak about a past action that occurred in a specific moment in time, no matter how long it lasted, we use the *passato*, while when we want to describe the circumstances associated with a past action, we use the *imperfetto*.

As we saw in lesson 5, the *imperfetto* is used to express a habitual action in the past, as well as a progressive action in the past.

Trascorrevo tutte le estati in Italia.
I used to spend every summer in Italy.

Mentre eravamo in vacanza a Cortina, un ragazzo ha avuto un incidente.
While we were vacationing in Cortina, a young man had an accident.

In addition, the *imperfetto* is used to express age, time, weather, and physical or emotional state in the past.

Quando avevo cinque anni abbiamo cominciato ad andare in Italia.
When I was five we began going to Italy.

Erano le tre quando il treno è finalmente arrivato.
It was three o'clock when the train finally arrived.

Era un giorno molto ventoso quando il ragazzo ha avuto l'incidente.
> It was a very windy day when the young man had the accident.

Quando il ragazzo ha avuto l'incidente, io ero molto triste per lui.
> When the young man had the accident, I was very sad for him.

In all the above examples, the *imperfetto* expresses the physical or psychological circumstances surrounding the action, which is expressed by the *passato*.

Finally, the *imperfetto* is used to indicate an action that had begun in the past and was still going on when another past action occurred.

Studiava inglese da cinque anni quando è andato negli Stati Uniti.
> He had been studying English for five years when he went to the United States.

Please note that in the example above, the expression of time is introduced by the preposition *da*. However, if the action started and was completed in the past, the *passato* is used, and the expression of time is introduced by the preposition *per*.

Ha studiato inglese per cinque anni.
> He studied English for five years.

2. *Conoscere e sapere / Conoscere* and *Sapere*

Two different verbs express the English verb "to know": *conoscere* and *sapere*.

Conoscere is a regular verb that means to be acquainted or familiar with a person, thing or place.

Conosciamo un ottimo ristorante a Bologna.
> We know a great restaurant in Bologna.

Conosci la mia amica Giovanna?
   Do you know my friend Giovanna?

Sapere is irregular in the present tense (*so, sai sa, sappia-mo, sapete, sanno*). It means "to know a fact" or "to know how to do something."

So che Giorgio arriva domani.
   I know Giorgio is arriving tomorrow.

Ho paura di andare in barca perché non so nuotare.
   I am afraid of boats because I don't know how to swim (I can't swim).

Just like modal verbs, *conoscere* and *sapere* have different meanings in the present perfect and the imperfect. While in the imperfect *conoscere* means "to be familiar with," in the present perfect it means "to meet (for the first time)." Please note the spelling of the past participle: *conosciuto*.

Non conoscevo tua cugina, ma l'ho conosciuta ieri sera alla festa.
   I didn't know your cousin, but I met her last night at the party.

In the imperfect *sapere* means "to be aware," while in the present perfect it means "to find out."

Non sapevo che Maria si fosse sposata.
   I didn't know Maria got married.

Ieri ho saputo che Maria si è sposata.
   Yesterday I found out that Maria got married.

3. *Il pronome ne* / The Pronoun *ne*

The pronoun *ne* has the meaning "of it" or "of them." It is used to replace a partitive "some" construction (including one introduced by a number, or expression indicating quantity).

Hai comprato dei libri? –Sì, ne ho comprati due.
Did you buy some books? –Yes, I bought two (of them).

Hai visto molti quadri al museo? –Sì, ne ho visti molti.
Did you see many pictures at the museum? –Yes, I saw many (of them).

Quanti fratelli hai? –Ne ho due.
How many brothers do you have? –I have two (of them).

It also replaces a noun or expression introduced by the preposition *di*.

Hai bisogno di soldi? –No, grazie, non ne ho bisogno.
Do you need money? –No, thanks, I don't need it/any.

Parlate spesso di politica? –Sì, ne parliamo spesso.
Do you often speak about politics? –Yes, we often speak about it.

Please note that when *ne* replaces a partitive structure it functions as a direct object. So, when used with a present perfect, the past participle agrees in gender and number with the noun *ne* replaces.

Hai visto molti film in Italia? –No, non ne ho visti molti.
Did you see many movies in Italy? –No, I didn't see many.

Hai scritto delle lettere oggi? –Sì, ne ho scritte tre.
Have you written any letters today? –Yes, I've written three.

However, when *ne* replaces a noun or expression preceded by the preposition *di*, there is no agreement.

Hai avuto bisogno di tua madre quand'eri malato? –Sì, ne ho avuto bisogno.
Did you need your mother when you were sick? –Yes, I needed her.

Ho incontrato una leonessa nella giungla, ma non ne ho avuto paura.

I met a lioness in the jungle, but I was not afraid of it.

EXERCISES

A. Complete the following sentences with either *tutto* or *ogni*.

1. *Maria e Giovanni si telefonano _____ giorno.*

2. *Noi abbiamo mangiato _____ gli spaghetti.*

3. *Noi abbiamo studiato _____ giorno e siamo molto stanchi.*

4. *Non spendere _____ tuoi soldi!*

5. *Legge _____ libro che trova.*

B. Complete the following sentences using either the *passato prossimo* or the *imperfetto* of the listed verbs.

abitare   andare   atterrare   avere   essere

guardare   lavorare   piovere   squillare   studiare

telefonare   vedere

1. _____ molto forte quando l'aereo _____.

2. *Ieri loro _____ molto e ieri sera loro _____ stanchissimi.*

3. *Quando noi _____ a Roma, noi _____ spesso al museo.*

4. *Noi non lo _____ da molto tempo quando all'improvviso ci _____.*

5. *Mentre lui _____ la TV, il telefono _____.*

6. *La scorsa settimana noi* _____ *molto perché* _____ *un esame.*

C. Complete the following story with either the past or the imperfect of the verb in parentheses.

Quando _____ *(essere) un ragazzino, Filippo* _____ *(abitare) in Italia con i suoi genitori. Lui* _____ *(frequentare) la scuola e* _____ *(studiare) molto. La sua materia preferita* _____ *(essere) l'inglese. Un giorno suo papà* _____ *(ritornare) a casa e* _____ *(dire) alla sua famiglia che* _____ *(dovere) andare in Inghilterra per lavoro, ma* _____ *(essere) preoccupato perché non* _____ *(conoscere) l'inglese bene. Filippo allora gli* _____ *(chiedere) se* _____ *(potere) accompagnarlo per aiutarlo con la lingua. Il padre* _____ *(accettare) e Filippo* _____ *(urlare) dalla gioia.*

D. Complete the following sentences with the correct tense of either *conoscere* or *sapere*.

1. _____ *che Daniela ha avuto un altro bambino? –Sì, lo* _____ *ieri perché ho incontrato sua madre.*

2. _____ *il Professor Orsi? –Prima di ieri non lo* _____, *ma ieri sera l'*_____ *a una conferenza.*

3. _____ *chi è Luchino Visconti? –Sì, lo* _____: *è un famoso regista italiano.*

E. Translate the following sentences.

1. Did you know that Tommaso won the lottery? –Really? I didn't know!

2. Marco doesn't know my sister. He didn't meet her when she was visiting me.

3. Last night we were very tired, so we stayed at home.

4. How long had you been studying Italian when you finally went to Rome?

5. Last night I fell asleep while watching TV.

6. How many friends do you have in Bologna? —I have many (of them) but I rarely see them.

7. Can you please buy some apples? How many should I buy?

8. Did you need those pencils? —No, I didn't need them.

ANSWER KEY

A. 1. *Maria e Giovanni si telefonano ogni giorno.* 2. *Noi abbiamo mangiato tutti gli spaghetti.* 3. *Noi abbiamo studiato tutto il giorno e siamo molto stanchi.* 4. *Non spendere tutti i tuoi soldi!* 5. *Legge ogni libro che trova.*

B. 1. *Pioveva molto forte quando l'aereo è atterrato.* 2. *Ieri loro hanno lavorato molto e ieri sera loro erano stanchissimi.* 3. *Quando noi abitavamo a Roma, noi andavamo spesso al museo.* 4. *Noi non lo vedevamo da molto tempo quando all'improvviso ci ha telefonato.* 5. *Mentre lui guardava la TV, il telefono ha / è squillato.* 6. *La scorsa settimana noi abbiamo studiato molto perché avevamo un esame.*

C. *Quando era un ragazzino, Filippo abitava in Italia con i suoi genitori. Lui frequentava la scuola e studiava molto. La sua materia preferita era l'inglese. Un giorno suo papà è ritornato a casa e ha detto alla sua famiglia che doveva andare in Inghilterra per lavoro, ma era proccupato perché non conosceva l'inglese bene. Filippo allora gli ha chiesto se poteva accompagnarlo per aiutarlo con la lingua. Il padre ha accettato e Filippo ha urlato dalla gioia.*

D. 1. *Sai che Daniela ha avuto un altro bambino? –Sì, l'ho saputo ieri perché ho incontrato sua madre.* 2. *Conosci il Professor Orsi? –Prima di ieri non lo conoscevo, ma ieri sera l'ho conosciuto a una conferenza.* 3. *Sai chi è Luchino Visconti? –Sì, lo so: è un famoso regista italiano.*

E. 1. *Sapevi che Tommaso ha vinto alla lotteria? –Davvero? Non lo sapevo.* 2. *Marco non conosce mia sorella. Non l'ha conosciuta quando è venuta a trovarmi.* 3. *Ieri sera eravamo molto stanchi, così siamo rimasti / stati a casa.* 4. *Da quanto tempo studiavi l'italiano quando sei finalmente andato a Roma?* 5. *Ieri sera mi sono addormentato / a mentre guardavo la TV.* 6. *Quanti amici hai a Bologna? –Ne ho tanti, ma li vedo raramente.* 7. *Per favore, puoi comprare delle mele? –Quante ne devo comprare?* 8. *Hai avuto bisogno di quelle matite? –No, non ne ho avuto bisogno.*

LESSON 8

AL CINEMA
AT THE MOVIES

A. DIALOGUE

Fabio e Silvana hanno deciso di andare al cinema e si incontrano davanti alla biglietteria alle dieci e un quarto.
Fabio and Silvana have decided to go to the movies, and they meet in front of the ticket office at ten fifteen.

1. Silvana: **Fabio, c'è una lunga fila! Speriamo che abbiano ancora dei posti decenti! Non mi piace affatto sedermi nelle prime file.**
   Fabio, there's a long line! Let's hope they still have some decent seats! I don't like to sit in the front rows at all.

2. Fabio: **Lo so, vuoi sempre sederti nell'ultima fila, ma io non ci vedo molto bene, e preferirei sedermi a metà.**
   I know, you always want to sit in the last row, but I can't see very well there, and would prefer to sit in the middle.

3. Silvana: **Stasera, con tutta la gente che c'è, ci sediamo a metà se siamo fortunati!**
   Tonight, with all these people here, we're lucky if we can sit in the middle.

4. Bigliettaio: **Prego, Signori?**
   May I help you?

5. Fabio: **Due biglietti per *Ricordati di me* per favore.**
   Two tickets for *Remember Me, My Love,* please.

6. Bigliettaio: **Il cinema è quasi pieno, c'è posto solo davanti, va bene?**
   The theatre is almost full, there's only room in the front, is that all right?

7. Silvana: **Uffa! Cosa ti avevo detto? Quasi quasi potremmo tornare un'altra sera.**
   Ugh! What did I tell you? Maybe we could come back another night.

8. Fabio: **Silvana, lo sai quanta fatica facciamo per organizzarci! Per una volta non muori se ti siedi in prima fila. Voglio veramente vedere questo film.**
   Silvana, you know how difficult it is for us to get organized! You're not going to die if you sit in the front row one time. I really want to see this movie.

9. Bigliettaio: **Allora, Signori?**
   Have you decided?

10. Silvana: **Va bene, due biglietti!**
    O.K., two tickets!

11. Bigliettaio: **Sono quattordici euro.**
    That's fourteen euros.

12. Silvana: **Spero che questo film di Muccino sia interessante come il suo altro film che abbiamo visto ... come si intitolava?**
    I hope this Muccino film is as interesting as the other one we saw . what was the title?

13. Fabio: ***L'ultimo bacio.* Il film di stasera è una continuazione di *L'ultimo bacio.* È la storia degli stessi personaggi, ma visti vent'anni dopo**.
    The Last Kiss. Tonight's movie is a sequel to *The Last Kiss.* It's the story of the same characters, but set twenty years later.

14. Silvana: **Sì, lo so, l'ho letto sul *Corriere della Sera*. Ha avuto ottime recensioni, ma lo sai come sono i critici, spesso a loro piacciono cose che al pubblico fanno schifo. E poi le continuazioni dei film sono spesso una delusione.**
I know, I read about it in the *Corriere della Sera*. It had great reviews, but you know how critics are, often they like things the public finds awful. Also, films' sequels are often a disappointment.

15. Fabio: **Al contrario in questo caso! Io ho letto che *Ricordati di me* è migliore di *L'ultimo bacio*. Vedrai che ci piacerà.**
Not in this case! I read that *Remember Me, My Love* is better than *The Last Kiss*.
You'll see, you'll like it!

16. Silvana: **Guarda, ci sono Claudia e Roberto . . . Ciao!**
Look, Claudia and Roberto are here . . . Hi!

17. Claudia: **Cosa fate dopo il film? Vi va di andare a bere qualcosa?**
What are you doing after the movie? Do you feel like going for a drink?

18. Silvana: **Vediamo se siamo stanchi o no. Incontriamoci all'uscita alla fine del film.**
Let's see how tired we are. Let's meet at the exit at the end of the movie.

Alla fine del film. At the end of the movie.

19. Silvana: **Va bene Claudia, andiamo in un pub a bere qualcosa. Sono un po' stanca, ma domani è sabato e posso dormire un po' più a lungo.**
All right, Claudia, let's go to a bar to have a drink.

I'm a bit tired, but tomorrow is Saturday, and I can sleep a little longer.

20. Roberto: **Vi è piaciuto il film?**
Did you like the movie?

21. Silvana: **Non mi è piaciuto molto: ha un ritmo un po' troppo frenetico per i miei gusti. Di solito mi piacciono i film romantici, e questo è troppo cinico.**
I didn't like it very much: its rhythm is too frantic for my taste. I usually like romantic movies, and this one is too cynical.

22. Fabio: **A me, invece è piaciuto. La rappresentazione di Muccino di una classe media viziata e arrogante mi è sembrata molto vicina alla realtà italiana di oggi.**
I liked it! Muccino's representation of a spoiled and arrogant middle class seemed to me to be very close to today's Italian life.

23. Claudia: **Anche a Roberto è piaciuto molto. Io sono certa che vi è piaciuto perché voi uomini vi identificate con il tema centrale del film che a mio parere è l'ambivalenza sui rapporti sentimentali e sul matrimonio.**
Roberto liked it a lot too. I'm sure you liked it because you men identify with the movie's central theme, which in my opinion is people's ambivalence about relationships and marriage.

24. Roberto: **Sai una cosa, Claudia? La prossima volta andiamo a vedere un cartone animato, così magari non troviamo da litigare!**
You know something Claudia? Next time we'll go see a cartoon, so maybe we won't find anything to fight about!

25. Fabio: **Basta ragazzi, beviamoci questo bicchiere in pace, e cerchiamo di cominciare il week-end in armonia.**

Enough guys, let's have this drink in peace, and let's try to start the weekend on the right foot.

B. NOTES

For average length movies, the typical evening shows in Italy are at 8:30 and 10:30.

1. *Speriamo che abbiano dei biglietti* (Let's hope they have tickets). For the use of the subjunctive with certain verbs, please see lesson 16.

2. *A metà* is colloquial for "in the middle."

4. *Prego, Signori*. While *prego* usually means "you're welcome," it is also used as an invitation, such as in *Prego, accomodatevi!* (Please, come in / sit down). In this case, it is an invitation to express what someone needs.

5. Please note that in titles Italian uses a capital letter only in the first word, or in proper names.

7. *Uffa*, or *uff* (ugh) is an exclamation conveying annoyance.

Quasi quasi is colloquial for *forse* (perhaps, maybe).

8. Although *fare fatica* literally means to make an effort, is always used with a negative connotation and can be translated as "to have a hard time," "to have difficulties," etc. The expression *che fatica!* is used when one wants to indicate that the job at hand is hard, and not much fun. See the common expression *Che fatica vivere!* (How hard it is to live!).

Non muori is here used idiomatically for "nothing will happen," or "it's not a big deal."

12. Gabriele Muccino is one of the most successful directors in Italy today. His film *The Last Kiss* (2001) won five Donatello awards, including Best Director. It was distributed at the Sundance festival in 2002, and subsequently in the movie theatres. His latest picture *Remember Me, My Love* (2003) was nominated for ten Donatello awards, and has won several prizes.

14. *Fare schifo* is used colloquially to indicate that something, or someone is awful or disgusting. *Che schifo*! means "how disgusting!"

    Delusione is a false friend: it means "disappointment," rather than "delusion," which is translated as *mania di grandezza* for the expression "delusion of grandeur," and as *illusione*.

17. *Vi va di andare a bere qualcosa?* This construction: indirect object + *andare* + *di* + infinitive, is used as a colloquial for *avere voglia di* (to feel like).

18. The foreign word *film* is used for "movie" in Italian.

24. *Trovare da litigare* is idiomatic for "to find reasons for disagreement" or "to find something to fight about."

C. GRAMMAR AND USAGE

1. *Il verbo piacere e verbi simili* / The Verb *piacere* and Similar Verbs

Although *piacere* and "to like" have the same meaning, they have very different structures. The verb *piacere* can be literally translated as "to be pleasing to / to appeal to." If you consider the sentence "this book is appealing to

George," you see that what is liked (the book) is actually the subject of the sentence, while the person who likes it (George) is the indirect object. So the sentence would be rendered in Italian as *il libro piace a Giorgio*. Take a look at the following examples:

Ai miei genitori non piace quel programma perché è troppo violento.
> My parents don't like that program because it's too violent.

A Marco piacciono i film di fantascienza.
> Marco likes science fiction movies.

The most typical construction is: indirect object + *piacere* + what is liked. The word order, however, is flexible, and can be changed.

Di solito mi piacciono i film romantici, e questo è troppo cinico.
> I usually like romantic movies, and this one is too cynical.

I film d'azione non mi piacciono affatto.
> I don't like action movies at all.

When what is liked is an action, expressed by an infinitive, the verb *piacere* is always used in the third person singular.

Non mi piace affatto sedermi nelle prime file.
> I don't like to sit in the front rows at all.

A Carlo piace molto andare al cinema.
> Carlo likes to go to the movies a lot.

In the compound tenses, *piacere* is conjugated with the auxiliary *essere*. Like with all other verbs conjugated with *essere*, the past participle has to agree with the subject of the sentence, which with *piacere* is the entity that is liked.

Quel film ci è piaciuto molto.
We liked that movie a lot.

Mi sono piaciuti gli spaghetti che Maria ha cucinato ieri sera.
I liked the spaghetti Maria cooked last night.

Although *piacere* is usually used in the third person singular and plural, it has a complete conjugation. Please note the irregular forms of the present tense: *piaccio, piaci, piace, piacciamo, piacete, piacciono.*

Giulia, tu mi piaci molto.
Giulia, I like you a lot.

Siamo fortunati perché piacciamo al professore.
We are lucky because the professor likes us.

To express dislike, you need to use the negative form of *piacere*, as the verb *dispiacere* means both "to be sorry" and "to mind." However, *dispiacere* has the same structure as *piacere.*

Non mi piace fumare.
I don't like to smoke.

Ti dispiace se fumo?
Do you mind if I smoke?

Ci dispiace, ma non possiamo venire alla tua festa.
We're sorry, but we can't come to your party.

A few other verbs use the same structure as *piacere*: *bastare* (to be enough), *mancare* (to miss), *occorrere* (to need), and *servire* (to need).

Per favore, compra un pollo; questa carne non ci basta.
Please, buy a chicken; this meat is not enough.

Sono felice che sei tornata; mi sei mancata tanto.
I'm happy you came back; I missed you a lot.

Vi occorrono / servono due impiegati per questo lavoro.
You need two employees for this job.

2. *Il pronome ci* / The Pronoun *ci*

The pronoun *ci* has several functions in Italian. You have already encountered it as a direct object pronoun (us), as an indirect object pronoun (to us), and as a reflexive pronoun (ourselves). It can also be used to indicate a location or direction (there), as in the expression *c'è / ci sono*. With this function, it replaces the preposition *a* (or *da, in, su*) + a place.

Siete andati al cinema ieri sera? –Sì, ci siamo andati.
Did you go to the movies last night? –Yes, we went (there).

Quando siete passati da casa loro? –Ci siamo passati alle otto.
When did you go by their house? –We went there at eight.

Ci can be used to replace a prepositional phrase introduced by *a, su,* or *in,* even if it doesn't refer to location or direction.

Hai pensato alla possibilità di andare a teatro la prossima settimana? –No, non ci ho ancora pensato.
Have you thought about the possibility of going to the theatre next week? –No, I haven't thought about it yet.

Tu credi a quello che ti ha detto Daniela? –No, non ci credo.
Do you believe what Daniela told you? –No, I don't believe it.

Possiamo contare su di te? –Sì, ci potete contare.
Can we count on you? –Yes you can.

Ci can be used to replace the preposition *a* + an infinitive phrase.

Siete abituati a uscire tutti i fine settimana? –Sì, ci siamo abituati.

Are you accustomed to going out every weekend? Yes, we are.

Siete riusciti a vedere quel film ieri sera? –Sì, ci siamo riusciti.

Were you able to see that movie last night? –Yes, we were.

Ci confers an idiomatic meaning to the following verbs: *entrarci* (to have to do with something), *caderci / cascarci* (to fall for it), *metterci* and *volerci* (to take; see note 6 in lesson 4), *vederci* (to be able to see), *sentirci* (to be able to hear) and *avercela con* (to be angry at). Notice that *ci* becomes *ce* in *avercela,* where it is combined with another pronoun. See Lesson 10 for a more detailed explanation.

Perché ce l'hai con me? –No, non ce l'ho con te, ma a volte sei insopportabile.

Why are you angry at me? –I'm not angry at you, but sometimes you drive me crazy.

Ti dice sempre bugie, e tu ci caschi sempre.

He always tells you lies, and you always fall for them.

Non ci vedo molto bene, e preferirei sedermi a metà.

I can't see very well, and would prefer to sit in the middle.

Alessandro, ti giuro che io non c'entro!

Alessandro, I swear I have nothing to do with it!

3. *Gli aggettivi e i pronomi dimostrativi* / Demonstrative Adjectives and Pronouns

Questo (this) and *quello* (that) are demonstrative adjectives. They precede the noun and agree in gender and number with the nouns they modify. *Questo* has the four regular forms ending in *-o, -a; -i* and *-e*, plus the form *quest'* in front of singular nouns beginning with a vowel. *Quello*, as we have seen in Lesson 6, follows the same pattern as *bello*.

Non conoscevo questo regista, ma il suo film mi è pia- ciuto molto.
> I didn't know this director, but I liked his film very much.

Quest'artista esibisce spesso i suoi quadri in questa gal- leria.
> This artist often shows his paintings in this gallery.

Quegli attori sono stati veramente bravi!
> Those actors were very good.

Questo and *quello* can also function as pronouns, in which case they both only have the four regular endings: *questo, -a, -i, -e,* and *quello, -a, -i, -e.*

Questo film mi è piaciuto, ma quello che ha girato due anni fa era orribile.
> I liked this movie, but the one he directed two years ago was horrible.

Non mi piacciono questi poster; per favore compriamo quelli che abbiamo visto nell'altro negozio.
> I don't like these posters; please, let's buy the ones we saw in the other store.

EXERCISES

A. Replace the underlined verb with the verb *piacere* in the following sentences, changing the structure of the sentence appropriately.

1. *Noi <u>desideriamo</u> andare a teatro.*

2. *Ieri sera voi <u>avete preferito</u> il film di Muccino.*

3. *Io voglio quel libro di Umberto Eco.*

4. *Mariella preferisce studiare di sera.*

5. *Silvio e Manuela vogliono fare un abbonamento a teatro.*

6. *Lui ha preferito viaggiare in nave.*

B. Answer the following questions, using the pronoun *ci*.

1. *Tu credi alla reincarnazione? No,*

2. *Pensate spesso al passato? Sì,*

3. *Siete già andati in Italia? No,*

4. *Siete riusciti a comprare i biglietti per lo spettacolo delle otto e trenta? Sì,*

5. *Puoi passare dal teatro per prendere il programma della prossima stagione? Sì,*

6. *Sei andato a vedere la mostra dei disegni di Leonardo? No,*

C. Replace the underlined sentence with one of the following idiomatic verbs: *entrarci, caderci / cascarci, metterci, volerci, vederci, sentirci, avercela.*

1. *Tu dici che io ho raccontato il tuo segreto a Maria, ma ti assicuro che non sono stato io.*

2. *Quanto tempo hai impiegato a finire quel libro?*

3. *Quando lui ti racconta una storia, tu credi a tutto quello che dice.*

4. *Devo mettermi gli occhiali perché non riesco a leggere bene.*

5. *Perché sei arrabbiato con me?*

6. *Quanti soldi occorrono per comprare un biglietto alla Scala?*

7. *Per favore, alza il volume della radio perché non*
   riesco a capire bene.

D. Translate the following sentences.

1. We usually like his movies, but we didn't like his
   last movie at all.

2. You must see that movie. It's fantastic!

3. How long does it take you to go from your house to
   the theatre?

4. Don't go see that exhibit, it's not very interesting.

5. Do you like to go to the cinema? –Yes, but I prefer
   to go to the theatre.

6. We miss life in Italy.

7. Do you mind if I open the window? –It's really hot
   in here.

8. We still need two hours of work to finish.

ANSWER KEY

A. 1. *A noi / ci piace andare a teatro.* 2. *Ieri sera a voi / vi è piaciuto il film di Muccino.* 3. *A me / mi piace quel libro di Umberto Eco.* 4. *A Mariella piace studiare di sera.* 5. *A Silvio e Manuela piace fare un abbonamento a teatro.* 6. *A lui / gli è piaciuto viaggiare in nave.*

B. 1. *No, non ci credo.* 2. *Sì, ci pensiamo spesso.* 3. *No, non ci siamo ancora andati.* 4. *Sì, ci siamo riusciti.* 5. *Sì, posso passarci / ci posso passare.* 6. *No, non ci sono andato.*

C. 1. *Tu dici che io ho raccontato il tuo segreto a Maria, ma ti assicuro che io non c'entro.* 2. *Quanto tempo ci hai messo a finire quel libro?* 3. *Quando lui ti racconta una storia, tu ci caschi sempre.* 4. *Devo mettermi gli occhiali perché non ci vedo bene.* 5. *Perché ce l'hai con me?* 6. *Quanti soldi ci vogliono per comprare un biglietto alla Scala?* 7. *Per favore, alza il volume della radio perché non ci sento bene.*

D. 1. *Di solito ci piacciono i suoi film, ma il suo ultimo film non ci è piaciuto affatto.* 2. *Devi vedere quel film. È fantastico!* 3. *Quanto (tempo) ci metti per andare da casa tua a teatro?* 4. *Non andare a vedere quella mostra, non è molto interessante.* 5. *Ti piace andare al cinema? Sì, ma preferisco andare a teatro.* 6. *Ci manca la vita in Italia.* 7. *Ti / Le dispiace se apro la finestra? Fa molto caldo qui dentro.* 8. *Ci occorrono / servono ancora due ore di lavoro per finire.*

LESSON 9

AL MUSEO
AT THE MUSEUM

A. DIALOGUE

Mauro e Bianca sono andati a passare il week-end a Firenze con i loro figli, Alberto e Chiara. Alle otto e un quarto, l'orario d'apertura, sono già davanti alla biglietteria della Galleria degli Uffizi.

Mauro and Bianca have gone to spend the weekend in Florence with their children Alberto and Chiara. At eight fifteen, when the museum opens, they are already in front of the Uffizi Gallery's ticket office.

1. Mauro: **Buongiorno, quanto costa l'ingresso al museo?**
   Good morning. How much are the tickets?

2. Impiegato: **Gli adulti pagano otto euro, e i giovani fra i diciotto e i venticinque anni ne pagano solo quattro. I giovani sotto i diciotto anni entrano gratis.**
   Adults pay eight euros, and young adults between eighteen and twenty-five only pay four. Under eighteen, there is no charge.

3. Mauro: **Allora i miei figli non pagano, hanno meno di diciott'anni.**
   Then my children don't pay, they're under eighteen.

4. Impiegato: **Infatti.**
   That's right.

5. Mauro: **Due biglietti per me e mia moglie, per favore. Vedo che fate l'orario continuato. L'ultima**

**volta che ho cercato di visitare il museo, sono
arrivato all'una e avevate già chiuso per il
pranzo.**

Two tickets for my wife and me, please. I see that
you don't close for lunch. The last time I tried to visit
this museum, I arrived at one and you'd already
closed for lunch.

6. Impiegato: **Deve essere stato molto tempo fa, perché sono ormai anni che non chiudiamo all'ora di
pranzo.**

It must have been a long time ago, because we
haven't closed for lunch in years now.

7. Bianca: **Ragazzi, stiamo per entrare in uno dei
musei più famosi ed importanti del mondo. Mi
rendo conto che per voi è difficile avere pazienza
in un museo, ma visiteremo solo alcune stanze.
Quando usciamo, andiamo a mangiare la pizza, e
nel pomeriggio potete scegliere voi quello che facciamo.**

Guys, we are about to walk into one of the most
famous and important museums in the world. I realize that it's difficult for you to be patient in a
museum, but we'll only visit a few rooms. When we
get out, we'll go have pizza and in the afternoon you
can choose what we're going to do.

8. Chiara: **Mamma, cosa c'è da vedere in questo
museo?**

Mom, what is there to see in this museum?

9. Bianca: **Ci sono sculture antiche, e quadri italiani
e stranieri dipinti fra il XIII ed il XVIII secolo.
C'è anche un'enorme collezione di stampe e disegni, ma non abbiamo tempo di guardarla. Fra i
quadri, ce ne sono alcuni che dobbiamo assoluta-
mente vedere.**

There are ancient sculptures, and Italian and foreign paintings made between the thirteenth and the eighteenth century. There's also a huge collection of drawings and prints, but we don't have the time to look at it. Among the pictures, there are some we must absolutely see.

10. Mauro: **Voglio cominciare dalle stanze in cui sono esposti i dipinti di Botticelli. Quelli non possiamo perderceli, e voglio vederli quando non siamo ancora tropppo stanchi.**
I want to start with the rooms containing Botticelli's paintings. Those, we can't miss, and I want to see them when we're not too tired yet.

11. Bianca: **Ma non dimenticare "L'annunciazione" di Leonardo da Vinci!**
But don't forget Leonardo da Vinci's "Annunciation."

12. Mauro: **Sta' tranquilla, è nella stanza subito dopo quelle del Botticelli.**
Don't worry, it's in the room right next to Botticelli's.

13. Alberto: **Papà, perché si chiama "Galleria degli Uffizi" questo museo?**
Dad, why is this museum called "Uffizi Gallery"?

14. Mauro: **Poiché Palazzo Vecchio, la vecchia sede amministrativa dello stato di Firenze, era diventato uno spazio insufficiente, il duca Cosimo I dei Medici decise di far costruire questo palazzo come nuova sede degli uffici. Assegnò la costruzione a Giorgio Vasari che cominciò i lavori nel 1560.**
Since Palazzo Vecchio, the old administrative headquarters of the Florentine state, had become too small, the duke Cosimo I dei Medici decided to have this palace built as a new seat for the offices. He

commissioned the project to Giorgio Vasari who
began construction in 1560.

15. Alberto: **E come si trasformò da uffici in museo?**
And how did it change from offices into a museum?

16. Mauro: **Il figlio di Cosimo I, Francesco I, cominciò questa trasformazione nel 1581. Fece chiudere la galleria del secondo piano con enormi finestre e vi trasferì una collezione di statue antiche, quadri, armi, strumenti scientifici, medaglie e gioielli che apparteneva alla famiglia ducale.**
The son of Cosimo I, Francesco I, began this transformation in 1581. He had the second floor gallery enclosed with huge windows, and there he transferred a collection of ancient statues, paintings, arms, scientific instruments, medals and jewels that belonged to the ducal family.

17. Bianca: **Nella guida c'è scritto anche che gli Uffizi sono probabilmente il più antico museo del mondo. Infatti, fino dal 1591, chiunque poteva visitarlo, naturalmente dopo averne fatto richiesta al Granduca.**
In the guide they say the gallery is probably the oldest museum in the world. In fact anybody has been able to visit it since 1591, naturally after making a request of the Grand Duke.

18. Chiara: **Ha proprio una lunga storia. Andiamo allora, prima finiamo, e prima siamo liberi.**
It really has a long history. Let's go then, the sooner we finish, the sooner we are free.

19. Bianca: **Eccoci nelle stanze del Botticelli. Questo quadro è "La primavera", uno dei miei quadri preferiti. E quello è "La nascita di Venere."**

Here we are in Botticelli's rooms. This painting is
the "Allegory of Spring," one of my favorite paintings. And that one is "The Birth of Venus."

20. Alberto: **Ho già visto questi quadri nei miei libri,
andiamo avanti!**
I've already seen these paintings in my books. Let's
keep going!

21. Mauro: **Alberto, questi quadri sono dei capola-
vori, e milioni di persone vengono in Italia per
vederli. Guardali con attenzione, perché chissà
quando avrai un'altra occasione di rivederli.**
Alberto, these paintings are masterpieces, and mil-
lions of people come to Italy to see them. Look at
them carefully, because who knows when you'll
have another chance to see them again.

22. Bianca: **E qui, nella sala di Leonardo, possiamo
vedere "L'annunciazione" e "L'adorazione dei
Magi."**
And here, in Leonardo's room, we can see the
"Annunciation" and the "Adoration of the Magi."

23. Chiara: **E "La Gioconda" dov'è?**
Where is the "Mona Lisa"?

24. Bianca: **È a Parigi, nel museo del Louvre. Se
volete vederla, la prossima estate andremo lì in
vacanza.**
It's in Paris, in the Louvre. If you want to see it, we'll
go there on vacation next summer.

25. Alberto: **Beh, io veramente voglio andare al mare
in Sardegna. Se voi volete andare sempre in giro
per musei, io vado via da solo con i miei amici.**
Well, actually I want to go to the beach in Sardinia.

If you always want to go around museums, I'll go away alone with my friends.

26. Mauro: **Alberto, hai quattordici anni, lo decido ancora io dove vai in vacanza!**
Alberto, you're fourteen, I still decide where you go on vacation!

B. NOTES

The word *orario* can be translated as "time" or "schedule." *L'orario d'apertura* literally means "the time of opening."

5. *Fare l'orario continuato* expresses the idea of an office, or a store that does not close during lunch hours, or the schedule of a person who only takes a short break for lunch. Typically, stores in Italy still close between one and three thirty, whereas many offices have adopted the *orario continuato*.

6. *Ormai sono anni che non chiudiamo all'ora di pranzo* can also be expressed with *non chiudiamo all'ora di pranzo da anni*.

7. *Avere pazienza* is another idiomatic expression that uses *avere* rather than *essere* in Italian.

10. *Le stanze in cui sono esposti i dipinti di Botticelli* is translated literally as "the rooms in which Botticelli's paintings are displayed."

14. *Fare costruire* means "to have someone build . . ." See also in #16 *fece chiudere* "he had someone close . . ." For this particular structure, see Lesson 14.

17. *Dopo* + past infinitive translates as "after + gerund" in English. *Dopo essere arrivato, Luigi dormì molto.* After arriving, Luigi slept a lot.

23. In Italy the "Mona Lisa" is known as *La Gioconda* for her smile, since *giocondo* means merry, joyous, or cheerful.

C. GRAMMAR AND USAGE

1. *Il passato remoto* / The Past Absolute

The *passato remoto*, known as the past absolute or the preterit in English, is a simple tense and, like the *passato prossimo*, expresses an action completed in the past. However, while the *passato prossimo* is used to indicate past actions that continue to have an effect on the present, the *passato remoto*, as its name suggests, is used to indicate events that occurred in the remote past and that have no continuing effects on or reference to the present. The *passato remoto* is rarely used in most of Northern Italy, except in formal or literary writing, or when speaking about the historical past. In Southern Italy and in Tuscany it is used more often, both in writing and speech.

The following chart illustrates the *passato remoto* endings of regular verbs. Note that the second conjugation (-*ere*) verbs often have alternative endings for the first and third persons singular, and the third person plural.

	lavorare	*ripetere*	*dormire*
io	lavor-ai	ripet-ei / ripet -etti	dorm-ii
tu	lavor-asti	ripet -esti	dorm-isti
lui / lei / Lei	lavor-ò	ripet -é / ripet -ette	dorm-ì
noi	lavor-ammo	ripet -emmo	dorm-immo
voi	lavor-aste	ripet -este	dorm-iste
loro / Loro	lavor-arono	ripet -erono / ripet -ettero	dorm-irono

Francesco I dei Medici cominciò a trasformare l'edificio.
Francesco I dei Medici began to transform the building.

La costruzione del palazzo durò vent'anni.
The construction of the building lasted twenty years.

There are many verbs with an irregular *passato remoto*, most of which belong to the second conjugation. The majority of these verbs are irregular only in the first and third persons singular, and in the third person plural (a pattern known as the 1-3-3 pattern). The other persons follow the regular pattern above. Once you learn the first person singular, usually ending in -*i*, you can form the third singular by changing the -*i* into -*e*, and the third person plural by changing the -*i* into -*ero*. For example, the verb *mettere* is conjugated: *misi, mettesti, mise, mettemmo, metteste, misero*. See the Grammar Summary for a list of irregular verbs.

Cosimo I dei Medici decise di fare costruire questo palazzo come nuova sede degli uffici.
Cosimo I dei Medici decided to have this palace built as a new seat for the offices.

Cosimo I dei Medici chiese a Giorgio Vasari di disegnare un progetto.
Cosimo I dei Medici asked Giorgio Vasari to draw a project.

The verbs *dare, essere,* and *stare* are completely irregular and are conjugated as follows: *Diedi / detti, desti, diede / dette, demmo, deste, diedero / dettero; Fui, fosti, fu, fummo, foste, furono; Stetti, stesti, stette, stemmo, steste, stettero.* The verbs *bere, dire,* and *fare* maintain their original Latin stems and are conjugated as follows: *Bevvi, bevesti, bevve, bevemmo, beveste, bevvero; Dissi, dicesti, disse, dicemmo, diceste, dissero; Feci, facesti, fece, facemmo, faceste, fecero.*

Nel 1966 ci fu una terribile alluvione a Firenze.
In 1966 there was a terrible flood in Florence.

Che cosa bevve Socrate per suicidarsi?
   What did Socrates drink to commit suicide?

Just as it is used with the *passato prossimo*, the *imper-fetto* is used with the *passato remoto* to describe circum-stances surrounding past action.

Costruirono gli Uffizi perché non c'era abbastanza spazio a Palazzo Vecchio.
   They built the Uffizi because there wasn't enough space in Palazzo Vecchio.

Mentre andava a trovare la nonna, Cappuccetto Rosso incontrò il lupo.
   While she was going to visit her grandmother, Little Red Riding Hood met the wolf.

2. *Il trapassato prossimo remoto* / The Past Perfect

The past perfect (had + past participle) is used to express an action that happened before another action in the past. It can be translated in Italian either with the *trapassato prossimo* (the past perfect) or with the *trapassato remoto* (the preterit perfect). The *trapassato prossimo* is formed with the imperfect of the auxiliary verb *essere* or *avere* followed by the past participle of the main verb. The same agreement rules as in the *passato prossimo* apply to the *trapassato prossimo*.

	cantare	*andare*
io	*avevo cantato*	*ero andato/a*
tu	*avevi cantato*	*eri andato/a*
lui / lei / Lei	*aveva cantato*	*era andato/a*
noi	*avevamo cantato*	*eravamo andati/e*
voi	*avevate cantato*	*eravate andati/e*
loro / Loro	*avevano cantato*	*erano andati/e*

L'ultima volta che ho cercato di visitare il museo, sono arrivato all'una e avevate già chiuso per il pranzo.
> The last time I tried to visit this museum, I arrived at one and you'd already closed for lunch.

Dovettero vendere tutti i quadri perché avevano avuto una grossa crisi finanziaria.
> They had to sell all their paintings because they had had a serious financial crisis.

The *trapassato remoto* is formed with the *passato remoto* of the auxiliary verb *essere* or *avere* followed by the past participle of the main verb. Again, the same agreement rules as in the *passato prossimo* apply to the *trapassato remoto*.

	cantare	*andare*
io	*ebbi cantato*	*fui andato/a*
tu	*avesti cantato*	*fosti andato/a*
lui / lei / Lei	*ebbe cantato*	*fu andato/a*
noi	*avemmo cantato*	*fummo andati/e*
voi	*aveste cantato*	*foste andati/e*
loro / Loro	*ebbero cantato*	*furono andati/e*

It is used only in a dependent clause introduced by conjunction of time such as *allorché* (when), *(non) appena* (as soon as), *come* (as soon as, just as), *dopo che* (after), *finché* (until), and *quando* (when), and only when the verb in the main clause is in the *passato remoto*.

Dopo che ebbero finito la costruzione del palazzo, cominciarono a trasferirvi opere d'arte.
> After they had finished the construction of the building, they began moving works of art there.

Appena ebbero vinto la guerra, liberarono tutti i prigionieri.

As soon as they won the war, they freed all the prisoners.

EXERCISES

A. Change the verb in the following sentences from the *passato remoto* into the *passato prossimo*.

1. *I Medici governarono Firenze per molti secoli.*

2. *Furono grandi mecenati e arricchirono la città di opere d'arte.*

3. *Lorenzo dei Medici scrisse molte poesie ed altri scritti.*

4. *Lorenzo fu un grande sostenitore dell'Accademia Neoplatonica di Marsilio Ficino.*

5. *Lorenzo morì alla fine del quindicesimo secolo.*

B. Complete the following sentences with the *passato remoto* of one of the verbs listed below.

cantare   conoscere   esserci   inaugurare

nascere   regalare   vincere   vivere

1. *Quando io _____ tuo padre eravamo molto giovani.*

2. *In che anno _____ Lorenzo dei Medici?*

3. *Il mio bisnonno _____ questa moneta antica a mio padre.*

4. *Loro _____ la galleria d'arte molto tempo fa.*

5. *Quando ero giovane io _____ molte medaglie a scherma.*

6. *In quel concerto, Maria Callas* _____ *in modo meraviglioso.*

7. _____ *l'ultima mostra di Picasso mentre era ancora vivo?*

8. *Loro* _____ *una lunga vita felice.*

C. Complete the following story with the *passato remoto* or *imperfetto,* and one *trapassato* of the verbs in parentheses.

C' _____ *(essere) una volta una fanciulla che* _____ *(chiamarsi) Biancaneve. Quando sua madre* _____ *(morire), il padre* _____ *(risposarsi) con una donna molto crudele che* _____ *(odiare) Biancaneve. Un giorno la matrigna* _____ *(chiamare) un servitore e gli* _____ *(ordinare) di uccidere Biancaneve. Il servitore* _____ *(portare) Biancaneve nel bosco, ma non* _____ *(avere) il coraggio di ucciderla, e la* _____ *(lasciare) andare. Biancaneve* _____ *(camminare) nel bosco per molto tempo ma finalmente* _____ *(arrivare) in una piccola casetta.* _____ *(essere) la casetta dei sette nani, e Biancaneve* _____ *(restare) con loro. Un giorno la matrigna crudele* _____ *(venire) a sapere che Biancaneve* _____ *(essere) ancora viva e lei* _____ *(andare) alla casetta dei nani vestita da vecchia. Lei* _____ *(offrire) una mela avvelenata a Biancaneve che* _____ *(cadere) a terra non appena la* _____ *(mordere). I sette nani* _____ *(mettere) Biancaneve in una tomba di cristallo. Un giorno un principe* _____ *(passare) vicino alla tomba e* _____ *(vedere) Biancaneve. Lei* _____ *(essere) così bella che*

lui _____ *(innamorarsi) subito e la*
_____ *(baciare). Subito Biancaneve*
_____ *(svegliarsi) e lei e il principe*
_____ *(sposarsi) e* _____ *(vivere)*
per sempre felici e contenti.

D. Complete the following sentences either with the
  trapassato prossimo or the *trapassato remoto*, of the
  verbs in parentheses.

  1. *Quando arrivai alla stazione il treno* _____
    (partire).

  2. *Quando* _____ *(finire) il lavoro, andarono*
    a celebrare.

  3. *Non è venuto a trovarci perché* _____
    (venire) già recentemente.

  4. *Noi avevamo ancora sonno perché* _____
    (dormire) solo tre ore.

  5. *Ho mangiato la torta che tu mi* _____
    (portare) l'altro giorno.

  6. *Non appena noi* _____ *(arrivare), il tele-*
    fono cominciò a squillare.

  7. *Non hanno comprato una macchina nuova perché*
    _____ *(spendere) già troppi soldi.*

  8. *Quando siamo arrivati a casa sua, lui* _____
    (uscire) già.

ANSWER KEY

A. 1. *I Medici hanno governato Firenze per molti secoli.*
2. *Sono stati grandi mecenati e hanno arricchito la città di opere d'arte.* 3. *Lorenzo dei Medici ha scritto molte poesie ed altri scritti.* 4. *Lorenzo è stato un grande sostenitore dell'Accademia Neoplatonica di Marsilio Ficino.* 5. *Lorenzo è morto alla fine del quindicesimo secolo.*

B. 1. *Quando io conobbi tuo padre eravamo molto giovani.* 2. *In che anno nacque Lorenzo dei Medici?* 3. *Il mio bisnonno regalò questa moneta antica a mio padre.* 4. *Loro inaugurarono la galleria d'arte molto tempo fa.* 5. *Quando ero giovane io vinsi molte medaglie a scherma.* 6. *In quel concerto, Maria Callas cantò in modo meraviglioso.* 7. *Ci fu l'ultima mostra di Picasso mentre era ancora vivo?* 8. *Loro vissero una lunga vita felice.*

C. *C'era una volta una fanciulla che si chiamava Biancaneve. Quando sua madre morì, il padre si risposò con una donna molto crudele che odiava Biancaneve. Un giorno la matrigna chiamò un servitore e gli ordinò di uccidere Biancaneve. Il servitore portò Biancaneve nel bosco, ma non ebbe il coraggio di ucciderla, e la lasciò andare. Biancaneve camminò nel bosco per molto tempo ma finalmente arrivò in una piccola casetta. Era la casetta dei sette nani, e Biancaneve restò con loro. Un giorno la matrigna crudele venne a sapere che Biancaneve era ancora viva e lei andò alla casetta dei nani vestita da vecchia. Lei offrì una mela avvelenata a Biancaneve che cadde a terra non appena la ebbe morsa. I sette nani misero Biancaneve in una tomba di cristallo. Un giorno un principe passò vicino alla tomba e vide Biancaneve. Lei era così bella che lui si innamorò*

*subito e la baciò. Subito Biancaneve si svegliò e lei e il
principe si sposarono e vissero per sempre felici e
contenti.*

D. 1. *Quando arrivai alla stazione il treno era già partito.*
2. *Quando ebbero finito il lavoro, andarono a
celebrare.* 3. *Non è venuto a trovarci perché era già
venuto recentemente.* 4. *Noi avevamo ancora sonno
perché avevamo dormito solo tre ore.* 5. *Ho mangiato
la torta che tu mi avevi portato l'altro giorno.* 6. *Non
appena noi fummo arrivati, il telefono cominciò a
squillare.* 7. *Non hanno comprato una macchina nuova
perché avevano già speso troppi soldi.* 8. *Quando
siamo arrivati a casa sua, lui era già uscito.*

LESSON 10

I PRODOTTI DELL'ARTIGIANATO
HANDICRAFTS

A. DIALOGUE

Paola e Rosanna stanno parlando al telefono.
Paola and Rosanna are talking on the phone.

1. Paola: **Rosanna, ho letto che hanno appena aperto un negozio di articoli d'artigianato. Secondo l'articolo, hanno un po' di tutto, dai vetri di Murano alle ceramiche di Deruta. Hanno perfino dei costumi tipici tirolesi. Sono molto curiosa d'andarci, perché sta per arrivare Natale e devo fare molti regali. Magari lì riesco a trovare qualcosa di diverso dal solito. Ti interessa andarci con me?**
   Rosanna, I read they've just opened a handicraft store. According to the article, they have a little bit of everything, from Murano glass to Deruta ceramics. They even have typical Tyrolean costumes. I'm very curious to go, since Christmas is around the corner and I have to give a lot of gifts. Maybe I'll be able to find something unusual there. Are you interested in going with me?

2. Rosanna: **Quando pensi di andarci?**
   When do you think you're going to go?

3. Paola: **Pensavo di andarci sabato prossimo, di mattina presto finché non c'è molta gente.**
   I was thinking of going next Saturday, early in the morning when there aren't too many people.

4. Rosanna: **Sabato va bene anche per me, aspetta che me lo scrivo nell'agenda prima di dimenticarmene.**

Saturday is good for me too. Let me write it down in my planner before I forget about it.

Sabato mattina presto Paola e Rosanna si trovano davanti al negozio.
Early on Saturday morning Paola and Rosanna meet in front of the store.

5. Paola: **Guarda che bella vetrina! E che varietà di oggetti. Hanno anche dei presepi e dei gioielli, sicuramente troveremo qualcosa!**
Look, what a beautiful window! And such a variety. They also have nativity scenes and jewels, we'll certainly find something!

6. Rosanna: **Io non ho un presepe, e adesso che ho dei bambini vorrei tanto comprarne uno. Ti dispiace se vado a dare un'occhiata?**
I don't have a nativity scene, and now that I have children I would like very much to buy one. Do you mind if I go and take a look?

7. Paola: **Per niente.**
Not at all.

8. Rosanna: **Ne hanno sia di legno intagliato che di porcellana. Tu quali preferisci?**
They have them both in carved wood and in porcelain. Which one do you prefer?

9. Paola: **Io adoro quelle di legno. Mia cugina ne fa la collezione e una volta per il suo compleanno le ho regalato la figura di un pastore, se ben ricordo.**
I adore the wooden ones. My cousin collects them and once I gave her one, a shepherd, if I remember correctly.

10. Rosanna: **Questo è bellissimo. Signorina, quanto viene questo presepe?**
This one is beautiful. Miss, how much is this nativity scene?

11. Commessa: **Il prezzo varia per ogni figura. Va dai centoventi ai centocinquanta euro circa.**
The price is different for each figure. They cost between one hundred twenty and one hundred fifty euros.

12. Rosanna: **Ma è una follia! Anche se compro solo Giuseppe, Maria e il bambino Gesù mi costa più di quattrocento euro!**
But that's an arm and a leg! Even if I only buy Joseph, Mary and baby Jesus it will cost me more that four hundred euros!

13. Commessa: **Molti cominciano così, comprano le tre figure principali del presepio, ed ogni anno ne aggiungono una.**
Many people begin like that, they buy the three main figures, and every year they add one.

14. Rosanna: **Ma perché sono così care?**
Why are they so expensive?

15. Commessa: **Queste figure sono completamente intagliate a mano da uno scultore di Ortisei e hanno una garanzia. Ormai non ce ne sono più tanti che fanno questo lavoro, e queste sculture in legno stanno diventando sempre più rare. Il valore di queste figure aumenterà molto col tempo. Naturalmente ne abbiamo di meno care. Queste, per esempio, sono fatte a macchina, e poi rifinite a mano, e costano solo circa cinquanta euro ciascuna.**

These figures are completely carved by hand by a
sculptor from Ortisei, and they come with a guar-
antee. There are not many people that do this work
anymore, and these sculptures are becoming rarer
and rarer. The value of these figures will increase a
lot with time. Naturally, we have cheaper ones.
These, for example, are machine made, and then
finished by hand, and they only cost about fifty
euros each.

16. Rosanna: **Ma non c'è confronto con le altre.
    Queste non sono così belle.**
    But there's no comparison with the others. These
    aren't as beautiful.

17. Commessa: **Appunto! Inoltre non acquisteranno
    valore come le altre.**
    That's right. And what's more, these won't increase
    in value like the others.

18. Rosanna: **Devo pensarci, perché è un grosso inve-
    stimento. Magari potrei farmele regalare per
    Natale. Tutti i membri della mia famiglia potreb-
    bero fare una colletta e regalarmele.**
    I have to think it over, because it is a considerable
    investment. Maybe I could have someone give them
    to me for Christmas. All the members of my family
    could chip in and give them to me as a gift.

19. Paola: **Rosanna, vieni a vedere queste tazze, ti
    piacciono?**
    Rosanna, come and look at these cups; do you like
    them?

20. Rosanna: **Molto. È ceramica di Faenza, vero? Io
    ho un piatto di Faenza con un disegno molto**

**simile che mi hanno regalato per il mio matrimo-
nio. È così bello che l'ho appeso al muro.**

A lot. They're ceramics from Faenza, right? I have a
platter with a very similar design, which I received
as a wedding present. It's so beautiful I hang it on the
wall.

21. Paola: **Anche a me piace appendere oggetti d'ar-
    tigianato alle pareti. Una volta sono andata a
    Venezia e ho comprato una maschera di car-
    tapesta. Rappresenta il sole, ed è tutta dorata.
    Appesa alla parete rende la stanza allegra e
    luminosa. Mi fanno tutti sempre molti compli-
    menti.**

    I like to hang handicrafts on the wall too. One time
    I went to Venice and bought a papier-mâché mask. It
    represents a sun, and it's all golden. On the wall, it
    makes the whole room happy and bright. Everybody
    always compliments me on it.

22. Rosanna: **Costano molto quelle tazze?**
    Are those cups very expensive?

23. Paola: **Sì, vengono sessanta euro ciascuna.**
    Yes, they run sixty euros each.

24. Rosanna: **C'è qualcosa in questo negozio che non
    costi una fortuna?**
    Is there anything in this store that doesn't cost a for-
    tune?

25. Paola: **L'artigianato è tutto molto caro. D'altra
    parte ci vuole molto tempo per fare questi
    oggetti, e anche molto talento. Questi artigiani
    devono sopravvivere anche loro.**
    Handicrafts are always very expensive. You have to
    keep in mind that it takes a long time to make these

objects, and a lot of talent as well. These artisans
have to survive, too.

26. Rosanna: **Hai certamente ragione, però purtroppo non posso permettermi di fare dei regali
così costosi. Andiamo al mercato ortofrutticolo.
Se la frutta è a buon mercato, ne voglio comprare
alcune cassette, così posso fare un po' di marmel-
late da regalare per Natale. Anch'io posso fare
dell'artigianato!**
You're certainly right, but unfortunately I can't
afford to give such expensive gifts. Let's go to the
vegetable market. If the fruit is cheap, I want to by a
few cases, so I can make some jam to give as Christmas gifts. I can make some handicrafts, too!

B. NOTES

1. *Murano* is a town built on a group of small islands a
   couple of miles north of Venice. It has been
   renowned for its production of artistic decorative
   glasses since the eleventh century.
       Deruta is one of the oldest and most important
   centers of ceramic production. It is located in
   Umbria, near *Perugia*. While the production of
   ceramics can be documented back to 1290, it probably began as far back as the Roman times.
       Diverso dal solito literally translates as "different
   from the usual" and is a very common way to
   express "unusual."

4. *Aspetta che* is colloquial for "let me."

5. The word *vetrina* specifically refers to a shop
   window (a window you look into), while *finestra*

refers to a home window, or a window you look out from.

9. *Se ben ricordo* translates as "if I remember correctly." The adjectives *bene* or *bello* are often used in Italian idiomatically to emphasize an idea.

10. *Quanto viene?* is idiomatic for *quanto costa?*, "how much is it? See also #23.

12. *È una follia / costa una follia* is idiomatic for "that costs a huge amount."

15. Ortisei, a town located in Val Gardena, in the Italian Dolomites, has been famous for its wood carving since the beginning of the seventeenth century.

    Ormai or *oramai* translates as "by this time," or "by now."

18. *Fare una colletta* is an idiomatic expression with *fare* that means "to chip in together."

20. *Faenza* is a town, approximately thirty miles east of Bologna, that has been famous since the twelfth century for its pottery and majolica (decorated glazed earthenware).

21. Venice hosts one of the most internationally famous carnivals, a century-old festivity that precedes Lent. During this festivity people dress up in beautiful costumes and wear beautiful and elaborate masks, which are one of Venice's renowned handicrafts.

25. *D'altra parte* literally means "on the other side,"

and can be translated into English as "on the other hand . . ."

Remember that the verb *fare* means both "to do" and "to make."

26. *Essere a buon mercato* is idiomatic for *costare poco*, "to be cheap."

C. GRAMMAR AND USAGE

1. *I pronomi doppi* / Double Pronouns

So far we have learned to replace either a direct or an indirect object with a pronoun (see lessons 5 and 6). However, sentences often contain both a direct and an indirect object, and both can be replaced by a pronoun, called a double object pronoun.

	+ *lo*	+ *la*	+ *li*	+ *le*	+ *ne*
mi	*me lo*	*me la*	*me li*	*me le*	*me ne*
ti	*te lo*	*te la*	*te li*	*te le*	*te ne*
ci	*ce lo*	*ce la*	*ce li*	*ce le*	*ce ne*
vi	*ve lo*	*ve la*	*ve li*	*ve le*	*ve ne*
gli	*glielo*	*gliela*	*glieli*	*gliele*	*gliene*
le / Le	*glielo*	*gliela*	*glieli*	*gliele*	*gliene*
loro / Loro	*glielo*	*gliela*	*glieli*	*gliele*	*gliene*

As you can see from the chart, the indirect object pronoun always precedes the direct object pronoun. In addition, some spelling changes occur in the indirect object pronouns. When followed by a direct object pronoun, the indirect object pronoun ending *-i* changes to *-e*. Also, the indirect object pronouns *gli, le, Le* change to *glie* which is attached to the direct objects, forming a single word. Please note that in the double object pronouns there is no difference between "to her" and "to him."

Mi compri il giornale, per favore? –Sì, te lo compro.
> Will you buy me the paper? –Yes, I will buy it for you.

Gli chiediamo spesso il suo indirizzo, ma non ce lo dà mai.
> We often ask him for his address, but he never gives it to us.

Voglio chiederle se può venire alla nostra festa, ma non gliel'ho ancora chiesto.
> I want to ask her if she can come to our party, but I haven't asked her yet.

Parli a Giulio della tua situazione finanziaria? –Sì, gliene parlo.
> Do you speak to Giulio about your financial situation? –Yes, I speak to him about it.

As mentioned in lesson 6, the indirect object pronoun *loro* always follows the verb, and thus never attaches to the direct object pronoun. Remember, however, that *gli* commonly replaces *loro* in everyday conversation.

Hai fatto un regalo ai tuoi genitori per Natale? –Sì, l'ho fatto loro / gliel'ho fatto.
> Did you give a present to your parents for Christmas? –Yes, I gave it to them.

Double object pronouns are placed in the same positions as single object pronouns. They precede a conjugated verb and are attached at the end of infinitives and informal imperatives. With *dovere*, *potere*, and *volere*, the double pronoun can either precede the conjugated verb, or be attached to the infinitive.

Mia cugina fa la collezione di figure di presepi e una volta gliene ho regalata una anch'io.
My cousin collects nativity figures, and once I gave her one.

Ho speso molti soldi per comprargliene una.
I spent a lot of money buying her one.

Per favore, compramene un'altra!
Please, buy another one of them for me!

Ho visto una bella cartolina per tuo cugino. Vuoi mandargliela / gliela vuoi mandare?
I saw a nice card for your cousin. Do you want to send it to him?

In compound tenses the past participle agrees in gender and number with the preceding direct object.

Avevo comprato una bella tazza di ceramica per mia madre, ma non gliel'ho mai mandata.
I had bought a nice ceramic cup for my mother, but I never sent it to her.

Reflexive pronouns function as indirect object pronouns when used in combination with direct object pronouns. Note that the *si* changes to *se*. Please note that with compound tenses the past participle agrees with the direct object pronoun, not the subject.

Maria si mette sempre gli orecchini. Se li mette tutti i giorni.
Maria always wears earrings. She wears them every day.

Perché non hai portato i miei libri? –Oh, mi dispiace, me li sono dimenticati.
Why didn't you bring my books? –Oh, sorry; I forgot them.

2. *I pronomi tonici* / Disjunctive Pronouns

Direct and indirect object pronouns also have emphatic forms.

	Singular		Plural
me	me	*noi*	us
te	you	*voi*	you
lui	him / it	*loro*	them (m.)
lei	her / it	*loro*	them (f.)
Lei	you (form.)	*Loro*	you (form. m. and f.)

They are used for emphasis immediately after a verb, after a preposition, or in exclamations.

Hanno invitato me, non lui!
    They invited me, not him!

Ho comprato questo vaso di vetro di Murano per te.
    I bought this Murano glass vase for you.

Povera te! Quanto lavoro hai da fare!
    Poor you! How much work you've got to do!

3. *I suffissi* / Suffixes

In Italian it is possible to slightly change the meaning of a word by adding a suffix to that word. These suffixes give emphasis to the size or quality of that word, or express the speaker's feeling concerning a person or object. As there are no specific rules governing the suffixes, it is advisable to learn to recognize the suffixes before using them. There are three main categories of suffixes:

The suffixes *-ino, -etto, -ello, -icino, -uccio, -olino,* and *-ellino* indicate smallness or cuteness, or express the speaker's affection. Please note that when adding a suffix, most nouns maintain their gender, and that the final vowel is dropped before adding a suffix.

Mi ha regalato un bel vasetto di Murano.
   He gave me a nice little Murano vase.

Il mio fratellino compie sei anni oggi.
   My little brother turns six today.

The suffixes *-one, -ona,* and *-oni* express largeness.

Quel signore ha un bel nasone.
   That gentleman has a big nose.

Che bel ragazzone!
   What a nice big boy!

The suffixes *-accio, -astro,* and *-ucolo* express ugliness, roughness, or other negative qualities.

Loro dicono troppe parolacce.
   They use too many obscene words.

Le sorellastre di Cenerentola erano cattive.
   Cinderella's stepsisters were mean.

Certain words change gender when a suffix is added to them. *La finestra* (window) > *il finestrino* (small window) or *il finestrone* (big window); *la nebbia* (fog) > *il nebbione* (thick fog).

Remember that suffixes can change the meaning of a word, so it is advisable to use them carefully: *la palla* (ball), *il pallone* (soccer ball); *la porta* (door), *il portone* (entry door in a building); *il tavolo* (table), *il tavolino* (coffee table), etc.

EXERCISES

A. Replace the underlined expression with a double pronoun.

   1. *Portiamo <u>le lasagne a tua madre</u>.*

   2. *<u>Mi</u> compra <u>il giornale</u> tutti i giorni.*

3. *Mi sono messa il vestito rosso.*

4. *Diamo sempre il compito agli studenti.*

5. *Le prestiamo i nostri libri.*

6. *Si mettono il grembiule prima di cucinare.*

7. *Ti hanno mandato un mazzo di fiori.*

8. *Ci siamo dimenticati di telefonare a Carlo.*

B. Answer the following questions using a double pronoun.

1. *Avete scritto una lettera ai nonni? Sì,*

2. *Possiamo regalare un piatto di Deruta a Rossella? Sì,*

3. *Hai parlato a Giorgio della nostra famiglia? No,*

4. *Ti sei ricordato di spegnere la luce? No,*

5. *Giulietta si è messa la collana di perle per andare alla festa? Sì,*

6. *Luca ti ha prestato la sua macchina fotografica? No,*

7. *Dovete mandare la domanda di iscrizione al preside? Sì,*

8. *Vi hanno mandato gli auguri si compleanno? No,*

C. Replace the underlined expression with a disjunctive pronoun.

1. *Voglio parlare con Gianna.*

2. *Sergio lavora per il dottor Bernini.*

3. *Vado in vacanza con i miei genitori.*

4. *Non interferire tra Marco e Silvana.*

5. *Voglio acquistare un piatto di Faenza per <u>Franca</u>.*

D. Replace the underlined expression with a single word, using suffixes.

1. *Tuo figlio è un bel <u>ragazzo grande</u>.*

2. *Che <u>brutto tempo</u> fa oggi!*

3. *Abbiamo comprato un <u>letto enorme</u>.*

4. *Voglio comprare una <u>piccola casa</u> in campagna.*

5. *C'era <u>una nebbia molto fitta</u> ieri sera.*

6. *Alessandro, vieni che voglio darti un <u>piccolo bacio</u>.*

7. *Perché dici sempre delle <u>brutte parole</u>?*

8. *Quella ragazza ha un bel <u>naso piccolo</u>.*

E. Translate the following sentences into Italian.

1. She really wants your plate. Why don't you give it to her?

2. We always intend to go to the market, but then we forget about it.

3. Marcello wants to play with your toy. Please, give it to him.

4. What a nice suit! Are you going to wear it today?

5. Let's buy this cute little Murano vase.

6. This is a nice nativity scene. I want to give it to her for Christmas.

7. I know you really like this ceramic, so I bought it for you.

8. These ceramics are so expensive that I could afford to buy only a small plate.

ANSWER KEY

A. 1. *Gliele portiamo.* 2. *Me lo compra tutti i giorni.*
3. *Me lo sono messo.* 4. *Glielo diamo sempre.* 5. *Glieli
prestiamo.* 6. *Se lo mettono.* 7. *Te lo hanno mandato.*
8. *Ce ne siamo dimenticati.*

B. 1. *Sì, gliel'abbiamo scritta.* 2. *Sì, glielo possiamo
regalare / possiamo regalarglielo.* 3. *No, non gliene ho
parlato.* 4. *No, non me ne sono ricordato.* 5. *Sì, se l'è
messa.* 6. *No, non me l'ha prestata.* 7. *Sì, gliela
dobbiamo mandare / dobbiamo mandargliela.* 8. *No,
non ce li hanno mandati.*

C. 1. *Voglio parlare con lei.* 2. *Sergio lavora per lui.*
3. *Vado in vacanza con loro.* 4. *Non interferire tra loro.*
5. *Voglio acquistare un piatto di Faenza per lei.*

D. 1. *Tuo figlio è un bel ragazzone.* 2. *Che tempaccio fa
oggi!* 3. *Abbiamo comprato un lettone.* 4. *Voglio
comprare una casetta in campagna.* 5. *C'era un
nebbione ieri sera.* 6. *Alessandro, vieni che voglio darti
un bacino.* 7. *Perché dici sempre delle parolacce?*
8. *Quella ragazza ha un bel nasino.*

E. 1. *Vuole davvero il tuo piatto. Perché non glielo dai?*
2. *Abbiamo sempre intenzione di andare al mercato, ma
poi ce ne dimentichiamo sempre.* 3. *Marcello vuole
giocare con il tuo giocattolo. Per favore, daglielo!*
4. *Che bel vestito! Te lo metti oggi?* 5. *Compriamo
questo vasetto di Murano.* 6. *È un bel presepe. Voglio
darglielo / glielo voglio dare per Natale.* 7. *So che ti
piace molto questa ceramica, così te l'ho comprata /
l'ho comprata per te.* 8. *Queste ceramiche sono così
care che ho potuto permettermi / mi sono potuto/a
permettere di comprare solo un piattino.*

LESSON 11

FACCIAMO DELLE FOTO
LET'S TAKE SOME PICTURES

A. DIALOGUE

*Riccardo e Manuela hanno deciso di passare il fine setti-
mana a Venezia dove non sono mai stati prima. È sabato
mattina e Manuela è ancora in bagno.*

Riccardo and Manuela have decided to spend the weekend
in Venice, where they've never been before. It's Saturday
morning and Manuela is still in the bathroom.

1. Riccardo: **Manuela, sei pronta? Dobbiamo
   affrettarci se vogliamo vedere tutte le cose interessanti che ci sono a Venezia. Vorrei davvero fare
   delle belle foto, ma ho bisogno di fermarmi da un
   fotografo per comprare delle pellicole per la
   macchina fotografica.**

   Manuela, are you ready? We've got to hurry if we
   want to see all the interesting things that are in
   Venice. I'd really like to take some nice pictures, but
   I need to stop at the camera store to buy some film
   for the camera.

2. Manuela: **Arrivo subito, dammi ancora un paio di
   minuti. Voglio truccarmi perché vorrei venir
   bene nelle foto, lo sai che non sono molto foto-
   genica!**

   I'll be right there, give me a couple of minutes more.
   I want to put some makeup on because I'd like to
   come out well in the pictures. You know I'm not very
   photogenic.

3. Riccardo: **Va bene, ma intanto scendo per
   chiedere dov'è un fotografo qui vicino.**

All right, but meanwhile I'll go down and find out where there's a camera shop nearby.

4. Manuela: **No, aspettami, sono pronta e vengo giù con te. Ricordati che ci servono anche delle cassette per la videocamera.**
No, wait for me, I'm ready and I'll go down with you. Don't forget that we also need some cassettes for the camcorder.

5. Riccardo: **Meno male che l'hai menzionata, stavo per dimenticarmela in camera! Per prima cosa, andiamo dal fotografo.**
Good thing you mentioned it, I was about to leave it in the room! First, let's go to the camera store.

Dal fotografo.
In the camera store.

6. Riccardo: **Vorrei due pellicole per questa macchina fotografica.**
I'd like two rolls of film for this camera.

7. Impiegato: **È una gran macchina fotografica, non si vedono quasi più macchine tradizionali, ormai usano quasi tutti quelle digitali.**
It's a great camera; it's rare to see traditional cameras anymore. By now everybody's using digital ones.

8. Riccardo: **È vero, ma io sono molto soddisfatto della mia macchina, fa delle bellissime foto, e devo ammettere che ho molti pregiudizi contro le macchine digitali.**
It's true, but I'm very happy with my camera. It takes very beautiful pictures, and I have to admit that I have a lot of prejudices against digital cameras.

9. Manuela: **Io vorrei tanto averne una digitale, ma lui non ne vuole sapere.**

I really would like to have a digital one, but he doesn't want to hear about it.

10. Impiegato: **Vuole un rullino da ventiquattro o da trentasei?**
Would you like twenty-four or thirty-six exposures?

11. Riccardo: **Da trentasei, per favore, e due cassette per questa videocamera. Potrebbe anche dare un'occhiata a quest'altra macchina fotografica?**
Thirty-six, please, and two cassettes for this camcorder. Could you also take a look at this other camera?

12. Impiegato: **Cosa c'è che non va?**
What's the trouble?

13. Riccardo: **A volte, quando premo sul bottone di scatto, rimane bloccato.**
Sometimes when I press on the release, it sticks.

14. Impiegato: **Conosco bene questo modello. Non deve spingere sul bottone di scatto troppo a lungo, deve togliere subito il dito.**
I know this model well. You must never press the button for too long. Take your finger off right away.

15. Riccardo: **Ah, molte grazie, Signore. Arrivederci.**
Ah, thank you very much, Sir. Good-bye.

In Piazza San Marco.
In Saint Mark's Square.

16. Manuela: **Eccoci finalmente nella più bella piazza del mondo! Facciamo subito delle foto.**
Here we are finally in the most beautiful square in the world! Let's take some pictures right away.

17. Riccardo: **Cominciamo dalla Basilica di San Marco. Guarda quanti stili diversi ci sono.**
Let's begin with St. Mark's Basilica. Look how many different styles there are.

18. Manuela: **Riccardo, mi raccomando, fa delle belle foto anche di quei mosaici bizantini, sono meravigliosi.**
Riccardo, make sure to take good pictures of those Byzantine mosaics as well. They're wonderful.

19. Riccardo: **Certamente, e voglio anche fare delle foto del Palazzo dei Dogi.**
Of course, and I also want to take pictures of the Doge's Palace too.

20. Manuela: **Dov'è il famoso Ponte dei Sospiri? Vorrei vederlo.**
Where is the famous Bridge of Sighs? I'd like to see it.

21. Riccardo: **È lì, di fianco al Palazzo dei Dogi. Non è fantastico?**
It's there, next to the Doge's Palace. Isn't it fantastic?

22. Manuela: **Sì, ma quando pensi al destino di chi lo attraversava, non sembra più così bello.**
Yes, but when you think about the fate of those who crossed it, it doesn't look so beautiful anymore.

23. Riccardo: **Manuela, ormai le sole persone che sospirano vicino a questo ponte sono gli innamorati!**
Manuela, today the only people who sigh near this bridge are lovers.

24. Manuela: **Riccardo, guarda quella bambina che gioca con i piccioni sulla piazza! È una scena bellissima, perché non la riprendi?**
Riccardo, look at that little girl playing with the pigeons in the square! It's a beautiful scene. Why don't you record it?

25. Riccardo: **Aspetta, devo mettere una cassetta nuova nella videocamera. Ecco fatto!**
Wait, I have to put a new cassette in the camcorder. Here we go!

26. Manuela: **Sì, però la bambina se ne è andata! Riccardo, ho sete, che ne diresti di andarci a sedere al Caffè Florian?**
Yes, but the girl's gone! Riccardo, I'm thirsty. How about going and sitting at the Caffè Florian?

27. Riccardo: **Che buona idea! Comincio ad essere un po' stanco e prenderei volentieri un caffè prima di visitare l'interno del Palazzo dei Dogi.**
What a good idea! I'm beginning to feel a bit tired, and I'd like to have a coffee before visiting the Doge's Palace inside.

28. Manuela: **Non dimenticare di fare una foto anche del Caffè Florian. Anche lui fa parte della storia di questa grande città.**
Don't forget to take a picture of the Caffè Florian, too. It's also part of the history of this great city.

29. Riccardo: **E voglio fare una foto anche del conto! Non avrei mai pensato di poter spendere così tanto per un caffè!**
And I also want to take a picture of the bill! I'd never have thought I could spend so much money for a cup of coffee!

30. Manuela: **Ma ne vale la pena! Qui è facile sognare. Mi sarebbe piaciuto essere una gran dama a Venezia nel Settecento! Sarei potuta venire qui tutti i giorni, e magari avrei anche incontrato Casanova!**
But it's worth it! Here it's easy to dream. I'd have liked to be a great Venetian lady in the eighteenth century! I could have come here every day, and maybe I'd even have met Casanova!

31. Riccardo: **Sogna pure Casanova! Dovresti invece ringraziare di essere una donna nel ventunesimo secolo!**
Keep dreaming about Casanova! You should be thankful you're a woman in the twenty-first century!

32. Manuela: **Lo so che hai ragione, ma l'atmosfera di Venezia è così irreale che ti fa sognare cose che non vorresti mai provare nella realtà. Andiamo a visitare le prigioni, così mi passa la voglia di sognare del passato.**
I know you're right, but the atmosphere in Venice is so unreal that it makes you dream about things you would never want to experience in real life. Let's go visit the prisons, so this desire to dream about the past will go away.

B. NOTES

Bagno and *stanza da bagno* both mean "bathroom." Other rooms are: *camera da letto* (bedroom), *cucina* (kitchen), *lavanderia* (laundry room), *sala da pranzo* (dining room), *salotto* (living room).

1. *La foto* is the customary short form of *la fotografia* and means "photograph." Be careful of the false cognate *fotografo* which means "photographer."

Note that *una pellicola* is the film used in a camera and *un film* is what is seen on TV or at the movies. *Macchina fotografica* is the term used for any still camera.

Fare una foto is an idiomatic expression with *fare*. An equivalent expression is *scattare una foto*.

2. *Truccarsi* is a reflexive verb which means "to put makeup on."

4. *Venire giù*, literally, "to come down," is often used instead of *scendere*.

5. *Stare per* + infinitive translates "to be about to . . ."

9. *Non volerne sapere* literally means "not to want to know about it" and translates as "not to want to hear about something."

11. *Un'occhiata*: a glance. *Dare un'occhiata* means "to glance at," "to take a look."

12. *Non va*: *andare* is used colloquially for *funzionare*, "to work" in the sense of "to function." *Il mio orologio non va*. My watch isn't working.

17. *Basilica di San Marco*: Built in the eleventh century, this Byzantine church is dedicated to St. Mark the Evangelist, whose body is buried here. The floor plan of the basilica is in the form of a Greek cross, and the church has five cupolas, decorated in the twelfth century with brilliant mosaics.

19. *Il Palazzo dei Dogi*, also known as *Palazzo Ducale* or *Palazzo della Città*, was Venice's administrative center until the fall of the Venetian Republic in 1797.

The palace was the Doge's residence as well as the seat of the government, courts and prisons.

20. *Il Ponte dei Sospiri* (the Bridge of Sighs) is the bridge that joins the *Palazzo dei Dogi* to the prisons that were built between 1560 and 1614. It owes its name to the fact that when prisoners crossed it, they would sigh their last breath of freedom.

26. *Caffè Florian* is a very famous café in St. Mark's Square. It opened in 1720, and it was the only public establishment that allowed entrance to women.

30. Giacomo Casanova, the renowned diplomat, adventurer, and writer, famous for his erotic autobiography, was born in Venice in 1725, frequented the *Caffè Florian*, and was probably the most famous guest of the Venetian prisons.

C. GRAMMAR AND USAGE

1. *Il condizionale presente e passato* / The Present and Past Conditional

The conditional mood expresses possible or hypothetical actions or states and translates into English as "would" + verb. There are two conditional tenses: *condizionale presente* (present conditional) and *condizionale passato* (past conditional). *Il condizionale presente,* or the present conditional, is formed, just like the future tense, by dropping the final *-e* from the infinitive. Then the conditional endings *-ei, -esti, -ebbe, -emmo, -este,* and *-ebbero* are added. As in the future, in verbs of the first conjugation, the *-a* of the infinitive ending changes to *-e*:

	cantare	*leggere*	*finire*
io	canter-ei	legger-ei	finir-ei
tu	canter-esti	legger-esti	finir-esti
lui / lei / Lei	canter-ebbe	legger-ebbe	finir-ebbe
noi	canter-emmo	legger-emmo	finir-emmo
voi	canter-este	legger-este	finir-este
loro / Loro	canter-ebbero	legger-ebbero	finir-ebbero

The present conditional is used to express actions that would occur in the present or in the future, were it not for conditions or uncertainties that prevent them from occurring.

Visiterei volentieri Venezia, ma non ho soldi.
  I would gladly visit Venice, but I don't have money.

Leggeremmo più libri, ma non abbiamo tempo.
  We would read more books, but we don't have time.

Dormirebbe molto, ma soffre di insomnia.
  He would sleep a lot, but he suffers from insomnia.

Verbs with irregularities in the future (see lesson 4) maintain the same irregularities in the conditional.

Vorrei due pellicole per questa macchina fotografica.
  I'd like two rolls of film for this camera.

Vedrebbero l'interno della basilica, ma è chiusa.
  They would see the basilica's interior, but it is closed.

The present conditional can also be used to express polite requests and wishes. This is particularly true when using the conditional of *dovere*, *potere*, and *volere*.

Potrebbe anche dare un'occhiata a quest'altra macchina fotografica?
  Could you also take a look at this other camera?

Io vorrei tanto averne una digitale, ma lui non ne vuole sapere.

> I really would like to have a digital one, but he doesn't want to hear about it.

It can also be used to express the consequences of a hypothetical situation (after an "if" clause). The hypothesis is expressed with *se* followed by the imperfect subjunctive. (See lesson 19 for a more detailed explanation of "if" clauses.)

Se non avessimo figli piccoli viaggeremmo di più.

> If we didn't have young children we would travel more.

Comprerei una macchina fotografica digitale se fossi sicuro di poter fare belle foto.

> I would buy a digital camera if I were sure I could take good pictures.

Il condizionale passato, or the past conditional, is formed with the conditional of *essere* or *avere,* followed by the past participle. Just as is the case with the present perfect, past participles of *essere* verbs must agree with the subject. The past conditional translates as the English "would have" + past participle. It is used in the same cases as the present conditional, but it refers to a time in the past.

	cantare	arrivare
io	*avrei cantato*	*sarei arrivato/a*
tu	*avresti cantato*	*saresti arrivato/a*
lui / lei / Lei	*avrebbe cantato*	*sarebbe arrivato/a*
noi	*avremmo cantato*	*saremmo arrivati/e*
voi	*avreste cantato*	*sareste arrivati/e*
loro / Loro	*avrebbero cantato*	*sarebbero arrivati/e*

Mi sarebbe piaciuto essere una gran dama a Venezia nel Settecento! Sarei potuta venire qui tutti i giorni, e magari avrei anche incontrato Casanova!

I'd have liked to be a great Venetian lady in the eighteenth century! I could have come here every day, and maybe I would even have met Casanova!

Avrei letto una guida turistica prima di venire a Venezia, ma non ho avuto tempo.

I would have read a tourist guide before coming to Venice, but I didn't have time.

Se avessi avuto più soldi sarei andato anche in Austria.

If I had had more money, I would also have gone to Austria.

The past conditional is also used to express a future action in a sentence introduced by a verb of saying, telling, knowing, or informing, in the past tense. Note that this use of the past conditional is very different from English, where the present conditional is used.

Ha detto che sarebbe venuto con noi a Venezia.

He said he would come with us to Venice.

Casanova disse alla sua amante che non l'avrebbe mai lasciata.

Casanova told his lover that he would never leave her.

2. *I numeri* / Numbers

You will find a complete table on both ordinal and cardinal numbers after lesson 20. Here, however, are a few rules concerning numbers. Let's start with *i numeri cardinali,* or cardinal numbers. Note that you need to drop the final vowel of *venti, trenta, quaranta, cinquanta, sessanta, settanta, ottanta,* and *novanta* when you add the numbers *uno* and *otto.* When adding the number *tre* to those numbers, *-trè* requires an accent.

Di solito il mese di febbraio ha ventotto giorni.
Usually the month of February has twenty-eight days.

Ci sono trentatrè persone sedute al bar.
There are thirty-three people sitting at the café.

The numbers one hundred and one thousand are expressed respectively by *cento* and *mille* (without translating the English "one"). Note that *mille* has an irregular plural *mila*.

È facile spendere più di cento euro a persona in un ristorante veneziano.
It's easy to spend more than one hundred euros a person in a Venetian restaurant.

Quel vestito di Giorgio Armani costa più di duemila euro.
That Armani dress costs more than two thousand euros.

Milione/i (million/s) and *miliardo/i* (billion/s) require the preposition *di*, unless they are followed by another number.

Vorrei vincere tre milioni di euro alla lotteria.
I would like to win three million euros in the lottery.

In Italia ci sono cinquantotto milioni cinquantasettemila abitanti.
In Italy there are fifty-eight million, fifty-seven thousand inhabitants.

Note that Italian numbers use a period instead of a comma, and indicate decimals with a comma rather than a period.

12.550 euro = dodicimila cinquecento cinquanta euro.
12,500 euros = twelve thousand, five hundred euros.

15,35 euro = quindici euro e trentacinque centesimi.
15.35 euros = fifteen euros and thirty-five cents.

The ordinal numbers, or i *numeri ordinali*, from one to ten are as follows: *primo* (first), *secondo* (second), *terzo* (third), *quarto* (fourth), *quinto* (fifth), *sesto* (sixth), *settimo* (seventh), *ottavo* (eighth), *nono* (ninth), and *decimo* (tenth). Beginning with *undicesimo*, ordinal numbers are formed by dropping the last vowel of the cardinal number, and by adding *-esimo/a*. If the cardinal number ends in *-trè*, then the final *-e* of the cardinal number is retained, as in *ventitreesimo*. Remember that ordinal numbers are adjectives, and they must agree in gender and number with the noun they modify. Where English uses a superscript -st, -nd, -rd, or -th for ordinal numbers, Italian uses a degree symbol: *1°*, *2°*, etc.

Dovresti ringraziare di essere una donna nel ventunesimo secolo!
> You should be thankful you are a woman in the twenty-first century!

È la quarta volta che veniamo a Venezia, e non ce ne siamo ancora stancati.
> It's the fourth time we've come to Venice, and we aren't tired of it yet.

A definite article usually precedes an ordinal number, unless that number follows a name.

L'ultimo re d'Italia fu Umberto II.
> The last king of Italy was Umberto II.

EXERCISES

A. Make the following questions or statements more polite by using the verb in the conditional.

1. *Ci date un bicchier d'acqua?*

2. *Mi aiuti a fare il letto?*

3. *Vuoi uscire stasera?*

4. *Possiamo mangiare al ristorante?*

5. *Puoi dirmi che ore sono?*

6. *Potete finire il lavoro entro un'ora?*

B. Fill in the blanks with the present or past conditional, guessing the verb from the context.

1. *Io _____ da casa tua ieri sera, ma ho fatto tardi.*

2. *Lui _____ medicina, ma odia vedere il sangue.*

3. *Noi _____ a Venezia per una settimana, ma non abbiamo trovato una stanza in albergo.*

4. *Loro _____ una casa a Venezia, ma sono troppo care.*

5. *Tu _____ comprare una macchina fotografica digitale, ma preferisci una macchina tradizionale.*

6. *Voi _____ a teatro ieri sera, ma eravate troppo stanchi.*

C. Answer the following questions with the present or past conditional, following the example, and using the pronouns. Be creative in your answers.

Esempio: Perché non studi mai?
       Studierei, ma non ho tempo.

1. *Perché non sei venuto alla festa ieri sera?*

2. *Perché non esci mai con Marina?*

3. *Perché non hai sposato Francesco?*

4. *Perché non vai a Venezia quest'anno?*

5. *Perché non mi hai scritto una cartolina dall'Italia?*

6. *Perché non mangi mai al ristorante?*

D. Spell out the number given in parentheses.

1. *Maria e Giovanni festeggiano il loro* _____
(25°) anniversario di matrimonio.

2. *Dante Alighieri nacque nel* _____
(1265).

3. *Quella macchina è costata* _____
(34.830) euro.

4. *Ci sono* _____ *(17) studenti in quella classe.*

5. *Una stanza d'albergo a Venezia costa più di*
_____ *(100) euro per notte.*

6. *A New York ci sono* _____
(8.000.000) di abitanti.

E. Translate the following sentences into Italian.

1. I would like to invite you out to dinner.

2. Giorgio said he would call, but he never did.

3. They would have come to Venice with us, but they
had already planned to go to Greece.

4. Would you please make me a cup of coffee?

5. Do you want a piece of advice? I wouldn't buy a
house in Venice because of the humidity.

6. I wouldn't have spent so much money on a dinner.

7. Venice was a very powerful republic in the sixteenth
century.

8. He won a million dollars in the lottery.

ANSWER KEY

A. 1. *Ci dareste un bicchier d'acqua?* 2. *Mi aiuteresti a fare il letto?* 3. *Vorresti uscire stasera?* 4. *Potremmo mangiare al ristorante?* 5. *Potresti dirmi che ore sono?* 6. *Potreste finire il lavoro entro un'ora?*

B. 1. *Io sarei passato/a da casa tua ieri sera, ma ho fatto tardi.* 2. *Lui studierebbe medicina, ma odia vedere il sangue.* 3. *Noi saremmo stati/e a Venezia per una settimana, ma non abbiamo trovato una stanza in albergo.* 4. *Loro comprerebbero una casa a Venezia, ma sono troppo care.* 5. *Tu potresti comprare una macchina fotografica digitale, ma preferisci una macchina tradizionale.* 6. *Voi sareste andati/e a teatro ieri sera, ma eravate troppo stanchi.*

C. (Possible answers): 1. *Sarei venuto alla festa ieri sera, ma ero stanco.* 2. *Uscirei con Marina, ma lei non vuole uscire con me.* 3. *Avrei sposato Francesco, ma lui ha sposato un'altra.* 4. *Andrei a Venezia , ma non ho soldi.* 5. *Ti avrei scritto una cartolina dall'Italia, ma non avevo il tuo indirizzo.* 6. *Mangerei al ristorante, ma non voglio ingrassare.*

D. 1. *Maria e Giovanni festeggiano il loro venticin-quesimo anniversario di matrimonio.* 2. *Dante Alighieri nacque nel mille duecento sessantacinque.* 3. *Quella macchina è costata trentaquattromila-ottocentotrenta euro.* 4. *Ci sono diciassette studenti in quella classe.* 5. *Una stanza d'albergo a Venezia costa più di cento euro per notte.* 6. *A New York ci sono otto milioni di abitanti.*

E. 1. *Vorrei invitarti fuori a cena.* 2. *Giorgio ha detto che avrebbe chiamato, ma non l'ha mai fatto.* 3. *Sarebbero venuti a Venezia con noi, ma avevano già programmato di andare in Grecia. 4. Mi faresti una tazza di caffè per favore? 5. Vuoi un consiglio? Non comprerei una casa a Venezia a causa dell'umidità. 6. Non avrei speso così tanto per una cena. 7. Venezia era una repubblica molto potente nel sedicesimo secolo. 8. Ha vinto un milione di dollari alla lotteria.*

LESSON 12

IN UN'AGENZIA DI VIAGGI
IN A TRAVEL AGENCY

A. DIALOGUE

Daniela e Chiara hanno due settimane di ferie e vogliono fare una bella vacanza in Italia, ma sono molto indecise su dove andare. Decidono quindi d'andare in un'agenzia di viaggi per chiedere qualche consiglio.

Daniela and Chiara have two weeks off from work and want to take a nice vacation in Italy, but they're very uncertain about where to go. So they decide to go to a travel agency to ask for some advice.

1. Impiegato: **Buongiorno, in cosa posso esservi utile?**
   Good day, how can I help you?

2. Daniela: **Vorremmo esplorare un po' l'Italia. Potrebbe suggerirci qualche itinerario?**
   We'd like to explore Italy a bit. Could you suggest some itineraries to us?

3. Impiegato: **Con piacere. Dove vorreste andare?**
   With pleasure. Where would you like to go?

4. Chiara: **Siamo molto indecise. Da un lato vorremmo fare una vacanza rilassante, al mare o in montagna. Dall'altro non ci piace perdere tempo e vorremmo vedere alcuni luoghi storici interessanti.**
   We're very undecided. On the one hand we'd like to have a relaxing vacation, at the beach or in the mountains. On the other, we don't like to waste time

and would like to visit some interesting historical places.

5. Impiegato: **Come volete viaggiare, in macchina o in treno?**
How do you want to travel, by car or by train?

6. Daniela: **Non abbiamo una macchina e sappiamo che noleggiare un'auto costa parecchio.**
We don't have a car, and we know that renting a car costs a lot.

7. Impiegato: **Non c'è nessun problema, in Italia con il treno è possibile raggiungere qualunque posto. E i biglietti di seconda classe non sono molto cari.**
There's no problem. In Italy, it's possible to reach any place by train. And second-class tickets are not very expensive.

8. Chiara: **Ha già in mente qualcosa da consigliarci?**
Do you already have some suggestions in mind?

9. Impiegato: **Ci sono alcune possibilità. Potreste andare al mare a Viareggio. Qualche giorno potreste andare in spiaggia, ed altri potreste prendere una corriera e andare a visitare alcune belle città toscane, come Firenze, Siena o Pisa.**
There are a few possibilities. You could go to the seaside in Viareggio. Some days you could go to the beach, and others you could take a bus and go visit some beautiful Tuscan cities, like Florence, Siena, or Pisa.

10. Daniela: **Ma ho sentito dire che Viareggio è molto affollata. Ha qualche altro suggerimento?**
But I heard that Viareggio is quite crowded. Do you have any other suggestions?

11. Impiegato: **Potreste andare sulla costa amalfi-tana. Con un Euro Star siete a Napoli in sole due ore, e poi potete cambiare treno e arrivare a Positano in poco tempo. Ci sono molti bei posti da visitare lì intorno, come Pompei o Ravello.**

    You could go to the Amalfi coast. With a Euro Star you're in Naples in only two hours, and then you can change trains and get to Positano in a short time. There are a lot of beautiful places to visit around there, such as Pompei or Ravello.

12. Chiara: **È una buon'idea. Che cos'altro ci può proporre?**

    That's a good idea. What else can you suggest?

13. Impiegato: **C'è anche la Sicilia. Lì il mare è bellissimo e ci sono tanti templi e anfiteatri greci da visitare. A proposito di templi greci ... volete proprio rimanere in Italia? Quest'anno la Grecia è una meta molto popolare. Potreste prendere un aereo e andare in un villaggio turistico.**

    There's also Sicily. The sea is beautiful there, and there are a lot of Greek temples and amphitheaters to visit. Speaking of Greek temples ... do you really want to stay in Italy? This year Greece is a very popular destination. You could take a plane and go to a resort.

14. Daniela: **Conosco qualcuno che c'è andato e mi ha detto che si è divertito tantissimo. Potrebbe essere un'idea.**

    I know somebody who went there, and he told me that he had a great time. That could be an idea.

15. Impiegato: **Se decidete d'andare, potrei farvi una prenotazione immediatamente. Ci sono alcune offerte interessanti.**

If you decide to go, I could make a reservation for you right away. There are some good deals.

16. Chiara: **Se non le dispiace, ci pensiamo un po' questa sera e ritorniamo domani.**
If you don't mind, we'll think about it tonight, and come back tomorrow.

L'indomani.
The next day.

17. Impiegato: **Ah, buongiorno. Allora, cos'avete deciso?**
Oh, hello. So, what have you decided?

18. Daniela: **Vorremmo andare in Sicilia e ci piacerebbe stare in un villaggio turistico.**
We would like to go to Sicily, and stay in a resort.

19. Impiegato: **Ottima scelta. Il viaggio non è incluso nel prezzo del villaggio turistico. Volete andare in treno o in aereo?**
Great choice. Travel is not included in the resort's price. Would you like to take a train or fly?

20. Chiara: **Visto che non abbiamo troppa fretta, possiamo andare in treno.**
Since we're not in such a hurry, we can take a train.

21. Impiegato: **Se volete viaggiare di notte, c'è un Euro Star che parte da Roma la sera e arriva a Palermo la mattina. Se prenotate una cuccetta potrete arrivare a Palermo riposate.**
If you want to travel at night, there's a Euro Star that leaves Rome at night and arrives in Palermo in the morning. If you reserve a sleeping berth you can arrive in Palermo well rested.

22. Daniela: **D'accordo. E come facciamo per arrivare al villaggio turistico?**
All right. And how do we get to the resort?

23. Impiegato: **Il villaggio ha un pulmino che vi verrà a prendere alla stazione. Il villaggio offre anche delle escursioni in varie zone archeologiche. Potete prenotarle ora, o farlo quando arrivate al villaggio.**
The resort has a small bus that will pick you up at the train station. The resort also offers some excursions to different archeological sites. You can reserve them now, or do it when you arrive at the resort.

24. Chiara: **Decideremo cosa fare quando saremo là. Se il mare siciliano è così bello come dicono, forse ci passerà la voglia di fare le turiste.**
We'll decide what to do when we get there. If the Sicilian sea is as beautiful as they say, we might not feel like playing tourists.

B. NOTES

The expression *le ferie* indicates specifically time off work.

Different from the English "advice," the word *consiglio* can be used both in the singular and in the plural.

9. *Viareggio* is a very popular beach resort in Tuscany, in an area called *Versilia*. *Firenze*, *Siena*, and *Pisa* are well known Tuscan cities, famous for their historical and artistic riches.

11. The *Costa Amalfitana* is one of the best-known stretches of coast in Italy. It is located in the Gulf of

Salerno, and runs from *Positano* to *Vietri*. *Ravello* is perhaps the most beautiful town along the Amalfi Coast. *Napoli* (Naples) is the capital city of the *Campania* region. *Pompeii*, a Roman town near Naples, was destroyed by the eruption of Mount Vesuvius in 79 A.D. along with the town of Herculaneum, known as *Ercolano* in Italian.

Euro Star are very fast trains that make stops only in major cities.

13. The word *tempio* (temple) has both a regular and an irregular plural form: *templi* and *tempi*.

Remember that *greco* (Greek) has an irregular plural form: *greci*.

A *villaggio turistico* is a vacation resort organized in the manner of the Club Med.

C. GRAMMAR AND USAGE

1. *Aggettivi e pronomi indefiniti* / Indefinite Adjectives and Pronouns

Indefinite adjectives and pronouns indicate an indeterminate quality or quantity, such as the English examples "some" or "any." In Italian, some indefinites are used strictly as adjectives, some are used strictly as pronouns, and others can be used either as adjectives or pronouns.

The following indefinites can only be used as adjectives. They are invariable, and they can only modify singular nouns, although they can also express plural meaning.

ogni (each / every)
qualche (some)
qualsiasi / qualunque (any, any kind of)

Ogni anno vanno in vacanza all'estero.
    Every year they go on vacation abroad.

Decidono d'andare in un'agenzia di viaggi per chiedere qualche consiglio.
> They decide to go to a travel agency to ask for some advice.

In Italia con il treno è possibile raggiungere qualunque posto.
> In Italy, it is possible to reach any place by train.

The following indefinites are all singular pronouns.

chiunque (anyone)
*niente / nulla (*nothing)
ognuno / ognuna (everyone)
qualcosa (something, anything)
qualcuno (someone, anyone)
uno / una (one)

Conosco qualcuno che c'è andato e mi ha detto che si è divertito tantissimo.
> I know somebody who went there, and he told me that he had a great time.

Non hanno nulla da fare.
> They have nothing to do.

Ognuno ha bisogno di fare una vacanza.
> Everyone needs to take a vacation.

When an issue of agreement arises, *qualcosa*, *niente* and *nulla* are considered masculine.

Non è successo nulla di grave.
> Nothing serious happened.

Remember that when an adjective follows *qualcosa* or *niente*, it is introduced by the preposition *di*. When a verb follows *qualcosa* or *niente* it is introduced by the preposition *da*.

Non fanno mai niente di interessante.
> They never do anything interesting.

C'è qualcosa di bello da vedere al museo?
Is there anything good to see at the museum?

The following indefinites may be used as either adjectives or pronouns.

alcuni / alcune (some, a few)
certo/a/i/e (certain / certain ones)
ciascuno/a (each, each one)
molto/a/i/e (much, many, a lot)
nessuno/a (no, none, no one)
parecchio/a/i/e (a lot, several)
poco/a/chi/che (little, few)
quanto/a/i/e (how much, how many)
tanto/a/i/e (so much, so many)
troppo/a/i/e (too much, too many)

Abbiamo visitato alcuni monumenti molto belli.
We visited some very beautiful monuments.

Ciascuno voleva andare in vacanza in un posto diverso.
Each one wanted to go on vacation to a different place.

Ieri sera non è venuto nessuno a trovarci.
Nobody came to visit us last night.

Non ho nessun amico con cui andare in vacanza.
I don't have any friend to go on vacation with.

Abbiamo solo pochi giorni di ferie.
We only have a few days off.

As an indefinite adjective, *altro* (other) follows the regular pattern of agreement. As a pronoun, the invariable *altro* means "something" or "something else," whereas the plural forms *altri/e* mean "others."

Il prossimo anno vogliamo fare un'altra vacanza in Sicilia.
Next year we want to take another vacation in Sicily.

Alcuni sono andati in Sicilia, altri sono andati sulla Costa Amalfitana.
Some went to Sicily, and others went to the Amalfi Coast.

As an indefinite adjective, *tutto* (all, whole, every) also follows the regular pattern of agreement. Remember that the definite article follows the adjective *tutto*. As a pronoun, the invariable *tutto* means "everything," and the plural forms *tutti/e* mean "everyone."

Abbiamo visitato tutti i templi greci.
We visited all the Greek temples.

Abbiamo finito tutto.
We finished everything.

Tutti sono andati a cena fuori stasera.
Everybody went out to dinner tonight.

2. *Gli avverbi* / Adverbs

Adverbs modify verbs, adjectives, and other adverbs, and are invariable. Some common adverbs are *bene* (well), *male* (badly), *molto* (very), *poco* (little), *presto* (early), *tardi* (late), *spesso* (often), *insieme* (together), *così* (so), and *volentieri* (gladly).

Many adverbs are formed by adding the suffix *-mente* to the feminine singular form of an adjective.

lento	*lenta*	*lentamente* (slowly)
vero	*vera*	*veramente* (really)
veloce	*veloce*	*velocemente* (quickly)

I bambini corrono velocemente.
The children run fast.

Ha cominciato a piovere improvvisamente.
It started to rain all of a sudden.

If the adjective ends in *-le* or *-re*, the final *-e* is dropped before *-mente* is added.

facile   *facilmente* (easily)
regolare   *regolarmente* (regularly)

Veniamo a fare spese in questo negozio regolarmente.
   We come to shop in this store regularly.

Hanno imparato facilmente a lavorare la ceramica.
   They easily learned to make ceramics.

Some adjectives, such as *chiaro* (clearly), *giusto* (right), *forte* (loudly), *piano* (slowly or softly), *sodo* (hard), *svelto* (fast), and *vicino* (nearby) can also be used as adverbs.

Parla piano!
   Speak softly!

Hanno lavorato sodo tutto il giorno.
   They worked hard all day.

Just as with adjectives, suffixes can be added to adverbs to change their meaning:

Come stai? –Benino grazie.
   How are you? –Pretty well, thank you.

Vorrei ancora un pochino di dolce.
   I would like a tiny bit more cake.

Adverbs usually follow the verb, although they can be placed before the verb for emphasis.

Sono andati male all'esame.
   They did badly on the test.

Improvvisamente cominciarono a parlare tutti insieme.
   Suddenly they all started to talk at the same time.

In compound tenses, *ancora* (still / yet), *già* (already), *mai* (never), *sempre* (always), *più* (any more) and *spesso* (often) are usually placed between the auxiliary and the past participle.

Hai già mangiato? –No, non ho ancora mangiato.
    Have you already eaten? –No, I haven't eaten yet.

Hanno sempre parlato molto bene di te.
    They have always spoken very kindly of you.

Anche (also, as well, too) usually precedes the word it modifies, and can never be placed at the end of a sentence. Depending on the position of *anche*, a sentence can have different meanings.

Anche Luisa parla italiano.
    Luisa, too [in addition to other people] speaks Italian.

Luisa parla anche italiano.
    Luisa also speaks Italian [in addition to other languages].

EXERCISES

A. Replace the underlined expressions with an indefinite pronoun.

  1. *Se telefona <u>una persona</u>, digli di richiamare domani.*

  2. *<u>Ogni studente</u> in questa classe deve consegnare i compiti tutti i giorni.*

  3. *<u>Nessuna persona</u> può entrare in questo ufficio senza un permesso speciale.*

  4. *Non ho comprato <u>nessuna cosa</u> perché tutto era troppo caro.*

  5. *<u>Parecchie persone</u> verranno alla festa domani sera.*

  6. *Abbiamo speso <u>troppi soldi</u> questo mese, dobbiamo risparmiare.*

7. *Abbiamo spedito molti inviti, ma <u>alcune persone</u> non possono venire.*

8. *A <u>tutte le persone</u> piace mangiare il gelato.*

B. Complete the following sentences with the appropriate indefinite adjective or pronoun.

1. *Molte persone amano andare in vacanza in albergo, _____ invece preferiscono il campeggio.*

2. *Vogliamo comprare un regalo per Anna e _____ di noi deve contribuire dieci euro.*

3. *Che giornale vuoi? —Non importa, compra un giornale _____, mi interessa solo vedere i programmi televisivi.*

4. *Mi ha cercato _____ mentre ero fuori a pranzo?*

5. *Lui parla così piano che non sento mai _____.*

6. *Sono andato al solito bar ma non ho incontrato _____ amico.*

7. *Ha telefonato _____ per te, ma non ha lasciato _____ messaggio.*

8. *_____ studente ha fatto molto bene l'esame.*

C. Form complete sentences using the elements provided.

1. *Io / non / vedere / mai / Sardegna.*

2. *Tu / vedere/ già / quel / film?*

3. *Loro / salutarsi / ieri / affettuosamente.*

4. *Noi / comprare / già / biglietto / aereo.*

5. *Voi / imparare / italiano / facilmente.*

6. *Ieri / teatro / essere / veramente / affollato.*

D. Translate the following sentences into Italian.

1. Each of you must deposit one hundred euros for the plane ticket.

2. Do you really want to go on vacation to Sicily?

3. He behaves so seriously for a ten-year-old boy!

4. Everybody is coming to dinner tomorrow night.

5. We didn't receive any invitation.

6. He comes to visit us regularly.

7. Some people are so rude. They never thank you for anything.

8. I'm so hungry, would you please offer me something to eat?

ANSWER KEY

A. 1. *Se telefona qualcuno, digli di richiamare domani.*
2. *Ciascuno / ognuno in questa classe deve consegnare i compiti tutti i giorni.* 3. *Nessuno può entrare in questo ufficio senza un permesso speciale.* 4. *Non ho comprato niente / nulla perché tutto era troppo caro.*
5. *Parecchi verranno alla festa domani sera.*
6. *Abbiamo speso troppo questo mese, dobbiamo risparmiare.* 7. *Abbiamo spedito molti inviti, ma alcuni non possono venire.* 8. *A tutti piace mangiare il gelato.*

B. 1. *Molte persone amano andare in vacanza in albergo, altri invece preferiscono il campeggio.* 2. *Vogliamo comprare un regalo per Anna e ciascuno / ognuno di noi deve contribuire dieci euro.* 3. *Che giornale vuoi?- Non importa, compra un giornale qualsiasi, mi interessa solo vedere i programmi televisivi.* 4. *Mi ha cercato qualcuno mentre ero fuori a pranzo?* 5. *Lui parla così piano che non sento mai niente / nulla.*
6. *Sono andato al solito bar ma non ho incontrato nessun amico.* 7. *Ha telefonato qualcuno per te, ma non ha lasciato nessun messaggio.* 8. *Qualche studente ha fatto molto bene l'esame.*

C. 1. *Io non ho mai visto la Sardegna.* 2. *Tu hai già visto quel film?* 3. *Ieri loro si sono salutati affettuosamente.*
4. *Noi abbiamo già comprato il biglietto dell'aereo.*
5. *Voi avete imparato l'italiano facilmente.* 6. *Ieri il teatro era veramente affollato.*

D. 1. *Ognuno / ciascuno di voi deve depositare cento euro per il biglietto dell'aereo.* 2. *Vuoi veramente andare in vacanza in Sicilia?* 3. *Si comporta così seriamente per un bambino di dieci anni.* 4. *Tutti vengono a cena domani sera. / Ognuno viene a cena domani sera.*

5. *Non abbiamo ricevuto nessun invito.* 6. *Ci viene a trovare regolarmente.* 7. *Alcune persone sono così maleducate. Non ti ringraziano mai di nulla.* 8. *Ho così tanta fame, mi offriresti qualcosa da mangiare per favore?*

LESSON 13

ALL'AUTONOLEGGIO
AT THE CAR RENTAL AGENCY

A. DIALOGUE

Stefano e Maddalena hanno deciso di noleggiare una
macchina per fare un viaggio nelle colline toscane e quindi
si recano in un autonoleggio.
Stefano and Maddalena have decided to rent a car to take a
trip in the Tuscan hills, so they go to a car rental agency.

1. Impiegato: **Buongiorno Signori, in cosa posso**
   esservi utile?
   Good morning, Sir, Ma'am, how can I help you?

2. Stefano: **Vorremmo noleggiare una macchina per**
   quattro giorni. Quali sono le tariffe?
   We'd like to rent a car for four days. What are the
   rates?

3. Impiegato: **Dipende da che modello scegliete. Per**
   quattro giorni, il modello più economico costa
   centosettantadue euro e il più costoso costa tre-
   centosettantun euro.
   That depends on which model you choose. For four
   days, the cheapest model costs one hundred seventy-
   two euros, and the most expensive costs three hundred seventy-one euros.

4. Stefano: **C'è una bella differenza! Quale**
   macchina costa di meno e quale costa di più?
   That's quite a difference! Which car costs the least,
   and which costs the most?

5. Impiegato: **La meno costosa delle nostre macchine**
   è una Ford Fiesta e la più cara è una Jaguar X-

Type. Poi, naturalmente, abbiamo i pulmini, e quelli costano un po' di più. In quanti siete a viaggiare?

Our cheapest car is a Ford Fiesta, and the most expensive is a Jaguar X-Type. Naturally, we also have mini vans, and those are a bit more expensive. How many people are traveling?

6. Maddalena: **Siamo solo in due, non abbiamo certamente bisogno di un pulmino!**

   It's just the two of us; we certainly don't need a mini van!

7. Stefano: **Però sarebbe bello viaggiare in Jaguar. Ti immagini le facce dei vicini quando ci vedono caricare i bagagli?**

   But it would be nice to travel in a Jaguar. Can you imagine our neighbors' faces when they see us putting our luggage in?

8. Maddalena: **Stefano, guardi troppo alle apparenze. Pensiamo piuttosto alla comodità e alla sicurezza. Tutte le vostre macchine hanno l'airbag?**

   Stefano, you care too much about appearances. Let's think about comfort and safety instead. Do all your cars have airbags?

9. Impiegato: **Quasi tutte, tranne il modello più economico, e tutte hanno l'aria condizionata. E per due persone la Ford Fiesta è comoda quasi quanto la Jaguar. E fa venti chilometri con un litro di benzina!**

   Almost all of them, except for the cheapest model, and all of them have air conditioning. And for two people the Ford Fiesta is almost as comfortable as the Jaguar. And it runs for 20 kilometers on a liter of gasoline.

10. Stefano: **Che cos'è incluso nel prezzo?**
    What's included in the rate?

11. Impiegato: **La manutenzione e l'assicurazione per il furto e contro i danni. E il chilometraggio è illimitato. Se volete restituire la macchina in un'altra città, però, dovete pagare un supplemento.**
    Maintenance, and theft and liability insurance. And mileage is unlimited. If you want to return the car in another city, however, there is an additional charge.

12. Stefano: **No, non ci serve, la riportiamo qui. E paghiamo quando restituiamo la macchina?**
    No, we don't need that, we'll return the car here. And do we pay when we return the car?

13. Impiegato: **No, Signore, deve lasciare un deposito con una carta di credito a titolo di garanzia. E naturalmente abbiamo bisogno di vedere la sua patente.**
    No, Sir, you must leave a deposit with a credit card as a guarantee. And naturally we need to see your driver's license.

14. Maddalena: **D'accordo allora, vorremmo noleggiare la macchina più economica con l'airbag. La ritiriamo domani e la restituiamo dopo quattro giorni.**
    O.K. then, we would like to rent the cheapest car with an airbag. We'll pick it up tomorrow and we'll return it in four days.

15. Impiegato: **Vediamo cosa c'è di disponibile . . . ecco, una Focus per duecentoquaranta euro, va bene?**
    Let's see what's available . . . here it is, a Focus for two hundred forty euros, is that all right?

16. Stefano: **Va benissimo, la ritiriamo domattina alle otto.**
It's perfect. We'll pick it up tomorrow morning at eight.

17. Impiegato: **A domani, allora.**
I'll see you tomorrow then.

In viaggio.
On the road.

18. Stefano: **Maddalena, ci siamo completamente persi. Non so dove, ma dobbiamo avere preso la strada sbagliata. E siamo quasi senza benzina! Speriamo di non rimanere in panne!**
Maddalena, we're completely lost. I don't know where, but we must have taken the wrong road. And we're running out of gas. Let's hope we don't get stuck!

19. Maddalena: **È quello che succede a volte quando non si viaggia in autostrada, ma si fanno le belle stradine di campagna. Ma guarda laggiù, c'è qualcuno in bicicletta.**
That's what happens sometimes when you don't take the highway and travel on the nice little country lanes. But look down there, there's someone on a bicycle.

20. Stefano: **Meno male! Speriamo che conosca la zona. Scusi, Signora, saprebbe indicarci dov'è la stazione di servizio più vicina?**
Good for us! Let's hope she knows the area. Excuse me, Ma'am, would you be able to direct us to the nearest gas station?

21. Ciclista: **Siete fortunati, è a soli dieci minuti da qui.**
You're lucky, it's only ten minutes from here.

22. Maddalena: **Dobbiamo continuare sempre diritto?**
    Should we keep going straight?

23. Ciclista. **No, no. Dovete tornare indietro fino al primo semaforo. Lì voltate a destra e al primo incrocio voltate a sinistra. La stazione di servizio è proprio lì, sulla sinistra.**
    No, no. You have to go back to the first traffic light. There you turn right, and at the next intersection turn left. The gas station is right there, on the left.

24. Stefano: **Ci ha salvato la vita!**
    You've saved our lives!

25. Maddalena: **Grazie, Signora.**
    Thank you, Ma'am.

26. Ciclista: **Non c'è di che. Buona giornata.**
    Don't mention it. Have a good day.

B. NOTES

Recarsi is a synonym for *andare*, and it's used when a specific destination is mentioned.

1. *In che cosa posso esservi utile* is one of the common ways of asking "How can I help you?"

3. The verb *dipendere* is followed by the preposition *da*.

5. Some Ford cars are very popular in Italy, such as the Fiesta and the Focus (see # 15). Jaguars are considered luxury cars.

9. Distance in Italy is measured in kilometers. A kilometer is five-eighths of a mile. Liquids are measured

in liters. A liter is slightly larger than a quart. Gasoline is sold by the liter in Italy, and is considerably more expensive than in the United States, due to higher taxes imposed on gasoline.

18. *In panne* is a useful expression when describing car problems. *Essere in panne* (to be stuck); *rimanere in panne* (to break down).

20. Note the use of the subjunctive after the verb *sperare* (to hope.) For more uses of the subjunctive, see lesson 16.

22. The word *diritto* (straight) can also be spelled *dritto*.

26. *Non c'è di che* is another way of saying *prego*.

C. GRAMMAR AND USAGE

1. *I comparativi* / Comparatives

There are two different kinds of comparatives: of equality (as / so . . . as; as much / as many . . . as); and of inequality (more / less . . . than). To express a comparison of equality, Italian uses either *così . . . come* or *tanto . . . quanto*. The first part of the comparison (*così*, or *tanto*) is often omitted.

Per due persone la Ford Fiesta è (tanto) comoda quasi quanto la Jaguar.
  And for two people the Ford Fiesta is almost as comfortable as the Jaguar.

Quest'automobile è (così) veloce come quella.
  This car is as fast as that one.

When two nouns are compared, *tanto . . . quanto* must be used, and they must agree in gender and number with the nouns they modify.

In questo autonoleggio noleggiano tante macchine quanti pulmini.
> In this car rental office they rent as many cars as mini-vans.

Tanto quanto is also used to equally compare two agents performing the same action. In this case they follow the verb, are inseparable, and do not agree. If a pronoun is used, it must be a disjunctive pronoun.

Quest'impiegato lavora (tanto) quanto me.
> This employee works as much as I do.

Questa macchina costa (tanto) quanto l'altra.
> This car costs as much as the other.

The comparison of inequality can be either of superiority (more, -er . . . than) or of inferiority (less . . . than). They are expressed in Italian by *più* . . . and by *meno* . . . respectively. "Than" can either be translated as *di* or *che*. *Di* is used in front of numbers, or when two entities are compared in terms of the same quality or action.

Questa macchina costa più di trentamila dollari.
> This car costs more than thirty thousand dollars.

Una Ferrari è più veloce di una Ford.
> A Ferrari is faster than a Ford.

Una Ford costa meno di una Ferrari.
> A Ford costs less than a Ferrari.

Che is used when two qualities (expressed by nouns, adjectives, verbs, or adverbs) of the same entities are compared.

Quando scegliamo una macchina, pensiamo più alla comodità che all'apparenza.
> When we choose a car, we think more about comfort than appearance.

La Jaguar è più elegante che comoda.
The Jaguar is more elegant than comfortable.

In front of a conjugated verb, *di quel(lo) che* or *di quanto* are used to express "than." Often *di quanto* is followed by a verb in the subjunctive.

Una Ferrari è più comoda di quel(lo) che credi.
A Ferrari is more comfortable than you think.

Noleggiare una macchina in Italia è più costoso di quanto si pensi.
To rent a car in Italy is more expensive than one would think.

2. *I superlativi* / Superlatives

There are two superlatives in Italian: the relative superlative (the most / the least fashionable), and the absolute superlative (very fashionable). The relative superlative is formed by placing the appropriate definite article in front of the comparatives *più* or *meno*.

La Ferrari è la più bella macchina del mondo.
The Ferrari is the most beautiful car in the world.

La Ford Fiesta è la meno costosa che abbiamo.
The Ford Fiesta is the cheapest we have.

When the superlative follows the noun, the article is not repeated before *più* or *meno*.

Qual è la macchina più sicura che avete?
Which is the safest car you have?

Vorremmo noleggiare la macchina più economica con l'airbag.
We would like to rent the cheapest car with an airbag.

Italian uses *di* or *fra / tra* to express the English "in" or "of" in superlative constructions.

La Ferrari è la più famosa fra tutte le macchine italiane.
    The Ferrari is the most famous of all Italian cars.

È il paesino più bello della Toscana.
    It is the nicest little town in Tuscany.

The absolute superlative is formed by adding the appropriate form of the suffix *-issimo* (*-issima, -issimi, -issime*) to the masculine singular form of the adjective. The final vowel of the adjective must be dropped before adding the suffix: *bravo → brav- → bravissimo/a/i/e; veloce → veloc- → velocissimo/a/i/e.*

Abbiamo fatto una gita bellissima.
    We took a very beautiful trip.

Abbiamo visto luoghi interessantissimi.
    We saw very interesting places.

La Ferrari è una macchina costosissima.
    The Ferrari is a very expensive car.

The absolute superlative of an adverb is formed by dropping the final vowel of the adverb before adding *-issimo*: *piano → pianissimo; forte → fortissimo.*

Ci siamo alzati prestissimo per visitare le chiese medievali.
    We got up very early to visit the medieval churches.

If the adverb ends in *-mente*, the superlative is formed by adding *-mente* to the feminine form of the absolute superlative form of the adjective: *velocemente → veloce → velocissima → velocissimamente.*

Hanno guidato velocissimamente perché erano molto in ritardo.
    They drove really fast because they were very late.

L'impiegato ci ha trattato gentilissimamente.
    The employee treated us very kindly.

The absolute superlative can also be expressed by preceding an adjective with adverbs such as *molto*, *assai*, *estremamente*, or by adding prefixes such as *ultra-* or *stra-* in front of the adjective.

Abbiamo fatto una gita molto bella.
We took a very beautiful trip.

Abbiamo visto luoghi estremamente interessanti.
We saw very interesting places.

Bill Gates è straricco.
Bill Gates is very rich.

A few adjectives have both regular and irregular comparatives and superlatives. Usually the regular form is used to denote literal qualities, whereas the irregular form is used to indicate figurative qualities.

Adjective	Comparative	Relative Superlative	Absolute Superlative
alto	*più alto*	*il più alto*	*altissimo*
	superiore	*il superiore*	*supremo / sommo*
tall, high	taller / higher	the tallest / highest	very tall / high
basso	*più basso*	*il più basso*	*bassissimo*
	inferiore	*l'inferiore*	*infimo*
short, low	shorter / lower	the shortest / lowest	very short / low
buono	*più buono*	*il più buono*	*buonissimo*
	migliore	*il migliore*	*ottimo*
good	better	the best	very good
cattivo	*più cattivo*	*il più cattivo*	*cattivissimo*

	peggiore	*il peggiore*	*pessimo*
bad	worse	the worst	very bad
grande	*più grande*	*il più grande*	*grandissimo*
	maggiore	*il maggiore*	*massimo*
big, great	bigger / greater	the biggest / greatest	very big
piccolo	*più piccolo*	*il più piccolo*	*piccolissimo*
	minore	*il minore*	*minimo*
small, little	smaller	the smallest	very small

La Jaguar è più grande della Ford Fiesta.
The Jaguar is bigger than the Ford Fiesta.

Dante è il maggiore poeta della letteratura italiana.
Dante is the greatest poet in Italian literature.

I giocatori di pallacanestro sono gli atleti più alti.
Basketball players are the tallest athletes.

Questa frutta è più cara ma è anche di qualità superiore.
This fruit is more expensive, but is also of higher quality.

(Il) maggiore and *(il) minore* are often used to express people's age (older / the oldest; younger / the youngest) especially when referring to siblings.

Carlo è il maggiore dei miei fratelli.
Carlo is the oldest of my brothers.

Mio fratello minore è noiosissimo.
My younger brother is very boring.

Often the regular and irregular forms can be used interchangeably, especially when literal or material qualities are compared.

Ho mangiato le lasagne più buone (migliori) del mondo!
   I ate the best lasagna in the world.

Dobbiamo invitare il più grande (il maggior) numero di
persone possibile.
   We must invite the largest possible number of people.

Notice that *maggiore* loses its final *-e* when used directly before a masculine noun. There are also a few adverbs that have irregular comparative and superlative forms.

Adverb	Comparative	Relative Superlative	Absolute Superlative
bene	*meglio*	*il meglio*	*benissimo / ottimamente*
well	better	the best	very well
male	*peggio*	*il peggio*	*malissimo / pessimamente*
poorly	worse	the worst	very poorly
molto	*più / di più*	*il più*	*moltissimo*
a lot	more	the most	very much
poco	*meno / di meno*	*il meno*	*pochissimo*
little	less	the least	very little

Ho visto Giovanni e sta benissimo.
   I saw Giovanni, and he's doing very well.

Loro cercano sempre di fare il meno possibile.
   They always try to do the least possible.

EXERCISES

A. Complete the following sentences appropriately.

1. *Gli italiani mangiano più pasta _____ carne.*

2. *Lui è più ricco _____ immaginavamo.*

3. *Noi abbiamo più figli _____ signori Rossi.*

4. *Un appartamento non è più caro _____ una casa.*

5. *Lui ha meno libri _____ me.*

6. *Tu hai tanti libri _____ CD.*

7. *Voi sciate _____ bene come Alberto Tomba.*

8. *Ci sono più università a New York _____ a Roma.*

9. *Loro hanno più problemi _____ credi.*

10. *Questa macchina è meno costosa _____ quella.*

B. Form complete sentences with the given expressions, using an appropriate comparative.

1. *Il mare / essere / divertente / la montagna.*

2. *Una Ferrari / essere / veloce / una Ford Fiesta.*

3. *Un professore / guadagnare / un medico.*

4. *Gli inglesi / bere / caffè / tè.*

5. *Gli italiani / guidare / velocemente / gli americani.*

6. *La vita in Italia / essere / costosa / la vita in America.*

7. *Studiare / essere / faticoso / lavorare.*

8. *I film di Eddie Murphy / essere / divertenti / i film di Kevin Costner.*

C. Complete the following sentences with *meglio;*
   migliore/i; peggio, peggiore/i.

   1. *Pavarotti canta _____ di te.*

   2. *Le lasagne di mia madre sono molto buone. Sono
      _____ delle mie.*

   3. *Devo portare mia madre dal dottore. Sta
      _____ di ieri.*

   4. *Finalmente ho comprato uno stereo nuovo. Fun-
      ziona molto _____ di quello vecchio.*

   5. *Hai letto quel libro? È bellissimo! È _____ di
      quel best seller che non ti è piaciuto.*

   6. *Ti consiglio di noleggiare questa macchina. Va
      _____ di quella che vuoi noleggiare tu.*

   7. *Assaggia questo vino: è il vino _____
      che abbia mai bevuto.*

   8. *Loro sono proprio stonati, cantano anche
      _____ di me!*

D. Translate the following sentences into Italian.

   1. She earns as much as her husband.

   2. That dress is very expensive. She paid more than you
      think.

   3. His older brother just got married.

   4. This roast is very good. Can I have some more?

   5. Giorgio Armani is the best Italian designer.

   6. How are you doing? –I am doing very badly!

   7. This is the tallest building in the city.

   8. What is the most important thing in your life?

ANSWER KEY

A. 1. *Gli italiani mangiano più pasta che carne.* 2. *Lui è più ricco di quanto / di quello che immaginavamo.* 3. *Noi abbiamo più figli dei signori Rossi.* 4. *Un appartamento non è più caro di una casa.* 5. *Lui ha meno libri di me.* 6. *Tu hai tanti libri quanti CD.* 7. *Voi sciate così bene come Alberto Tomba.* 8. *Ci sono più università a New York che a Roma.* 9. *Loro hanno più problemi di quello che credi.* 10. *Questa macchina è meno costosa di quella.*

B. 1. *Il mare è più / meno divertente della montagna.* 2. *Una Ferrari è più veloce di una Ford Fiesta.* 3. *Un professore guadagna meno di un medico.* 4. *Gli inglesi bevono meno caffè che tè.* 5. *Gli italiani guidano più velocemente degli americani.* 6. *La vita in Italia è tanto costosa quanto la vita in America.* 7. *Studiare è più / meno faticoso che lavorare.* 8. *I film di Eddie Murphy sono più divertenti dei film di Kevin Costner.*

C. 1. *Pavarotti canta meglio di te.* 2. *Le lasagne di mia madre sono molto buone. Sono migliori delle mie.* 3. *Devo portare mia madre dal dottore. Sta peggio di ieri.* 4. *Finalmente ho comprato uno stereo nuovo. Funziona molto meglio di quello vecchio.* 5. *Hai letto quel libro? È bellissimo! È migliore di quel best seller che non ti è piaciuto.* 6. *Ti consiglio di noleggiare questa macchina. Va meglio di quella che vuoi noleggiare tu.* 7. *Assaggia questo vino: è il vino migliore che abbia mai bevuto.* 8. *Loro sono proprio stonati, cantano anche peggio di me!*

D. 1. *Guadagna tanto quanto suo marito.* 2. *Quel vestito è molto caro / carissimo. L'ha pagato più di quel che*

credi 3. *Suo fratello maggiore si è appena sposato.*
4. *Quest'arrosto è molto buono. Posso averne ancora un po'?* 5. *Giorgio Armani è il migliore stilista italiano.*
6. *Come stai? –Sto malissimo / pessimamente!*
7. *Questo è l'edificio più alto della città.* 8. *Qual è la cosa più importante della tua vita?*

LESSON 14

ALLA STAZIONE DI SERVIZIO
AT THE SERVICE STATION

A. DIALOGUE

Stefano e Maddalena arrivano finalmente alla stazione di servizio.
Stefano and Maddalena finally arrive at the service station.

1. Benzinaio: **Buongiorno Signori, desiderano?**
   Attendant: Good morning, may I help you?

2. Maddalena: **Il pieno, per favore.**
   Fill it up, please.

3. Benzinaio: **Normale o super?**
   With regular or with super?

4. Maddalena: **Quando spingo sull'acceleratore, c'è uno strano rumore nel motore. Fate il pieno di super, per favore.**
   When I step on the gas, there's a strange noise in the motor. Fill it with super, please.

5. Benzinaio: **Subito, Signora.**
   Right away, Ma'am.

6. Stefano: **Potrebbe anche controllare la pressione delle gomme? Stiamo facendo una lunga gita.**
   Could you also check the pressure in the tires? We're taking a long trip.

7. Maddalena: **E a volte per strada sentivo un po' sbandare la macchina.**
   And every now and then on the road I felt the car skid a little.

8. Benzinaio: **Volentieri . . . Ma, la vostra ruota anteriore sembra essere sgonfia.**
Gladly . . . but your front tire seems to be flat.

9. Maddalena: **Come, ho una ruota a terra?**
What? I've got a flat?

10. Benzinaio: **Sarà stato un chiodo o un pezzo di vetro. Sarà stato per quello che la macchina sbandava. Siete fortunati però: c'è il meccanico nell'officina e non ha troppo lavoro. Gli faccio controllare subito la gomma.**
It was probably caused by a nail or by a piece of glass. That's probably why your car was skidding. You're lucky though, the mechanic is in the garage, and he's not too busy. I'll have him check your tire right away.

11. Stefano: **Intanto che c'è, gli può far controllare anche le candele e la batteria?**
While you're at it, could you also have him check the spark plugs and the battery?

12. Benzinaio: **Certamente, glielo dico. Volete anche far cambiare l'olio?**
Certainly, I'll tell him. Do you also want to have the oil changed?

13. Stefano: **L'olio dovrebbe essere a posto, abbiamo appena noleggiato questa macchina e ci avevano garantito che la macchina era in condizioni perfette. Ma non si sa mai . . . gli faccia anche controllare l'olio.**
The oil should be all right. We've just rented this car, and they guaranteed that the car was in perfect shape. You never know, though . . . have him check the oil, too.

14. Maddalena: **Dobbiamo lasciare qui la macchina? Quanto tempo ci vorrà per aggiustarla?**
Do we need to leave the car here? How long will it take to fix it?

15. Benzinaio: **Almeno un paio d'ore.**
At least a couple of hours.

16. Stefano: **Per favore, può dire al meccanico di fare solo lo stretto necessario. Come le ho detto, questa non è la nostra macchina. Ho anche bisogno di una ricevuta perché voglio essere rimborsato di tutte le spese dall'autonoleggio.**
Could you please tell the mechanic to do only what's absolutely necessary? As I mentioned, this is not our car. I also need a receipt because I want to be reimbursed for all my expenses by the car rental office.

17. Benzinaio: **Molto bene, allora. Se volete ripassare fra qualche ora, la macchina sarà senz'altro pronta.**
Very well, then. If you want to come back in a few hours, the car will be ready for sure.

18. Maddalena: **Perfetto, Lei è molto gentile.**
Perfect, you're very kind.

19. Benzinaio: **Cerchiamo di soddisfare i nostri clienti.**
We make an effort to satisfy our clients.

20. Stefano: **A più tardi, allora.**
We'll see you later, then.

21. Benzinaio: **A più tardi.**
See you later.

22. Maddalena: **Meno male che il meccanico non è troppo occupato. Siamo stati veramente fortunati.**
It's a good thing that the mechanic is not too busy. We're very lucky.

23. Stefano: **Sì, hai ragione. Ma che cosa possiamo fare in questo paesino mentre riparano la macchina?**
Yes, you're right. But what can we do in this small town while they're fixing our car?

24. Maddalena: **Beh, è mezzogiorno e mezza. Deve esserci una salumeria in centro, e proprio vicino alla stazione di servizio ho visto un bel prato lungo il fiume.**
Well, it's twelve thirty. There must be a deli in the center, and right near the service station I saw a beautiful field along the river.

25. Stefano: **Un picnic, allora?**
A picnic, then?

B. NOTES

6. *Gomma*, which literary means "rubber" is commonly used instead of *pneumatico*, the more formal word for "tire."

8. *Sgonfio* means "deflated," while *a terra* means completely flat.

17. *Senz'altro* is idiomatic for "definitely."

22. *Meno male* (lit. "less evil") is idiomatic for *fortunatamente*, "luckily."

23. *Riparare* is a synonym of *aggiustare*, and they both mean "to fix."

C. GRAMMAR AND USAGE

1. *Il fare causativo* / The Causative with *Fare*

To express the idea that the subject of a sentence does not perform an action, but causes the action to be performed by someone else, Italian uses the verb *fare* followed by an infinitive. This construction translates as the English "to make / have / get someone to do something." When the sentence has two objects (the person made to perform the action, and the thing acted on), the person who is made to perform the action is expressed by an indirect object, while the thing acted on is expressed by a direct object. However, if only one object is present, then it is always a direct object, whether it expresses the person made to perform the action, or the thing acted on.

C'è il meccanico nell'officina. Gli faccio controllare subito la gomma.
> The mechanic is in the garage. I'll have him check your tire right away.

Volete anche far(e) cambiare l'olio?
> Do you also want to have the oil changed?

Giorgio ha una bellissima voce e quando viene a trovarci lo facciamo sempre cantare.
> Giorgio has a very beautiful voice, and when he comes to visit we always get him to sing.

A noun object follows the infinitive. When the object (direct, indirect, or both) is expressed by a pronoun, the usual rules concerning the position of a pronoun apply: the pronoun precedes *fare*, unless *fare* is in the infinitive, past participle, gerund, or informal imperative, in which case it is attached at the end of those verb forms. With *volere, potere,* and *dovere,* the pronoun can either precede those verbs, or be attached at the end of the infinitive form of *fare.*

Volete anche fare cambiare l'olio? Sì, vogliamo farlo cambiare / lo vogliamo fare cambiare.
>Do you also want to have the oil changed? Yes, we want to have it changed.

L'abbiamo invitato per farlo parlare della sua esperienza di viaggio.
>We invited him to have him talk about his travel experience.

When the infinitive following *fare* is a reflexive verb, the reflexive pronoun is omitted.

Loro fanno sempre divertire Giovanna.
>They always get Giovanna to have fun.

Luigi fa spesso arrabbiare i suoi genitori.
>Luigi often makes his parents (get) mad.

A *fare* + infinitive construction can be ambiguous at times. For instance, a sentence like *facciamo mandare un regalo a Mariella* could be translated both as "we have a gift sent to Mariella" and as "we have Mariella send a gift." The ambiguity is avoided by using *da* + a person to express the person made to perform the action.

Faccio fare la telefonata da Maria.
>I have Maria make the phone call.

Fate scrivere una lettera ai nonni dai vostri figli.
>You have your children write a letter to the grandparents.

The construction *farsi* + infinitive is used to express "to have something done for oneself by somebody else." It is

used when clothes, parts of the body, or personal posses-
sions are involved. Because it is a reflexive construction,
farsi is conjugated with *essere* in compound tenses. The
noun expressing the person performing the action is preceded by the preposition *da*.

Rosanna si è fatta tingere i capelli dal parrucchiere.
Rosanna had the hairdresser color her hair.

*Ogni settimana ci facciamo pulire la casa da un'agenzia
di pulizie.*
Every week we have our house cleaned by a cleaning
agency.

2. *L'infinito* / The Infinitive

L'infinito is the basic, non-conjugated form of the verb.
It is the equivalent of the English "to" form, as in "to go,"
or "to read." There are two tenses of the infinitive: the
present infinitive and the past infinitive. The present
infinitive, as you have already seen, usually ends in *-are*,
-ere, or *-ire*, as in *andare*, *vedere,* and *dormire*. The
present infinitive may be used as a noun, and is often
translated as the -ing form of a verb in English.

Leggere è il mio hobby preferito.
Reading is my favorite hobby.

Cambiare una gomma è un lavoro antipatico.
Changing a tire is an annoying job.

The present infinitive is used after many verbs. It sometimes follows another verb directly, or is preceded by
either the preposition *a* or *di*.

Vogliono fare il pieno di benzina.
They want to fill up with gas.

Ci siamo dimenticati di fare il pieno di benzina.
We forgot to fill up with gas.

Andiamo a fare aggiustare la macchina alla stazione di servizio.
> We go to have the car repaired at the service station.

The present infinitive is also used after verbs of perception, such as *sentire*, *ascoltare*, *vedere* and *guardare*. Note that when the infinitive following a verb of perception also has an object, the noun object is placed between the verb of perception and the infinitive, while the object of the infinitive follows it.

A volte per strada sentivo un po' sbandare la macchina.
> Every now and then on the road I felt the car skid a little.

Ieri sera abbiamo sentito Pavarotti cantare un'aria famosa.
> Last night we heard Pavarotti sing a famous aria.

Whereas English generally uses a gerund (-ing form) after a preposition, Italian always uses an infinitive after a preposition.

Dobbiamo fare il pieno prima di partire per il viaggio.
> We need to fill up before leaving for our trip.

Non vedo l'ora di vederti.
> I look forward to seeing you.

The past infinitive is formed with the infinitive of either *avere* or *essere* followed by the past participle of the verb: *avere cantato* or *essere andato/a*. The past infinitive is used to convey an action that takes place before the action expressed by the main verb, as long as the subjects of both verbs are the same.

Noi speriamo di avere fatto bene tutti gli esercizi.
> We hope we did all the exercises well.

Stefano e Maddalena sono contenti di avere fatto controllare la macchina al meccanico.
> Stefano and Maddalena are happy that they had the mechanic check their car.

Any pronoun must be attached to the auxiliary in the past infinitive.

Speriamo di averli fatti bene.
> We hope we did them well.

Sono contenti di avergliela fatta controllare.
> They are happy they had him check it.

The past infinitive is always used after the adverb *dopo.*

Dopo avere ritirato la macchina dal meccanico, loro hanno continuato il loro viaggio.
> After picking up the car at the mechanic's, they continued their trip.

Dopo essersi fermati alla stazione di servizio, Stefano e Maddalena sono andati a fare un picnic.
> After stopping at the service station, Stefano and Maddalena went to have a picnic.

3. *Il gerundio* / The Gerund

The Italian gerund is formed by adding *-ando* to the stem of verbs belonging to the first conjugation, and *-endo* to the stem of verbs belonging to second and third conjugation: *cant-ando, ved-endo, dorm-endo.* There are a few irregular gerunds: *bere → bevendo, dire → dicendo,* and *fare → facendo.* Most frequently the gerund is used in the progressive form, which describes an action in progress. The progressive form is constructed with the verb *stare* + gerund and it is the equivalent of the English "to be doing something." To describe a progressive form in the past, the verb *stare* is conjugated in the imperfect tense.

Il meccanico sta cambiando l'olio nella vostra macchina.
> The mechanic is changing the oil in your car.

Stavano facendo una passeggiata quando improvvisa-mente ha cominciato a piovere.
> They were taking a walk when all of a sudden it began to rain.

Although the gerund corresponds to the English "-ing" form, the other uses of the Italian gerund are very different from those of the English gerund. The Italian gerund is used in a dependent clause to express an action which is happening at the same time as the action of the main clause. In English this is usually rendered as "by doing something," "while doing something," or "upon doing something." Note however that in this kind of construction Italian does not use the equivalent of "by," "while," or "upon."

Parlando con il meccanico, abbiamo saputo che avevamo bisogno di far riparare i freni.
> By speaking with the mechanic we found out we needed to have the brakes fixed.

Camminando per strada, ho visto quel brutto incidente.
> While walking in the street I witnessed that bad accident.

The past gerund is formed with the gerund of either *essere* or *avere*, followed by the past participle. The past gerund is used when the action expressed by the gerund took place before the action expressed in the main clause.

Avendo finito i compiti, i bambini hanno cominciato a giocare.
> After finishing the homework, the children began to play.

Essendo arrivati al ristorante in anticipo, si sono fermati a bere qualcosa al bar.
> Since they had arrived early at the restaurant, they stopped to have a drink at the bar.

Pronouns are attached to the end of the gerund.

Vedendoli per strada li ho salutati.
> As I saw them in the street, I said hello.

Essendosi svegliato presto, è andato a fare il footing.
> Since he woke up early, he went for a jog.

Note that the use of the gerund is never necessary in Italian, and that any gerund construction can be replaced by a different construction. For instance, a progressive action can be expressed by a simple present or imperfect, and a preposition or adverb followed by a conjugated verb can replace a gerund construction.

Il meccanico cambia l'olio nella vostra macchina.
> The mechanic is changing the oil in your car.

Facevano una passeggiata quando improvvisamente ha cominciato a piovere.
> They were taking a walk when all of a sudden it began to rain.

Mentre camminavo per strada, ho visto quel brutto incidente.
> While I was walking in the street I witnessed that bad accident.

Poiché erano arrivati al ristorante in anticipo, si sono fermati a bere qualcosa al bar.
> Since they had arrived early at the restaurant, they stopped to have a drink at the bar.

EXERCISES

A. Answer the following questions with *fare* or *farsi* + infinitive, using the agent given in parentheses. Follow the example: *Chi cucina la pasta? (mia madre) –La faccio cucinare a mia madre.*

1. *Chi ha fatto la spesa? (mio figlio)*

2. *Chi ti ha tagliato i capelli? (il parrucchiere)*

3. *Chi ha aggiustato la tua macchina? (il meccanico)*

4. *Chi ha cantato la canzone al tuo matrimonio? (il soprano)*

5. *Chi prepara la colazione? (mio marito)*

6. *Chi ti sveglia la mattina? (mio padre)*

B. Complete the following sentences with the appropriate preposition when appropriate.

1. *Dobbiamo _____ noleggiare una macchina perché la nostra è dal meccanico.*

2. *Ci può aiutare _____ trovare un buon ristorante?*

3. *A che ora avete cominciato _____ lavorare?*

4. *In Italia ci siamo abituati _____ bere il cappuccino la mattina.*

5. *Per favore, ricordati _____ fare controllare la pressione delle gomme.*

6. *Abbiamo finito _____ fare i compiti alle otto di sera.*

7. *Mario continua _____ telefonare a Giovanna anche se lei l'ha lasciato.*

8. *Quando pensi _____ tornare in Italia?*

9. *Riesce sempre _____ farsi prestare dei soldi dagli amici.*

10. *Si sono resi conto _____ avere speso troppi soldi ed ora cercano _____ risparmiare.*

C. Complete the following sentences with the present or past of either the infinitive or the gerund. Choose the verbs from the list given.

arrivare   cambiare   fare   finire   guadagnare

mangiare   imparare   studiare   uscire   vendere

1. *_____ il footing ho incontrato Mauro.*

2. *Per _____ bene l'italiano è necessario _____ molto.*

3. *_____ i compiti, i bambini hanno guardato la TV.*

4. *Dopo _____, lui ha subito chiamato sua moglie.*

5. *Prima di _____ abbiamo spento tutte le luci.*

6. *Stavamo già _____ quando finalmente è tornato a casa.*

7. *Il meccanico si è ferito la mano _____ la gomma della mia macchina.*

8. *È possibile _____ molti soldi _____ quel nuovo prodotto.*

D. Translate the following sentences into Italian.

1. I don't have time to type my thesis, so I'm having it typed by a secretary.

2. While waiting for the bus, I saw my friend Marco.

3. I saw my friend Marco waiting for the bus.

4. Don't make me lose my patience!

5. I have my hair cut every month.

6. Since they were tired, they went to bed early.

7. I saw Giulia talking to the professor.

8. They make me angry because they are always late.

ANSWER KEY

A. 1. *L'ho fatta fare a mio figlio.* 2. *Me li sono fatti tagliare dal parrucchiere.* 3. *L'ho fatta aggiustare al meccanico.* 4. *L'ho fatta cantare al soprano.* 5. *La faccio preparare a mio marito.* 6. *Mi faccio svegliare da mio padre.*

B. 1. *Dobbiamo noleggiare una macchina perché la nostra è dal meccanico.* 2. *Ci può aiutare a trovare un buon ristorante?* 3. *A che ora avete cominciato a lavorare?* 4. *In Italia ci siamo abituati a bere il cappuccino la mattina.* 5. *Per favore, ricordati di fare controllare la pressione delle gomme.* 6. *Abbiamo finito di fare i compiti alle otto di sera.* 7. *Mario continua a telefonare a Giovanna anche se lei l'ha lasciato.* 8. *Quando pensi di tornare in Italia?* 9. *Riesce sempre a farsi prestare dei soldi dagli amici.* 10. *Si sono resi conto di avere speso troppi soldi ed ora cercano di risparmiare.*

C. 1. *Facendo il footing ho incontrato Mauro.* 2. *Per imparare bene l'italiano è necessario studiare molto.* 3. *Avendo finito i compiti, i bambini hanno guardato la TV.* 4. *Dopo essere arrivato, lui ha subito chiamato sua moglie.* 5. *Prima di uscire abbiamo spento tutte le luci.* 6. *Stavamo già mangiando quando finalmente è tornato a casa.* 7. *Il meccanico si è ferito la mano cambiando la gomma della mia macchina.* 8. *È possibile guadagnare molti soldi vendendo quel nuovo prodotto.*

D. 1. *Non ho tempo di battere a macchina la mia tesi, così la faccio battere a una segretaria.* 2. *Aspettando l'autobus, ho visto il mio amico Marco.* 3. *Ho visto il*

*mio amico Marco aspettare l'autobus. 4. Non farmi
perdere la pazienza! 5. Mi faccio tagliare i capelli tutti
i mesi. 6. Essendo stanchi, sono andati a letto presto.
7. Ho visto Giulia parlare al professore. 8. Mi fanno
arrabbiare perché sono sempre in ritardo.*

LESSON 15

LA FRONTIERA
THE BORDER

A. DIALOGUE

Lele e Patrizia devono andare a Parigi a trovare la sorella di Patrizia che si è trasferita lì da molti anni. Sono le nove di sera e sono appena arrivati alla Stazione Centrale di Milano.
Lele and Patrizia have to go to Paris to visit Patrizia's sister, who moved there many years ago. It's nine o'clock in the evening and they have just arrived at Milan's Stazione Centrale.

1. Patrizia: **Eccoci qua! Non vedo l'ora di arrivare a Parigi e vedere mia sorella! Non la vedo da mesi e non ho ancora visto la sua casa nuova.**
   Here we are. I can't wait to get to Paris and to see my sister. I haven't seen her in months and I haven't seen her new house yet.

2. Lele: **Se avevi così fretta di vedere tua sorella, perché hai voluto prendere il treno a tutti i costi? In aereo a quest'ora saremmo già a Parigi!**
   If you were in such a hurry to see your sister, why did you insist on taking the train? By plane we would be in Paris by now.

3. Patrizia: **Lo sai che ho paura dell'aereo. Sono disposta a rischiare per i viaggi in cui è necessario prendere l'aereo. Quando siamo andati a New York l'ho preso, ma Parigi è così vicina!**
   You know I'm afraid of flying. I'm willing to take a risk for a trip where it's necessary to take a plane. When we went to New York I took one, but Paris is so close by!

4. Lele: **Vicina? Ma ci vogliono undici ore di treno!**
   Close by? But it takes eleven hours by train!

5. Patrizia: **Sì, ma durante quelle ore dormiremo, e saremo a Parigi prima di accorgercene! Pensa a questo viaggio come a un'avventura.**
   Yes, but we'll be sleeping during those hours, and we'll be in Paris before we know it. Think of this trip as an adventure.

6. Lele: **A una prova di sopravvivenza, piuttosto! Undici ore in treno, di notte, su dei sedili scomodi!**
   As a test of survival, more like it! Eleven hours on a train, at night, in uncomfortable seats!

7. Patrizia: **Non essere così pessimista. Ho sentito dire che questi treni Euronight sono veramente belli . . . e poi ho una sorpresa per te.**
   Don't be so negative. I heard these Euronight trains are really beautiful . . . and I have a surprise for you.

8. Lele: **Che sorpresa?**
   What surprise?

9. Patrizia: **Ho deciso di comperare dei biglietti di prima classe.**
   I decided to buy first class tickets.

10. Lele: **Ma sei sicura che ne vale la pena?**
    But are you sure they're worth it?

11. Patrizia: **Ho prenotato uno scompartimento Excelsior, solo per noi due. Abbiamo due comodi letti e anche un bagno privato con doccia! È come se fossimo in un grande albergo!**
    I reserved an Excelsior compartment, just for the two of us. We have two comfortable beds and also a

private bathroom with shower. It's as if we were in a
grand hotel!

12. Lele: **Non sono molto fiducioso, ma voglio vedere
cosa ci offrono prima di lamentarmi di quanto
hai speso.**
I'm not very confident, but I want to see what
they're going to offer us before complaining about
how much you spent.

Sul treno.
On the train.

13. Lele: **Patrizia, avevi ragione, questo treno è speciale. Pensi che riusciremo davvero a dormire
tutta la notte?**
Patrizia, you were right, this train is special. Do you
really think we'll be able to sleep all night?

14. Patrizia: **Certamente. Ti ricordi una delle prime
volte che siamo andati a Parigi? L'ufficiale che ha
controllato i nostri passaporti ci ha trattato come
se fossimo dei criminali!**
Of course. Do you remember one of the first times
we went to Paris? The customs officer who checked
our passports treated us as if we were criminals!

15. Lele: **E ha voluto aprire tutte le valige che avevamo.**
And he wanted to open all the pieces of luggage we
had.

16. Patrizia: **Sì, e le ha perquisite come se noi fossimo
dei contrabbandieri.**
Yes, and he searched them as if we were smugglers.

17. Lele: **E le formalità! Ci hanno fatto compilare
così tanti moduli. Il treno è stato fermo alla fron-**

tiera per quasi due ore. E questo nel mezzo della notte quando avrei dormito così volentieri.

And the red tape! They made us fill out so many forms. The train was stopped at the border for almost two hours. And this was in the middle of the night, when I would have gladly slept.

18. Patrizia: **Per fortuna ora con l'Unione Europea è tutto molto più semplice. Non dobbiamo più mostrare i passaporti perché apparteniamo alla stessa comunità. Solo chi non è cittadino di uno dei paesi che fanno parte dell'Unione deve avere il passaporto.**

Luckily now with the European Union everything is much simpler. We don't have to show our passport anymore because we belong to the same union. Only those who are not citizens of one of the countries belonging to the union must have a passport.

19. Lele: **Ah, vedo qualcuno che vende i giornali. Mi scusi, ha *Il Corriere della Sera*?**

Ah, I see someone selling newspapers. Excuse me, do you have the *Corriere della Sera*?

20. Attendente: **Ecco, Signore.**

Here you are, Sir.

21. Lele: **Quanto le devo?**

How much do I owe you?

22. Attendente: **Niente, Signore, I giornali sono gratuiti.**

Nothing, Sir, newspapers are free.

23. Lele: **Ah! Ora la sola cosa di cui ho bisogno è un bello spuntino. Abbiamo cenato presto e sono quasi le dieci. Mi è venuta un po' di fame, e ormai il treno sta per partire.**

Ah! Now the only thing I need is a nice snack. We had an early dinner and it's now almost ten. I've gotten a bit hungry, and by now the train is about to leave.

24. Patrizia: **Non ti preoccupare, fra un po' ci porter-anno qualcosa da mangiare, frutta, biscotti, acqua minerale, e domattina ci serviranno la colazione in cabina. Non ci faranno morire di fame.**
Don't worry, in a little while they'll bring us something to eat, fruits, cookies, mineral water, and tomorrow morning they'll serve us breakfast in our compartment. They won't let us starve.

25. Lele: **Il servizio è veramente ottimo su questo treno. Direi che è migliore che in aereo. E visto che non dobbiamo far controllare né valige né passaporti, quando arriveremo a Parigi domat-tina alle nove saremo ben riposati e potremo goderci tutta la giornata.**
The service is really very good on this train. I'd say it's better than on a plane. And since we don't have to have either our passports or our luggage checked, when we arrive in Paris tomorrow morning at nine we'll be well rested and we'll be able to enjoy the whole day.

26. Patrizia: **Non dirmi che da ora in poi anche a te piacerà di più viaggiare in treno che in aereo!**
Don't tell me that from now on you'll also like to travel by train more than by plane.

27. Lele: **Beh, non esageriamo!**
Well, let's not push it!

B. NOTES

7. *Euronight* (often indicated as EN) are *TGV* trains (*Trains à Grande Vitesse*, French for "high-speed trains") belonging to Artesia, a company created by

the French and Italian Railways to manage train connections between Italy and France. These trains travel at night, and offer different levels of accommodations.

10. *Valerne la pena* means "to be worth it / the trouble" and could be literally translated as "to be worth the pain." *Ne* is a pronoun and, as such, precedes the verb when the verb is conjugated.

11. *Scompartimento Excelsior* is the most luxurious accommodation on a Euronight train. It consists of a room for two people, with a private bathroom with a shower.

14. *Come se* translates as "as if" or "as though," and it is always followed by either the imperfect or the pluperfect subjunctive. For more details on "if" followed by the subjunctive, see Lesson 19.

18. *La Comunità Europea* is the older name of the European Union, now *Unione Europea*.

21. The verb *dovere* has the meaning of "to owe" here.

25. *Non dobbiamo far controllare né valige né passaporti*: the expression *né . . . né* translates into English as "neither . . . nor." Note, however, that in Italian the verb governing this expression is in the negative form, too. "Both . . . and" is translated into Italian with *sia . . . che*: *Abbiamo comprato sia pane che pasta*. (We bought both bread and pasta.)

C. GRAMMAR AND USAGE

1. *I pronomi relativi* / Relative Pronouns

A relative pronoun connects a noun or a pronoun to a dependent clause. While in English the relative pronoun is often omitted, in Italian it must always be expressed.

L'ufficiale che ha controllato i passaporti ci ha trattato male.
> The officer who checked our passports treated us poorly.

In the sentence above, *che* connects the noun *l'ufficiale* to the sentence *ha controllato i passaporti*. The relative pronouns are *che* (that, which, who, whom); *cui* (which, whom); *il quale, la quale, i quali, le quali* (who, whom, that which); and *chi* (he / she who, the one who, whoever).

Che (that, which, who, whom) is invariable and is never used after a preposition.

E ha voluto aprire tutte le valige che avevamo.
> And he wanted to open all the pieces of luggage we had.

Vedo qualcuno che vende i giornali.
> I see someone selling (who is selling) newspapers.

Cui (which, whom) is also invariable, and is always used after a preposition.

Ora la sola cosa di cui ho bisogno è un bello spuntino.
> Now the only thing I need is a nice snack.

L'amico con cui sono andato a Parigi è molto simpatico.
> The friend I went to Paris with (with whom I went to Paris) is very nice.

Cui is also used in the expressions *la ragione / il motivo per cui* (the reason why), and *il modo in cui* (the way in which).

Puoi spiegarmi la ragione per cui ieri non sei venuto al lavoro?
> Can you explain to me the reason why you didn't come to work yesterday?

Mi piace moltissimo il modo in cui si veste.
I like the way she dresses very much.

Il quale, la quale, i quali, le quali (who, whom, that which) can be used as an alternative to *che* or *cui* in order to avoid possible ambiguities, since they agree in gender and number with the noun they refer to.

Ho visto la sorella di Giuliano la quale mi ha detto di salutarti.
I saw Giuliano's sister who told me to say hello to you.

Il padre di Carla, con il quale tuo padre è andato a scuola, si ricorda di lui.
Carla's father, with whom your father went to school, remembers him.

Chi (he / she who, the one who, whoever) is invariable, is only used for people, and always takes a verb in the singular. *Chi* is often found in proverbs and popular sayings.

Solo chi non è cittadino di uno dei paesi che fanno parte dell'Unione deve avere il passaporto.
Only those who are not citizens of one of the countries belonging to the union must have a passport.

Chi dorme non piglia pesci.
The early bird gets the worm (lit.: the one who sleeps doesn't catch fish).

Quello che, quel che, ciò che (that which, what) usually refer to things.

Non capisco mai quello che dice.
I never understand what he says.

Mi piace sempre ciò che mi regala.
I always like what he gives me.

When *cui* is preceded by the definite article it expresses possession, and corresponds to the English "whose."

Patrizia, la cui sorella abita a Parigi, sta andando a trovarla.
> Patrizia, whose sister lives in Paris, is going to visit her.

Lele, la cui moglie ha paura dell'aereo, ha dovuto prendere il treno.
> Lele, whose wife is afraid of flying, had to take the train.

2. *Il participio* / The Participle

Just like the infinitive and the gerund, the participle has two tenses: present and past. *Il participio presente* (the present participle) is a verb form that is used as a noun or an adjective. It is formed by adding *-ante* to the stem of *-are* verbs, and *-ente* to the stem of *-ere* and *-ire* verbs: *andare → andante, vedere → vedente, uscire → uscente.* Not all verbs have a present participle. When the present participle is used as an adjective it must agree in gender and number with the noun it modifies.

Viaggiare in treno di notte è un'esperienza interessante.
> To travel by train at night is an interesting experience.

La storia che mi hai raccontato è davvero deprimente.
> The story you told me is really depressing.

La festa è stata molto divertente.
> The party was very enjoyable.

The present participle can also be used as a noun.

L'attendente di viaggio ci ha portato uno spuntino.
> The travel attendant brought us a snack.

I partecipanti al congresso erano entusiasti delle presentazioni.
> The convention participants were enthusiastic about the presentations.

When used as a verb, the present participle can sometimes be used instead of a relative clause, just as in English.

Ho visto un quadro naïf raffigurante (che raffigura) tre maialini viola.
I saw a naïf-style painting representing (that represents) three purple little pigs.

I giocatori perdenti avranno un premio di consolazione.
The losing players will receive a consolation prize.

Il participio passato (the past participle) is formed by replacing *-are, -ere,* and *-ire* of the infinitive with *-ato, -uto,* and *-ito,* respectively. There are, however, many irregular forms of the past participle, especially in verbs of the second conjugation. The past participle is mainly used to form compound tenses in Italian.

Hanno viaggiato fino a Parigi in treno.
They traveled to Paris by train.

Lele avrebbe preferito andare a Parigi in aereo.
Lele would have preferred to fly to Paris.

The past participle can also be used as an adjective or as a noun.

Lascia sempre la porta aperta.
He always leaves the door open.

Per questo lavoro si assumono solo laureati in ingegneria.
For this job we hire only people with a degree in engineering.

The past participle can be used to replace a secondary clause, especially with the meaning of "after doing something."

Preparata la cena, Giulietta si è andata a cambiare.
After preparing dinner, Giulietta went to change clothes.

The phrase *preparata la cena* could also be rendered in the following ways: *dopo che ebbe preparato la cena / dopo avere preparato la cena / avendo preparato la cena.*

Note that the past participle of verbs conjugated with *avere* agrees in gender and number with the direct object, while the past participle of verbs conjugated with *essere* agrees in gender and number with the subject of the sentence. Any pronoun is attached to the past participle.

Finiti i compiti, gli studenti sono andati a giocare a calcio.
Their homework finished, the students went to play soccer.

Arrivata in Italia, Francesca è andata subito a dormire.
After arriving in Italy, Francesca went to sleep right away.

Alzatasi presto, Maria ha pulito la casa prima di andare al lavoro.
After getting up early, Maria cleaned the house before going to work.

EXERCISES

A. Complete the following sentences with an appropriate relative pronoun.

     1. *Finalmente ho conosciuto quel ragazzo di _____ Silvia parla sempre.*

     2. *Non mi è piaciuto il film _____ ho visto ieri sera.*

3. *Chi è quella signora con* _____ *sta parlando tuo padre?*

4. *Natalia Ginzburg,* _____ *figlio è uno storico rinomato, è una delle più grandi scrittrici italiane.*

5. *Per favore, compra solo i biscotti* _____ *sono in offerta speciale.*

6. *Il viaggio* _____ *abbiamo fatto l'anno scorso è stato molto stancante.*

7. _____ *fa un lavoro interessante lavora volentieri.*

8. *Gli ho detto tutto* _____ *sapevo.*

9. *Non mi piace il modo in* _____ *mi parli.*

10. *Ecco il motivo per* _____ *non sono potuto venire al lavoro ieri.*

B. Combine the two sentences given with a relative pronoun to form a single sentence.

1. *La casa è in vendita. La casa è in via Verdi.*

2. *Il ragazzo è molto ricco. Mariella parla con il ragazzo.*

3. *Il medico è famoso. Il medico ha lo studio nel tuo palazzo.*

4. *La professoressa è una specialista di Boccaccio. Lui studia con la professoressa.*

5. *Il treno è comodo. Noi abbiamo preso il treno.*

6. *Umberto Eco è uno scrittore famoso. Il suo nuovo libro è appena uscito.*

C. Complete with the present participle of the verbs listed below.

amare   assistere   cantare   insegnare   parlare   studiare

1. *Nella fiaba di Pinocchio il Grillo _____ gli dà sempre dei buoni consigli.*

2. *Pavarotti è un _____ molto famoso.*

3. *L'_____ del professore ha insegnato la lezione ieri.*

4. *Giacomo Casanova è un _____ leggendario.*

5. *Gli _____ si preoccupano sempre dei loro _____.*

D. Replace the sentence in parentheses with a past participle.

1. *(Dopo essere arrivati) a Parigi, Lele e Patrizia hanno visitato la città.*

2. *(Essendosi svegliati) tardi, i ragazzi non sono andati a scuola.*

3. *(Avendo speso) troppi soldi, Marina è tornata a casa.*

4. *(Dopo avere mangiato) troppa pasta, mi sono addormentato.*

5. *(Avendo finito) tutte le cose che doveva fare, Giorgio si è riposato.*

6. *(Dopo avere lasciato) il marito, Silvana ha cominciato a uscire con Tommaso.*

E. Translate the following sentences into Italian.

1. I've met neither him nor his brother.

2. We don't know the guy she is going out with.

3. Please bring me the newspaper that's on the table.

4. Marco, whose father lives in Rome, is going to Italy next month.

5. I never understand what he says.

6. Those who love money too much never have enough.

7. Why don't you go visit your friend who lives in California?

8. After seeing the exhibit, they went to eat in a restaurant.

ANSWER KEY

A. 1. *Finalmente ho conosciuto quel ragazzo di cui Silvia parla sempre.* 2. *Non mi è piaciuto il film che ho visto ieri sera.* 3. *Chi è quella signora con cui sta parlando tuo padre?* 4. *Natalia Ginzburg, il cui figlio è uno storico rinomato, è una delle più grandi scrittrici italiane.* 5. *Per favore, compra solo i biscotti che sono in offerta speciale.* 6. *Il viaggio che abbiamo fatto l'anno scorso è stato molto stancante.* 7. *Chi fa un lavoro interessante lavora volentieri.* 8. *Gli ho detto tutto quello che sapevo.* 9. *Non mi piace il modo in cui mi parli.* 10. *Ecco il motivo per cui non sono potuto venire al lavoro ieri.*

B. 1. *La casa che è in via Verdi è in vendita.* 2. *Il ragazzo con cui Mariella parla è molto ricco.* 3. *Il medico che ha lo studio nel tuo palazzo è famoso.* 4. *La professoressa con cui lui studia è una specialista di Boccaccio.* 5. *Il treno che abbiamo preso è comodo.* 6. *Umberto Eco, il cui nuovo libro è appena uscito, è uno scrittore famoso.*

C. 1. *Nella fiaba di Pinocchio il Grillo Parlante gli dà sempre dei buoni consigli.* 2. *Pavarotti è un cantante molto famoso.* 3. *L'assistente del professore ha insegnato la lezione ieri.* 4. *Giacomo Casanova è un amante leggendario.* 5. *Gli insegnanti si preoccupano sempre dei loro studenti.*

D. 1. *Arrivati a Parigi, Lele e Patrizia hanno visitato la città.* 2. *Svegliatisi tardi, i ragazzi non sono andati a scuola.* 3. *Spesi troppi soldi, Marina è tornata a casa.* 4. *Mangiata troppa pasta, mi sono addormentato.* 5. *Finite tutte le cose che doveva fare, Giorgio si è riposato.* 6. *Lasciato il marito, Silvana ha cominciato a uscire con Tommaso.*

E. 1. *Non ho conosciuto né lui né suo fratello.* 2. *Non conosciamo il ragazzo con cui esce.* 3. *Per favore portami il giornale che è sul tavolo.* 4. *Marco, il cui padre vive a Roma, va in Italia il mese prossimo.* 5. *Non capisco mai quello che dice.* 6. *Chi ama troppo il denaro non ne ha mai abbastanza.* 7. *Perché non vai a trovare il tuo amico / la tua amica che abita in California?* 8. *Dopo avere visto la mostra / Vista la mostra / Avendo visto la mostra, sono andati a mangiare in un ristorante.*

LESSON 16

IN BANCA
AT THE BANK

A. DIALOGUE

Jeff abita in Italia da tre anni e si è trasferito recentemente da Roma a Milano. Oggi va in banca per cambiare un traveler's check e aprire un nuovo conto corrente.
Jeff has been living in Italy for three years and recently moved from Rome to Milan. Today he goes to the bank to cash a traveler's check and to open a new checking account.

Allo sportello del cambio.
At the exchange window.

1. Jeff: **Posso cambiare qui un traveler's check da cinquecento dollari?**
   Can I change a five hundred-dollar traveler's check here?

2. Cassiera: **Certamente Signore. Lo firmi per favore.**
   Certainly Sir. Please, sign it.

3. Jeff: **Quant'è oggi il cambio del dollaro?**
   How much is the dollar's exchange rate today?

4. Cassiera: **Credo che sia ottantasette centesimi, ma mi faccia controllare. Sì, esattamente ottantasette centesimi. Mi può dare il passaporto, per cortesia?**
   I think it's eighty-seven cents, but let me check. Yes, exactly eighty-seven cents. Can you give me your passport, please?

5. Jeff: **Il passaporto? Per che cosa?**
   My passport? What for?

6. Cassiera: **Ho bisogno del numero del passaporto, del suo nome ed indirizzo per poter riempire questo modulo.**
   I need the number of your passport, your name and address in order to fill out this form.

7. Jeff: **Ah, capisco. Eccolo.**
   Ah, I understand. Here it is.

8. Cassiera: **Mi scusi Signore, ma non ho banconote di grosso taglio. Bisogna che Le dia banconote da 20 euro. Va bene lo stesso?**
   I'm sorry, sir, but I don't have large bills. I need to give you twenty-euro bills. Is that all right?

9. Jeff: **Sì, non c'è nessun problema.**
   Yes, it's not a problem.

10. Cassiera: **Ecco a Lei, Signore, quattrocentotrenta euro. E non dimentichi di prendere il modulo.**
    Here you are, sir, four hundred thirty euros. And don't forget to take your form.

11. Jeff: **Mi scusi, ma non è la cifra esatta. Non mi ha detto che il cambio è ottantasette centesimi?**
    I'm sorry, but this is not the right amount. Didn't you tell me that the dollar's exchange rate is eighty-seven cents?

12. Cassiera: **Sì, Signore, ma c'è una commissione di cinque euro.**
    Yes sir, but there's a five-euro commission.

13. Jeff: **Ah, sì, d'accordo allora. E per aprire un conto a chi devo rivolgermi?**
    Ah yes, all right then. And to open a checking account, whom should I speak to?

14. Cassiera: **Deve andare all'ufficio Conti Correnti.**
    You have to go to the Accounts Office.

All'ufficio Conti Correnti.
At the Accounts Office.

15. Signora Bianchini: **Buon giorno, posso esserLe utile?**
    Good morning, can I help you?

16. Jeff: **Sì, grazie, mi sono appena trasferito a Milano e vorrei aprire un conto corrente.**
    Yes, thank you, I've just moved to Milan and I'd like to open a checking account.

17. Signora Bianchini: **Mi scusi, ma Lei è cittadino italiano?**
    Pardon me, but are you an Italian citizen?

18. Jeff: **No, ma vivo in Italia da tre anni e sono residente qui.**
    No, but I've been living in Italy for three years, and I am a resident here.

19. Signora Bianchini: **Ah, allora non ci sono problemi, perché i residenti all'estero non possono avere un conto corrente in Italia. Pensi che mia sorella, benché sia cittadina italiana, non può avere un conto in Italia perché risiede all'estero.**
    Ah, then there're no problems, because those who reside abroad cannot have a checking account in Italy. My sister, although she is an Italian citizen, can't have an account in Italy because she resides abroad.

20. Jeff: **Sì, lo so. Anch'io ho avuto molti problemi ad aprire un conto tre anni fa quando mi sono**

trasferito qui. Ma ora ho un conto a Roma in un'altra filiale della vostra banca e vorrei trasferire i soldi qui a Milano.

Yes, I know, I had a lot of problems, too, opening a checking account when I first moved here three years ago. But now I have an account in Rome at another branch of your bank, and would like to transfer the money here, to Milan.

21. Signora Bianchini: **In questo caso apriamo un nuovo conto qui e poi Lei deve autorizzare un trasferimento dal suo conto a Roma. Vuole chiuderlo il conto a Roma?**

In that case, we'll open a new account here, and then you'll have to authorize a transfer from your account in Rome. Do you want to close your account in Rome?

22. Jeff: **No, vorrei lasciarlo aperto perché è possibile che rimanga a Milano solo per un breve periodo, e che debba ritornare a Roma alla fine dell'anno.**

No, I'd like to leave it open because it's possible that I'll only stay in Milan for a short time, and that I will have to return to Rome at the end of the year.

23. Signora Bianchini: **Benissimo allora, è necessario che Lei riempia questi moduli.**

Very well then, you must fill out these forms.

24. Jeff: **E quando arriveranno i miei soldi da Roma?**

And when will my money arrive from Rome?

25. Signora Bianchini: **Le transazioni sono ormai tutte telematiche. I soldi dovrebbero essere nel Suo nuovo conto già domattina.**

All transactions are computerized by now. Your money should be in your new account as early as tomorrow morning.

26. Jeff: **Perfetto. Ah, un'altra cosa, in caso di bisogno, offrite anche un servizio di cassette di sicurezza?**
Excellent. Ah, another thing. If I need one, do you have safe-deposit boxes?

27. Signora Bianchini: **Certamente, le cassette di sicurezza sono situate nel caveau della banca. Per affittarne una deve rivolgersi a quell'ufficio e se ne occupano loro.**
Certainly, the safe-deposit boxes are in the bank's vault. To rent one you have to go to that office and they take care of it.

28. Jeff: **Grazie mille. Un'ultima domanda: cosa devo fare per trasferire dei fondi dagli Stati Uniti in questo mio nuovo conto corrente.**
Thanks so much. One last question; what do I need to do to transfer money from the United States into this new account of mine?

29. Signora Bianchini: **Se non ha urgenza, può semplicemente depositare un Suo assegno americano nel Suo conto corrente. Se invece ha urgenza, deve rivolgersi alla Sua banca negli Stati Uniti e fare trasferire i soldi tramitebanca.**
If you're not in a hurry, you can simply deposit one of your American checks into your account. If on the other hand you're in a hurry, then you must speak to your bank in the United States and have them transfer the money.

30. Jeff: **Lei è stata molto gentile, Signora. Ecco qui i moduli per il conto corrente. Tornerò tra qualche giorno per la cassetta di sicurezza.**
You've been very kind, Ma'am. Here are the forms for my checking account. I'll come back in a few days for the safe-deposit box.

B. NOTES

Traveler's check. The English word is used in Italian as well. Traveler's checks are accepted almost everywhere in the world. They can be exchanged in banks and in many other stores and commercial establishments.

Un conto corrente is a checking account, while a savings account is translated as "*libretto di risparmio.*" *Risparmiare* means "to save."

3. *Il cambio del dollaro*, "the exchange rate for the dollar." The exchange rate is posted in all banks and in many newspapers. The rate fluctuates daily, but it also varies from bank to bank on any given day. Therefore, when exchanging large amounts of money, it is important to look around and compare rates.

10. *Ecco a Lei, Signore.* Note that in writing, any pronoun (including direct, indirect, reflexive, and possessive adjective or pronouns) referring to the person addressed formally is spelled with the capital letter.

12. On top of the fluctuating exchange rate, most establishments will charge a commission for exchanging your currency. This varies from place to place, and again, it is wise to compare.

13. The verb *rivolgersi a* means "to go to," "to report to," "to inquire at," or "to see" when referring to official capacity or situations. The expression *rivolgere la parola a qualcuno* means "to address someone."

21. *Vuole chiuderlo il conto a Roma?* This is a colloquial rendering of the sentence *Vuole chiudere il conto a Roma?* There is not really an antecedent *lo* refers to, so it's not entirely necessary.

27. The verb *occuparsi di* means "to handle," "to deal with," "to take care of," or "to be responsible for."

C. GRAMMAR AND USAGE

1. *Il congiuntivo presente e passato* / The Present and Past Subjunctive

While the indicative mood is used to express factual reality and certainty, the subjunctive mood conveys uncertainty, possibility, and personal perspectives such as opinions and emotions. There are four tenses in the subjunctive mood: *presente* (present), *passato* (past), *imperfetto* (imperfect), and *trapassato* (past perfect).

The *congiuntivo presente* is formed by adding the appropriate endings to the stem of the verb. Note that third conjugation verbs that insert *-isc-* (like *capire*) in the present indicative also insert it in the present subjunctive. Also note that the endings for the first, second, and third persons singular are identical and therefore the subject must be expressed if ambiguity arises.

	parlare	*vedere*	*dormire*	*capire*
(che) io	parl-i	ved-a	dorm-a	capisc-a
(che) tu	parl-i	ved-a	dorm- a	capisc-a
(che) lui / lei / Lei	parl-i	ved-a	dorm-a	capisc-a
(che) noi	parl-iamo	ved-iamo	dorm-iamo	cap-iamo
(che) voi	parl-iate	ved-iate	dorm-iate	cap-iate
(che) loro / Loro	parl-ino	ved-ano	dorm-ano	capisc-ano

Note that verbs ending in *-care* or *-gare* add an *h* between the stem and the endings. Also note that verbs ending in *-iare* drop the *-i* of the stem before adding the subjunctive endings, unless the *-i* is stressed (like in *inviare*).

È importante che i bambini giochino molto.
    It is important for children to play a lot.

Credo che loro non paghino mai i loro conti in tempo.
    I believe they never pay their bills on time.

Sono felice che voi studiate l'italiano.
    I'm happy you're studying Italian.

Those irregular verbs that have an irregular present indicative, such as *avere, essere, andare, dare, fare, stare, bere, dovere, potere, volere, dire, uscire, venire,* etc., also have an irregular present subjunctive. For their conjugation see the Grammar Summary at the end of this book.

The *congiuntivo passato* (past subjunctive) is the equivalent of the *passato prossimo*. It is formed with the present subjunctive of *avere* and *essere* followed by the past participle of the verb. It is used to express past actions when the verb of the main clause is in the present, the future, or the imperative.

	mangiare	*andare*
(che) io	*abbia mangiato*	*sia andato/a*
(che) tu	*abbia mangiato*	*sia andato/a*
(che) lui / lei / Lei	*abbia mangiato*	*sia andato/a*
(che) noi	*abbiamo mangiato*	*siamo andati/e*
(che) voi	*abbiate mangiato*	*siate andati/e*
(che) loro / Loro	*abbiano mangiato*	*siano andati/e*

Penso che Giacomo sia già andato in banca.
    I think Giacomo has already gone to the bank.

Siamo felici che Rossella abbia trovato un buon lavoro.
    We're happy that Rossella found a good job.

2. *Usi del congiuntivo* / Uses of the Subjunctive

The subjunctive is primarily used in dependent clauses and is connected by *che* to an independent clause. The choice of the indicative or subjunctive mood in a dependent clause is determined by the verb or the expression used in the independent clause. The following verbs require the subjunctive in a dependent clause: verbs that express emotions, such as *avere paura* (to be afraid), *essere felice / contento* (to be happy), *sperare* (to hope); verbs that express opinion, such as *credere* (to believe), *pensare* (to think); verbs that express doubt or uncertainty, such as *dubitare* (to doubt); and verbs that express a wish or command, such as *ordinare* (to order), *comandare* (to command), *proibire* (to prohibit), *permettere* (to allow), *lasciare* (to let), *volere* (to want), *desiderare* (to desire).

Spero che lui arrivi stasera.
> I hope he's arriving tonight.

Ho paura che lui non abbia ancora comprato un regalo per il compleanno di sua moglie.
> I'm afraid he hasn't bought a gift for his wife's birthday yet.

Penso che loro vadano al cinema stasera.
> I think they're going to the movies tonight.

Dubito che lui abbia già aperto un conto in banca.
> I doubt that he has already opened a bank account.

Voglio che tu apra una cassetta di sicurezza per metterci i tuoi gioielli.
> I want you to open a safe-deposit box to put your jewels in.

Impersonal expressions implying doubt, necessity, desire, or emotion require the subjunctive: *è necessario che* (it is necessary that), *è possibile che* (it is possible that), *è probabile che* (it is likely that), *è meglio che* (it is better that), *è strano che* (it is strange that), etc.

È possibile che rimanga a Milano solo per un breve periodo, e che debba ritornare a Roma alla fine dell'anno.
> It's possible that I'll stay in Milan for a short time, and that I must return to Rome at the end of the year.

È necessario che Lei riempia questi moduli.
> It is necessary that you fill out these forms.

Note that assertions expressing certainty do not require the subjunctive.

Sono sicuro che lui è già arrivato a casa.
> I'm sure that he's already gotten home.

È ovvio che lui ha molto successo sul lavoro.
> It's obvious that he's very successful in his job.

The subjunctive is used after the following conjunctions: *affinchè* (in order that, so that), *a meno che . . . non* (unless), *benché* (although), *a condizione che / a patto che / purché* (provided that), *prima che* (before), and *senza che* (without).

Mia sorella, benché sia cittadina italiana, non può avere un conto in Italia perché risiede all'estero.
> My sister, although she is an Italian citizen, can't have an account in Italy because she's residing abroad.

Verrò a cena da te a condizione che non stia male.
> I'll come to dinner at your house provided that I'm not sick.

Prima che lui arrivi devo finire tutto il lavoro.
> Before he arrives I have to finish all my work.

If the verb in the dependent clause expresses an action in the future, the future indicative may be used instead of the present subjunctive, except for verbs expressing a wish or command.

Penso che lui trasferirà dei soldi negli Stati Uniti.
    I think he will transfer some money to the United
    States.

Spero che lui verrà con noi in Italia la prossima estate.
    I hope that he will come to Italy with us next summer.

Note that when the subject of both the independent and
the dependent clauses is the same, the infinitive is used
instead of the subjunctive.

Spero di arrivare a casa presto questa sera.
    I hope to get home early tonight.

Voglio aprire un conto corrente, per favore.
    I want to open a checking account, please.

Devo finire il lavoro prima di uscire a cena.
    I have to finish my work before going out to dinner.

EXERCISES

A. Rewrite each of the following questions introducing it
   with *Io credo che*:

   1. *Loro non hanno ancora mangiato oggi.*

   2. *Lui si trasferisce a Milano il mese prossimo.*

   3. *Tu devi trovare un buon lavoro in banca.*

   4. *Voi avete bisogno di riposarvi un po'.*

   5. *Marco ha deciso di aprire un nuovo conto corrente.*

   6. *Loro vengono a trovarci domani.*

   7. *Lei fa il footing tutti i giorni.*

   8. *Loro si sono sposati un mese fa.*

B. Complete the following sentences either with the
   present indicative or the present subjunctive. Choose a

verb that makes sense according to the context of each sentence.

1. *Penso che un residente _____ aprire un conto corrente in Italia.*

2. *Siamo sicuri che Maria _____ da Milano questa sera.*

3. *Vogliono che lui _____ una commissione per cambiare dei dollari.*

4. *Siamo felici che tu _____ ad abitare qui a Milano.*

5. *Ho paura che a voi non _____ abitare in questa città.*

6. *Mi dispiace che tu non _____ mai la verità.*

7. *È difficile che voi _____ un bell'appartamento non troppo caro a Milano.*

8. *So che loro _____ a cena con i loro amici stasera.*

C. Complete the following sentences with either the present or the past subjunctive of the verb listed.

andare   arrivare   avere   comprare   finire   imparare

partire   sapere   stare   studiare

1. *Spero che lui non _____ quella macchina così costosa ieri.*

2. *Vogliamo che Mariella _____ medicina perché è molto portata per le scienze.*

3. *Dubita che voi _____ a quella festa perché non vi ha visto.*

4. *Benché voi _____ tutto non siete mai contenti.*

5. *È necessario che loro _____ il lavoro entro domani.*

6. *Penso che lei _____ già perché è partita molto presto.*

7. *Desidero che noi _____ bene l'italiano per potere viaggiare in Italia.*

8. *Mi sembra che lui non _____ bene l'anno scorso.*

9. *Arriverà domani a meno che lui non _____ ancora.*

10. *Loro escono di casa senza che io lo _____.*

D. Translate the following sentences into Italian.

1. It's important that children learn the value of money.

2. I want my son to become a saver.

3. I think she spends too much money on silly things.

4. I'm sure she does not have much money in her savings account.

5. I hope the dollar exchange rate is improving.

6. It's true that a safe-deposit box is a good way to keep important documents safe.

7. I'm afraid they lost a lot of money last year.

8. It's strange that they spend everything and don't begin to save for the future.

ANSWER KEY

A. 1. *Io credo che loro non abbiano ancora mangiato oggi.* 2. *Io credo che lui si trasferisca a Milano il mese prossimo.* 3. *Io credo che tu debba trovare un buon lavoro in banca.* 4. *Io credo che voi abbiate bisogno di riposarvi un po'.* 5. *Io credo che Marco abbia deciso di aprire un nuovo conto corrente.* 6. *Io credo che loro vengano a trovarci domani.* 7. *Io credo che lei faccia il footing tutti i giorni.* 8. *Io credo che loro si siano sposati un mese fa.*

B. 1. *Penso che un residente possa aprire un conto corrente in Italia.* 2. *Siamo sicuri che Maria ritorna da Milano questa sera.* 3. *Vogliono che lui paghi una commissione per cambiare dei dollari.* 4. *Siamo felici che tu venga ad abitare qui a Milano.* 5. *Ho paura che a voi non piaccia abitare in questa città.* 6. *Mi dispiace che tu non dica mai la verità.* 7. *È difficile che voi troviate un bell'appartamento non troppo caro a Milano.* 8. *So che loro vanno a cena con i loro amici stasera.*

C. 1. *Spero che lui non abbia comprato quella macchina così costosa ieri.* 2. *Vogliamo che Mariella studi medicina perché è molto portata per le scienze.* 3. *Dubita che voi siate andati a quella festa perché non vi ha visto.* 4. *Benché voi abbiate tutto non siete mai contenti.* 5. *È necessario che loro finiscano il lavoro entro domani.* 6. *Penso che lei sia già arrivata perché è partita molto presto.* 7. *Desidero che noi impariamo bene l'italiano per potere viaggiare in Italia.* 8. *Mi sembra che lui non sia stato bene l'anno scorso.* 9. *Arriverà domani a meno che lui non sia ancora partito.* 10. *Loro escono di casa senza che io lo sappia.*

D. 1. *È importante che i bambini imparino il valore del denaro.* 2. *Voglio che mio figlio diventi un risparmiatore.* 3. *Penso che lei spenda troppi soldi in sciocchezze.* 4. *Sono sicuro/a che lei non ha molti soldi nel suo libretto di risparmio.* 5. *Spero che il cambio del dollaro migliori / stia migliorando.* 6. *È vero che una cassetta di sicurezza è un buon modo per mantenere dei documenti importanti al sicuro.* 7. *Ho paura che loro abbiano perso molti soldi l'anno scorso.* 8. *È strano che loro spendano tutto e che non comincino a risparmiare per il futuro.*

LESSON 17

ALLA POSTA
AT THE POST OFFICE

A. DIALOGUE

Cristina è andata all'ufficio postale dove incontra la sua amica Laura che non vede da molto tempo.
Cristina has gone to the post office, where she meets her friend Laura, who she hasn't seen in a long time.

1. Laura: **Cristina, come stai? Non ti vedo da una vita! Va tutto bene?**
   Cristina, how are you? I haven't seen you in ages! Is everything all right?

2. Cristina: **Benissimo grazie. Sai, sono appena andata in pensione e adesso mi godo la vita.**
   Very well, thank you. You know, I've just retired and now I'm enjoying my life.

3. Laura: **Davvero, non sapevo che tu fossi così vicina alla pensione! Pensavo che noi avessimo la stessa età, e io devo lavorare ancora un po' di anni.**
   Really? I didn't know you were so close to retirement! I thought we were the same age, and I still have to work for a few more years

4. Cristina: **Magari avessi la tua stessa età! Sono un po' più vecchia di te, ma in questo momento non mi dispiace. È molto bello ricevere i soldi della pensione anche senza dovere lavorare. Infatti sono venuta ad aprire un conto BancoPosta per poter fare depositare la mia pensione direttamente.**

I wish I were your same age! I'm a little older than
you, but at this point I don't mind. It's great to get
your pension money without having to work. As a
matter of fact, I came here to open a Bancoposta
account so that I can have my pension deposited
directly.

5. Laura: **Un conto BancoPosta, ma che cos'è?**
   A Bancoposta account, what's that?

6. Cristina: **È come un normale conto corrente, ma
   gestito dalle Poste Italiane. Include assegni, un
   Postamat, e in più ti danno un'assicurazione gratuita contro il furto di contante fino a un massimo
   di cinquecentosedici euro. E naturalmente puoi
   richiedere anche una carta di credito. E tu cosa
   sei venuta a fare qui?**
   It's like a regular checking account, but run by the
   Italian Postal Service. It has checks, an ATM card,
   and in addition they give free insurance against cash
   theft up to five hundred and sixteen euros. And of
   course you can apply for a credit card. And you,
   what are you here for?

7. Laura: **Oh, niente di così sofisticato. Mi è
   arrivata una lettera raccomandata mentre non
   ero a casa, e così devo ritirarla. E mentre sono
   qui voglio anche spedire alcune lettere e mandare un pacco con un regalino a mia nipote che
   vive a Roma.**
   Oh, nothing so sophisticated. A registered letter
   came while I wasn't at home, and I've got to pick it
   up. And while I'm here I want to send a few letters
   and a package with a small gift to my granddaugh-
   ter, who lives in Rome.

8. Cristina: **Se dopo hai tempo di bere un caffè, ti
   aspetto mentre fai le tue commissioni.**

If afterwards you have time for coffee, I'll wait for you while you run your errands.

9. Laura: **Oggi ho tempo, non devo tornare in ufficio perché ho un appuntamento dal dottore più tardi, e mi farebbe un sacco di piacere fare due chiacchiere con te.**
I have time today. I don't have to go back to the office because later I've got a doctor's appointment, and I'd love to chitchat with you.

10. Cristina: **Allora mettiamoci in fila. Ne approfitto anch'io per comprare qualche francobollo.**
Let's get in line, then. I'll take advantage and buy a few stamps too.

11. Laura: **Buongiorno Signore, dovrei ritirare una raccomandata che mi è arrivata ieri. Ecco lo scontrino. Vorrei anche spedire queste tre lettere. Una va negli Stati Uniti.**
Good morning Sir, I need to pick up a registered letter I received yesterday. Here's the slip. I'd also like to send these three letters. One goes to the United States.

12. Impiegato: **Un momento che vado a prendere la sua raccomandata . . . eccola qui. Allora, due francobolli per posta ordinaria costano novanta centesimi, e quello per gli USA costa sessanta-cinque centesimi. In tutto fa un euro e cinquanta-cinque centesimi.**
One moment while I go get your registered letter . . . here it is. So, two regular stamps are ninety cents, and the one to the U.S. costs sixty-five cents. The total is one euro and fifty-five cents.

13. Laura: **Avrei anche un piccolo pacco da mandare a Roma.**
I also have a small package to send to Rome.

14. Impiegato. **Pesa solo sette chili. Vuole mandarlo come pacco ordinario o come paccocelere?**
It only weights seven kilos. Do you want to send it as a regular package or as priority mail?

15. Laura: **Che differenza c'è?**
What's the difference?

16. Impiegato: **Il pacco ordinario impiega fino a cinque giorni ad arrivare, ma costa solo cinque euro e sedici centesimi. Ci sono due tipi di paccocelere: uno viene consegnato in un giorno lavorativo e costa dodici euro; l'altro viene consegnato in tre giorni lavorativi e costa sette euro.**
The ordinary package takes up to five days, but costs only five euros and sixteen cents. There are two kind of priority mail: one arrives in one business day and costs twelve euros; the other takes up to three business days and costs seven euros.

17. Laura: **Credevo che un paccocelere costasse molto di più di uno ordinario. Lo spedisca per favore come paccocelere da tre giorni.**
I thought that a priority mail package would cost much more than an ordinary one. Please, mail it as a three-day priority mail package.

18. Impiegato: **D'accordo. Per favore compili questo modulo con il nome del mittente e quello del destinatario. Ha bisogno d'altro?**
Sure. Please fill out this form with the name of the sender and that of the recipient. Do you need anything else?

19. Laura: **No, grazie. Quanto Le devo in tutto?**
No, thanks. How much do I owe you in all?

20. Impiegato: **Vediamo: un euro e cinquantacinque
    più sette euro fa otto euro e cinquantacinque.**
    Let's see: one euro and fifty-five cents plus seven
    euros is eight euros and fifty-five.

21. Laura: **Ecco a Lei. Grazie mille.**
    Here you go. Thank you very much.

22. Impiegato: **Prego Signora, arrivederci.**
    You're welcome, Ma'am, good-bye.

23. Laura: **Allora Cristina, andiamo a berci questo
    caffè così mi racconti di come si sta in pensione.**
    So, Cristina, let's go drink this coffee so you can tell
    me how retirement is.

24. Cristina: **Certamente! La pensione è una gran
    bella cosa, ma bisogna che uno ci arrivi ben
    preparato, perché a volte è possibile che si
    trasformi in un periodo di grande malinconia ...**
    Sure! Retirement is a great thing, but you've got to
    get to it well prepared, because sometimes it's possi-
    ble for it to turn into a very sad time . . .

B. NOTES

At *le Poste Italiane*, commonly referred to as *la Posta*, on top
of buying stamps, it is also possible to open an account, to
wire money, to send telegrams, and to buy life insurance or
government bonds.

2. *Andare in pensione* means "to retire."

4. *Magari avessi la tua stessa età!* "I wish I were your
   same age." The expression *magari*, "I wish" is followed by a subjunctive.
       BancoPosta, as the term indicates, is the banking
   service offered by the Italian Postal Service.

6. *Postamat*. Just like the *bancomat* is the ATM for banks, the *Postamat* is the postal ATM system.

14. *Chilogrammo* (or *chilo*) is the decimal measure for weight used throughout Europe. There are one thousand grams (*grammi*), or ten hectograms (*ettogrammi*, or *etti*), in a *chilo*. There are 2.2 pounds in a kilo.

   Postacelere (for mail) and *paccocelere* (for packages) are the names of the priority mail system in Italy.

C. GRAMMAR AND USAGE

1. *Imperativo formale* / The Formal Imperative

In Lesson 5 we studied the informal forms of command. The forms of the formal imperative are the same as the *Lei / Loro* forms of the present subjunctive. Thus, verbs that have irregular forms in the subjunctive will also have irregular forms of the formal imperative.

	ascoltare	prendere	partire	finire
Lei	ascolti	prenda	parta	finisca
Loro	ascoltino	prendano	partano	finiscano

Per favore Signora, venga all'appuntamento in orario.
   Please, Ma'am, come to the appointment on time.

Prego Signori, si accomodino.
   Please, Gentlemen, sit down.

La prego Signore, non tocchi la merce!
   Please, Sir, don't touch the merchandise!

Per cortesia, Signori, ascoltino le istruzioni con attenzione.
   Please, Gentlemen, listen carefully to the instructions.

The negative formal imperative is formed by placing *non* in front of the imperative.

Signore, non fumi qui dentro per favore.
   Sir, don't smoke in here, please.

Signore, non siano sorprese da quello che mostrerò Loro.
   Ladies, don't be surprised by what I'll show you.

Direct and indirect object pronouns, as well as reflexive pronouns, always precede the formal imperative.

Professore, mi presti il suo dizionario, la prego.
   Professor, please lend me your dictionary.

Signori, mi ascoltino per cortesia.
   Gentlemen, please listen to me.

2. *Il congiuntivo imperfetto e trapassato* / The Imperfect and Past Perfect Subjunctive

The use of the imperfect and past perfect subjunctives follows the same principles outlined for the present and past subjunctives in lesson 16. The imperfect subjunctive is used when the verb in the main clause is in a past or conditional sentence, and the action of the dependent clauses happens at the same time. The *congiuntivo imperfetto* (imperfect subjunctive) is formed by dropping the final *-re* of the infinitive, and by adding the following endings: *-ssi, -ssi, -sse, -ssimo, -ste, -ssero*.

	parlare	*vedere*	*dormire*	*capire*
(che) io	parla-ssi	vede-ssi	dormi-ssi	capi-ssi
(che) tu	parla-ssi	vede-ssi	dormi-ssi	capi-ssi
(che) lui / lei / Lei	parla-sse	vede-sse	dormi-sse	capi-sse
(che) noi	parla-ssimo	vede-ssimo	dormi-ssimo	capi-ssimo
(che) voi	parla-ste	vede-ste	dormi-ste	capi-ste
(che) loro / Loro	parla-ssero	vede-ssero	dormi-ssero	capi-ssero

Few verbs are irregular in the imperfect subjunctive. The most common are: *essere* (*fossi, fossi, fosse, fossimo, foste, fossero*); *dare* (*dessi, dessi, desse, dessimo, deste, dessero*); *fare* (*facessi, facessi, facesse, facessimo, faceste, facessero*); and *stare* (*stessi, stessi, stesse, stessimo, steste, stessero*).

Era importante che loro vedessero i loro parenti prima di partire.
   It was important that they see their relatives before leaving.

Eravamo felici che loro venissero a trovarci.
   We were happy they were coming to see us.

Non sapevo che tu fossi così vicina alla pensione!
   I didn't know you were so close to retirement!

Pensavo che noi avessimo la stessa età.
   I thought we were the same age.

The *congiuntivo trapassato* (past perfect subjunctive) is used when the verb in the main sentence is in a past or conditional tense, and the action of the dependent clause precedes the main action. The past perfect subjunctive is formed with the imperfect subjunctive of either *essere* or *avere*, followed by the past participle of the verb.

	mangiare	*andare*
(che) io	*avessi mangiato*	*fossi andato/a*
(che) tu	*avessi mangiato*	*fossi andato/a*
(che) lui / lei / Lei	*avesse mangiato*	*fosse andato/a*
(che) noi	*avessimo mangiato*	*fossimo andati/e*
(che) voi	*aveste mangiato*	*foste andati/e*
(che) loro / Loro	*avessero mangiato*	*fossero andati/e*

Vorrei che loro fossero andate a vedere quel film.
I wish they had gone to see that film.

Pensavo che voi aveste già spedito quel telegramma.
I thought you had already sent that telegram.

3. *La concordanza dei tempi del congiuntivo* / The Sequence of Tenses in the Subjunctive

The tense of the main clause determines which tense of the subjunctive is needed in the dependent clause. If the main clause is in the present, future, or imperative, the dependent clause will be in the present subjunctive when the two actions occur at the same time, or if the dependent action occurs in the future. The dependent clause will be in the past subjunctive when the action of the dependent clause precedes the action in the main clause.

Penso che lui legga un libro stasera.
I think he'll read a book tonight.

Penso che lui abbia letto un libro ieri sera.
I think he read a book last night.

If the main clause is in any past tense, or in the conditional, the dependent clause will be in the imperfect subjunctive when the two actions occur at the same time. The dependent clause will be in the past perfect subjunctive when the action of the dependent clause precedes the action of the main clause.

Pensavo che lui leggesse / stesse leggendo un libro.
I thought he was reading a book.

Pensavo che lui avesse letto un libro la sera prima.
I thought he'd read a book the night before.

Vorrei che lui leggesse quel libro.
I wish he'd read that book.

Vorrei che avesse letto quel libro.
I wish he had read that book.

However, if the main clause is in any past tense, and the action of the dependent clause occurs in the future, then the past conditional, rather than the subjunctive, is often used in the dependent clause.

Pensavo che lui sarebbe partito per l'Italia domani.
I thought he would leave for Italy tomorrow.

The following chart summarizes the sequence of tenses.

Independent Clause:	Relationship between Clauses:	Dependent Clause:
present	concurrent action	present subjunctive / future
future	concurrent action	present subjunctive / future
imperative	concurrent action	present subjunctive / future
present	preceding action	past subjunctive
future	preceding action	past subjunctive
imperative	preceding action	past subjunctive
past	concurrent action	imperfect subjunctive
conditional	concurrent action	imperfect subjunctive
past	preceding action	past perfect subjunctive
conditional	preceding action	past perfect subjunctive
past	future action	past conditional

EXERCISES

A. Change the following informal sentences into formal ones.

1. *Portami un caffè, per favore!*

2. *Avete visto il giornale? Datemelo, per favore!*

3. *Per cortesia, non parlare così forte!*

4. *Per piacere, leggete quest'articolo!*

5. *Non prendetevela con me, io non ho fatto nulla!*

6. *Non svegliarti così tardi domattina!*

B. Complete the following sentences with either the imperfect or the past perfect subjunctive of the verbs listed.

andare	*avere*	*capire*	*essere*	*fare*
imparare	*noleggiare*	*partire*	*studiare*	*uscire*

1. *Non pensavo che tu _____ già sessant'anni.*

2. *Volevo che loro _____ medicina, ma invece hanno studiato legge.*

3. *Preferirei che loro non _____ così tardi la sera.*

4. *Era necessario che loro _____ tutte le regole prima dell'esame.*

5. *Speravo che loro _____ perché non potevo andare al loro matrimonio.*

6. *Nonostante lei _____ già in pensione, continuava a lavorare.*

7. *Volevano fare il giro del mondo benché non _____ molto ricchi.*

8. *La mattina dell'esame i tuoi genitori avevano paura che tu non _____ abbastanza.*

9. *Gli abbiamo telefonato prima che lui _____.*

10. *Eravamo felici che loro _____ una barca prima di andare al mare.*

C. Form complete sentences using the elements provided, making all the necessary changes.

1. *Voglio che / i miei figli / essere / felice.*

2. *Abbiamo l'impressione che / i nostri amici / mangiare troppo / a cena.*

3. *Desideravano che / Mariella / andare / in vacanza / con loro.*

4. *Ero contento che / voi / ritirare / soldi / in banca / prima di partire.*

5. *Volevo che / loro / divertirsi / alla festa.*

6. *Sono contento che / loro / finire/ ieri: è importante che / loro non perdere / troppo tempo*

7. *Siamo sicuri che / lui / arrivare / domani mattina.*

8. *Non siamo sicuri / che / lui / rimanere / fino a domenica.*

D. Translate the following sentences into Italian.

1. I wish we were near retirement age.

2. They think we are still working.

3. It's important that people have hobbies before retiring.

4. I believed he worked in a post office, but he works in a bank.

5. We had to clean the house before they arrived.

6. It's necessary for children to read a lot if they want to become good readers.

7. They wanted me to help them with their homework, but I was too busy.

8. They didn't finish their project although they had worked all night.

ANSWER KEY

A. 1. *Mi porti un caffè, per favore!* 2. *Hanno visto il giornale? Me lo diano, per favore!* 3. *Per cortesia, non parli così forte!* 4. *Per piacere, leggano quest'articolo!* 5. *Non Se la prendano con me, io non ho fatto nulla!* 6. *Non Si svegli così tardi domattina!*

B. 1. *Non pensavo che tu avessi già sessant'anni.* 2. *Volevo che loro facessero medicina, ma invece hanno studiato legge.* 3. *Preferirei che loro non uscissero così tardi la sera.* 4. *Era necessario che loro imparassero tutte le regole prima dell'esame.* 5. *Speravo che loro capissero perché non potevo andare al loro matrimonio.* 6. *Nonostante lei fosse andata già in pensione, continuava a lavorare.* 7. *Volevano fare il giro del mondo benché non fossero molto ricchi.* 8. *La mattina dell'esame i tuoi genitori avevano paura che tu non avessi studiato abbastanza.* 9. *Gli abbiamo telefonato prima che lui partisse.* 10. *Eravamo felici che loro avessero noleggiato una barca prima di andare al mare.*

C. 1. *Voglio che i miei figli siano felici.* 2. *Abbiamo l'impressione che i nostri amici abbiano mangiato troppo a cena.* 3. *Desideravano che Mariella andasse in vacanza con loro.* 4. *Ero contento che voi ritiraste / aveste ritirato dei soldi in banca prima di partire.* 5. *Volevo che loro si divertissero alla festa.* 6. *Sono contento che loro abbiano finito ieri: è importante che loro non abbiano perso troppo tempo.* 7. *Siamo sicuri che lui arriva / arriverà domani mattina.* 8. *Non siamo sicuri che lui rimanga / rimarrà fino a domenica.*

D. 1. *Vorrei che fossimo vicini alla pensione.* 2. *Loro pensano che lavoriamo ancora.* 3. *È importante che la gente abbia degli hobby prima di andare in pensione.*

4. *Credevo che lavorasse in un ufficio postale / alla posta, ma lavora in banca / in una banca.* 5. *Abbiamo dovuto pulire la casa prima che arrivassero.* 6. *È necessario che i bambini leggano molto se vogliono diventare buoni lettori.* 7. *Volevano che li aiutassi a fare i compiti, ma ero troppo occupato/a.* 8. *Non hanno finito il progetto benché / nonostante avessero lavorato tutta la notte.*

LEZIONE 18

I VESTITI
CLOTHING

A. DIALOGUE

Anna e Antonio sono stati invitati a fare da testimoni ad un matrimonio e hanno deciso di andare in via Montenapoleone a cercare qualcosa da mettersi per la cerimonia.
Anna and Antonio have been invited to be witnesses at a wedding, and they've decided to go to Via Montenapoleone to look for something to wear to the ceremony.

1. Antonio: **È la prima volta che faccio da testimone ad un matrimonio. Tu sai che cosa ci si mette?**
It's the first time I've been a witness at a wedding. Do you know what one wears?

2. Anna: **Per un uomo è facile, basta che tu ti metta un abito scuro, di buon taglio. Troverai certamente qualcosa che ti piace. Per me la scelta sarà molto più difficile.**
For a man it's easy. You just need to wear a dark suit, nicely cut. You'll definitely find something you like for sure. For me the choice will be much more difficult.

3. Antonio: **E perché?**
And why?

4. Anna: **Intanto devo escludere tutto quello che è bianco o nero, che quest'anno sono i colori di moda. Sarà quindi molto difficile trovare qualcosa di bello in altri colori.**
For one thing, I have to exclude everything that is white or black which are the fashionable colors this

year. So it'll be difficult to find something beautiful in other colors.

5. Antonio: **Senti, l'unica cosa da fare è entrare nei negozi e vedere che cos'hanno**.
Listen, the only thing to do is to go into the stores and see what they have.

6. Anna: **D'accordo, cominciamo da Armani. Hanno vestiti sia da uomo che da donna.**
All right, let's start with Armani. They have clothes for both men and women.

7. Commessa: **Buongiorno Signori, desiderano?**
Good morning, Sir, Ma'am, may I help you?

8. Anna: **Sì, dobbiamo fare da testimoni ad un matrimonio e dobbiamo comprare qualcosa da indossare.**
Yes, we have to be witnesses at a wedding, and we have to buy something to wear.

9. Commessa: **Se il Signore intanto desidera dare un'occhiata nel reparto uomini, Le posso mostrare alcuni vestiti molto adatti.**
If the gentleman wants to take a look in the men's department, I can show you some very appropriate clothes.

10. Anna: **D'accordo. Sono indecisa se indossare un vestito o un tailleur. Vorrei qualcosa di elegante, ma che non sembri un vestito da sera.**
All right. I'm undecided if I should wear a dress or a suit. I would like something elegant, but that doesn't look like an evening gown.

11. Commessa: **Come lei sa, Armani usa dei tessuti molto particolari. Guardi per esempio questo**

tailleur. È fatto di una seta con un disegno molto minuto, che lo rende elegante ma non vistoso.

As you know, Armani uses very particular fabrics. For instance, look at this suit. It's made of silk, with a very small design that makes it elegant but not showy.

12. Anna: **È davvero bellissimo, e soprattutto non è nero.**

It's really beautiful, and above all it isn't black.

13. Commessa: **Già, non si può indossare il nero ad un matrimonio. Vuole provarlo? Che taglia porta?**

Right, one cannot wear black at a wedding. Would you like to try it on? What size do you wear?

14. Anna: **Una quarantadue ... Scusi Signorina, non riesco ad allacciare i bottoni.**

A forty-two ... Excuse me, Miss, I can't button it up.

15. Commessa: **Ah, guardi, si allacciano così, in modo che rimangano nascosti. Le sta benissimo. Le piace?**

Ah, look, this is how they are buttoned up, so that they stay hidden. It looks wonderful on you. Do you like it?

16. Anna: **Molto. Lo prendo. Che sollievo, avevo paura di non trovare nulla. Visto che ho un po' di tempo, mi farebbe vedere qualcosa di un po' più sportivo?**

Very much, I'll take it. What a relief, I was afraid I wasn't going to find anything. Since I have a little time, could you show me something a bit more casual?

17. Commessa: **Certamente, si accomodi da questa parte.**
Sure, let's go this way.

18. Antonio: **Anna, hai finito? Ho bisogno del tuo aiuto!**
Anna, are you finished? I need your help.

19. Anna: **Cosa c'è?**
What's up?

20. Antonio: **Ho trovato un abito che mi sta a pennello, ma ho seri problemi a scegliere una cravatta. Hanno una collezione di cravatte da cerimonia molto ricca, e non riesco a decidermi. Puoi venire a darmi una mano?**
I found a suit that fits me perfectly, but I'm having serious problems choosing a tie. They've got a very extensive collection of ties for ceremonies, and I can't make up my mind. Can you come and give me a hand?

21. Anna: **Per prima cosa, hai deciso il colore della camicia?**
First of all, have you decided on the shirt color?

22. Antonio: **Mi dicono che a una cerimonia si indossa in genere una camicia bianca, è la più elegante.**
They tell me that one generally wears a white shirt to a ceremony. It's the dressiest.

23. Anna: **E di che colore è l'abito che hai scelto?**
And what color is the suit you chose?

24. Antonio: **È di un grigio scurissimo, quasi nero, ma dovresti vedere il tessuto! Armani ha davvero un occhio particolare per i tessuti.**

It's a very dark gray, almost black, but you should see the fabric! Armani really has a keen eye for fabrics.

25. Anna: **Sì, mi è già stato detto! Dai, andiamo a vedere queste cravatte, quando finiamo qui abbiamo il problema delle scarpe!**

Yes, I've already been told! Come on; let's go see these ties. When we finish here we have the problem of shoes.

26. Antonio: **Oh, le scarpe! Me ne ero già dimenticato. Va bene, affrettiamoci!**

Oh, shoes, I'd already forgotten about them. Okay, let's hurry.

B. NOTES

Via Montenapoleone is the most elegant shopping street in Milan. There you can find the stores of the most famous Italian and international designers, such as Armani, Prada, Ralph Lauren, Chanel, etc.

1. *Testimoni.* In Italian weddings, there are usually four witnesses, two for the bride and two for the groom. Their clothes do not match, and are not chosen by the bride and groom.

2. *Di buon taglio* means "well cut."

4. *Intanto* generally means "while," or "in the meantime," but here is used colloquially with the meaning of "for one thing."

    Traditionally white and black are colors to be avoided when dressing for a wedding.

    Di moda means "fashionable," "in fashion."

6. *Vestito* and *abito* are generic terms that indicate a dress, suit, gown, etc. They are often used with modifiers to acquire a more defined meaning: *vestito / abito da sera,* "evening gown," *vestito / abito da sposa,* "wedding gown," *vestito a giacca,* "suit," etc. However, *abbigliamento* is used to indicate clothing in general, as in *negozio d'abbigliamento*, "clothing store."

10. *Tailleur* is a French word often used in Italian to indicate a woman's suit, composed of a jacket and skirt.

11. *Il tessuto* and *la stoffa* both mean "fabric." In addition to *la seta* (silk), other fabrics are: *il cotone* (cotton), *la lana* (wool), *il lino* (linen), *il velluto* (velvet).

14. An Italian size forty-two equals an American eight.

18. Most of the time, the verb *finire* is conjugated with *avere*, unless the subject is itself finished or over. *Il film è finito.* The film is over. *La pasta è finita.* The pasta is gone.

20. *Stare a pennello* means "to fit perfectly."

24. *È di un grigio scurissimo.* Note that the preposition *di* is used in this expression because the adjective denoting the color is modified by *scurissimo.*

C. GRAMMAR AND USAGE

1. *Il passivo* / The Passive Voice

In Italian, as in English, transitive verbs have both an active and a passive voice. In the active voice, the direct object of the sentence receives the action, while in the passive voice the (former) direct object is promoted to subject. The former subject may be expressed with "by" or *da*. Study the following examples:

Active voice:

Anna compra un abito.
   Anna buys a suit.

Passive voice:

Un abito è comprato da Anna.
   A suit is bought by Anna.

The passive voice is formed with the appropriate tense of the auxiliary *essere* + the past participle. The agent (the performer of the action) is introduced by the preposition *da* (by). The passive voice can be expressed in any tense. The past participle agrees in gender and number with the subject of the passive construction.

Anna e Antonio sono stati invitati a fare da testimoni ad un matrimonio.
   Anna and Antonio have been invited to be witnesses at a wedding.

Le partecipazioni saranno inviate fra qualche giorno.
   The wedding invitations will be sent in a few days.

In addition to *essere*, *venire* and *andare* can be used as auxiliaries in the passive voice in Italian. *Venire* often replaces *essere* in simple passive tenses. *Andare* conveys necessity, and has the meaning of *deve essere*, "must be."

Il bianco e il nero sono colori che non vengono mai indossati ai matrimoni.
   Black and white are colors that are never worn at weddings.

Il colore della cravatta va deciso adesso mentre siamo nel negozio.
> The tie color must be decided now, while we are in the store.

When the agent is not expressed, the passive voice can be expressed by using the impersonal *si* followed by the verb in the active form. Depending on whether the subject is singular or plural, the verb is in the third person singular or plural. In compound tenses, the auxiliary is *essere*, and the past participle agrees in gender and number with the subject.

Il nero non si indossa ai matrimoni.
> Black is not worn at weddings.

I bottoni si allacciano così, in modo che rimangano nascosti.
> This is how the buttons are buttoned up, so that they stay hidden.

2. *Il si impersonale* / The Impersonal *si*

The impersonal construction (the equivalent of the English "one," "you," "they," or "people" + verb) is formed in Italian with the impersonal pronoun *si* followed by the verb in the third person singular.

Non si può indossare il nero ad un matrimonio.
> You cannot wear black at a wedding.

Quando si va a un matrimonio si compra un bel regalo.
> When one goes to a wedding one buys a nice gift.

If there are any nouns or adjectives referring to the subject, they are in the masculine plural form.

Si è stanchi quando si organizza una festa.
> People get tired while organizing a party.

Quando si è professori si è sempre a contatto con i giovani.
> When you're a professor, you're always working with young people.

In compound tenses the auxiliary in an impersonal construction is always *essere*, with verbs that normally take both *avere* and *essere*. When the verb used normally takes *avere*, the past participle will end in *-o*. When the verb is normally conjugated with *essere*, however, the past participle will end in *-i*.

Si è parlato molto dell'ultima sfilata di Prada.
> They talk a lot about Prada's latest fashion show.

Si è tornati a casa tardi dopo il matrimonio.
> People went back home late after the wedding.

In the impersonal form of a reflexive verb, the reflexive pronoun *si* is changed into *ci* to avoid having two consecutive instances of *si*.

Tu sai che cosa ci si mette per andare ad un matrimonio?
> Do you know what people wear to go to a wedding?

Quando ci si alza presto, alla sera si ha sonno.
> When you wake up early, you're sleepy at night.

Pronouns normally precede the impersonal pronoun *si*, except for *ne*, which follows it. In that case *si* becomes *se*.

Conosci quello stilista? Lo si vede spesso alla TV.
> Do you know that designer? One sees him often on TV.

Si è parlato molto in America della morte di Versace? –Sì, se ne è parlato molto.
> Did people speak a lot about Versace's death in America? –Yes, people spoke a lot about it.

3. *I doppi negativi* / Double Negatives

To form a negative sentence in Italian, *non* is placed before the verb. If there are object pronouns, they are placed between *non* and the verb.

Lui non lavora il sabato.
He doesn't work on Saturdays.

Hai visto Gino ieri? –No, non l'ho visto.
Did you see Gino yesterday? –No, I didn't see him.

Other negative words may be used in conjunction with non for more specific negation. Here are the most common:

non . . . niente,	
non . . . nulla	nothing
non . . . nessuno	no one, not . . . anyone
non . . . nessun /	
nessuno / nessuna /	
nessun'	not . . . any
non . . . più	no longer, no more, not any more
non . . . affatto	not at all
non . . . ancora	not yet
né . . . né	neither . . . nor
non . . . mai	never, not ever
non . . . mica	not at all, not in the least (familiar)
non . . . che	only
non . . . neanche	
non . . . nemmeno	
non . . . neppure	not even, not either

Sono andato alla posta, ma non ho comprato niente.
I went to the post office, but I didn't buy anything.

Non vado più in palestra perché mi sono fatto male a una gamba.
I don't go to the gym anymore because I hurt my leg.

When the negative word precedes the verb, *non* is omitted. This structure is used for emphasis.

Nessuno ci scrive, nemmeno i nostri migliori amici.
  Nobody writes to us, not even our best friends.

With compound tenses, *ancora, mai, mica, affatto,* and *più* are usually placed between the auxiliary and the past participle.

Non abbiamo ancora finito di studiare.
  We haven't finished studying yet.

The adjective *nessun / nessuno / nessuna / nessun'* is always used in front of a singular noun, and has the same forms as the indefinite article *un / uno / una / un'*. When *nessuno* is a pronoun, it is invariable.

Non ha nessun amico con cui parlare.
  He has no friends to speak with.

Non ho visto nessuno per strada.
  I didn't see anybody in the street.

When *niente, nulla,* and *nessuno* are used in questions, *non* is omitted.

C'è niente di buono da guardare alla TV stasera.
  There isn't anything good to watch on TV tonight.

The English "not . . . any" is expressed in Italian by *non* + verb + plural noun, or by *non* + verb + singular noun preceded by the appropriate form of *nessuno*. This latter form emphasizes "not a single."

Non compro francobolli alla posta, vado sempre dal tabaccaio.
  I don't buy (any) stamps at the post office; I always go to the tobacconist's.

Non ho parlato a nessuna persona dei tuoi problemi!
  I didn't speak to a single person about your problems!

EXERCISES

A. Rewrite the following sentences in the passive voice.

1. *Maria compra molti vestiti in Italia.*

2. *Giorgio Armani ha disegnato questo abito da cerimonia.*

3. *Gli sposi riceveranno molti regali di matrimonio.*

4. *Pensi che abbiano già mandato le partecipazioni di matrimonio?*

5. *Abbiamo inviato una lettera di auguri.*

6. *Mi hanno detto che lui si sposerà presto.*

7. *Una compagnia di catering famosa ha organizzato tutto il banchetto di nozze.*

8. *Il padre della sposa ha pagato tutte le spese per il matrimonio.*

B. Rewrite the following passive sentences using the passive construction with *si.*

1. *Il bianco e il nero non sono indossati ai matrimoni.*

2. *Molti regali sono stati comprati per gli sposi.*

3. *Un fotografo famoso è stato assunto per fare le fotografie del matrimonio.*

4. *Molti soldi sono stati spesi per il banchetto.*

5. *Molti fiori sono stati donati per la chiesa.*

C. Rewrite the following passage in the impersonal form.

Quando qualcuno organizza un matrimonio, uno deve pensare a molte cose. Per prima cosa uno decide la data, poi decide quante persone invitare. Uno cerca un luogo dove fare il banchetto e sceglie un menù. Uno

compra un vestito, manda le partecipazioni agli
invitati, prepara una lista di regali e aspetta con
impazienza che arrivi quel giorno.

D. Rewrite the following sentences in the negative form.

1. *Vado sempre all'ufficio postale il giovedì.*

2. *Ho visto qualcuno che ti conosce alla festa.*

3. *Ho parlato sia a tua madre che a Giovanna ieri.*

4. *Ho anche aperto un conto BancoPosta.*

5. *Sono già andato in Italia.*

6. *Ho fatto qualcosa di molto interessante ieri.*

7. *Qualcuno è venuto a trovarti.*

8. *Studio ancora all'università.*

E. Translate the following sentences into Italian.

1. One often prefers to wear designer clothes.

2. I was told that my friend Giulia is getting married.

3. I can't find anything to wear to that party.

4. One has a great time on vacation.

5. Many people were invited to the wedding reception.

6. Usually people marry for love.

7. We've never been in Italy, but we're going there for our honeymoon.

8. One works hard when organizing a wedding.

ANSWER KEY

A. 1. *Molti vestiti sono comprati da Maria in Italia.*
    2. *Questo abito da cerimonia è stato disegnato da Giorgio Armani.* 3. *Molti regali di matrimonio saranno ricevuti dagli sposi.* 4. *Pensi che le partecipazioni di matrimonio siano già state mandate?* 5. *Una lettera di auguri è stata inviata da noi.* 6. *Mi è stato detto che lui si sposerà presto.* 7. *Tutto il banchetto di nozze è stato organizzato da una compagnia di catering famosa.*
    8. *Tutte le spese per il matrimonio sono state pagate dal padre della sposa.*

B. 1. *Il bianco e il nero non si indossano ai matrimoni.*
    2. *Si sono comprati molti regali per gli sposi.* 3. *Si è assunto un fotografo famoso per fare le fotografie del matrimonio.* 4. *Si sono spesi molti soldi per il banchetto.* 5. *Si sono donati molti fiori per la chiesa.*

C. *Quando si organizza un matrimonio, si deve pensare a molte cose. Per prima cosa si decide la data, poi si decide quante persone invitare. Si cerca un luogo dove fare il banchetto e si sceglie un menù. Si compra un vestito, si mandano le partecipazioni agli invitati, si prepara una lista di regali e si aspetta con impazienza che arrivi quel giorno.*

D. 1. *Non vado mai all'ufficio postale il giovedì.* 2. *Non ho visto nessuno che ti conosce alla festa.* 3. *Non ho parlato né a tua madre né a Giovanna ieri.* 4. *Non ho neanche / nemmeno aperto un conto BancoPosta.*
    5. *Non sono ancora andato in Italia.* 6. *Non ho fatto niente / nulla di molto interessante ieri.* 7. *Nessuno è venuto a trovarti.* 8. *Non studio più all'università.*

E. 1. *Spesso si preferisce indossare vestiti firmati.* 2. *Mi è stato detto che la mia amica Giulia si sposa.* 3. *Non*

*riesco a trovare niente / nulla da mettermi alla festa.
4. Ci si diverte molto in vacanza. 5. Molte persone
sono state invitate al banchetto. / Si sono invitate molte
persone al banchetto. 6. Di solito ci si sposa per
amore. 7. Non siamo mai andati in Italia ma ci
andiamo / andremo in viaggio di nozze. 8. Si lavora
molto quando si organizza un matrimonio. / Si lavora
molto ad organizzare un matrimonio.*

LESSON 19

IL DENTISTA, IL MEDICO E IL FARMACISTA
THE DENTIST, THE DOCTOR, AND THE PHARMACIST

A. DIALOGUE

Dal dentista.
At the Dentist's.

1. Dentista: **Cosa c'è che non va, signora Fiumi?**
   What's wrong, Mrs. Fiumi?

2. Signora Fiumi: **Ho un dente che mi fa terribilmente male da due giorni. Ha cominciato a farmi un po' male tre settimane fa, ma adesso è peggiorato, e se mangio qualcosa di dolce il male diventa insopportabile.**
   I've got a tooth that's been hurting me terribly for two days. It started to hurt a bit three weeks ago, but now it's gotten worse, and if I eat anything sweet, the pain becomes unbearable.

3. Dentista: **Vediamo, probabilmente è solo un nervo esposto.**
   Let's see, it's probably just an exposed nerve.

4. Signora Fiumi: **Crede che sia semplicemente un nervo esposto? Ho anche le gengive tutte gonfie.**
   Do you think it's just an exposed nerve? My gums are also all swollen.

5. Dentista: **Sanguinano?**
   Are they bleeding?

6. Signora Fiumi: **Sì, un po'.**
   Yes, a bit.

7. Dentista: **Va bene, adesso Le faccio i raggi. Metta la testa indietro e apra la bocca . . . Ecco fatto.**
All right, now I'm going to take some x-rays. Lean your head back and open your mouth . . . here we go.

8. Signora Fiumi: **E adesso?**
And now?

9. Dentista: **I raggi saranno pronti fra pochi minuti. Nel frattempo Le do un'occhiata al dente.**
The x-rays will be ready in a few minutes. In the meantime I'll take a look at your tooth.

10. Signora Fiumi: **Ahi, che male! Si fermi! Mi può fare l'anestesia?**
Ouch! It hurts! Stop! Can you give me anesthesia?

11. Dentista: **Volentieri, se Le fa così male le faccio subito un'iniezione di novocaina.**
Gladly, if it hurts so much, I'll give you an injection of Novocaine.

12. Signora Fiumi: **Grazie, non riesco a sopportare il dolore. Due anni fa sono svenuta dal dentista.**
Thanks, I can't stand pain. Two years ago I fainted at the dentist's.

13. Dentista: **Ah, adesso vedo cosa c'è che non va. È uno dei molari inferiori, a sinistra. Non credo che sia niente di grave.**
Ah, now I see what's wrong. It's one of the lower left molars. I don't think it's anything serious.

14. Signora Fiumi: **Non c'è bisogno di estrarre il dente, è vero?**
There's no need to pull the tooth, is there?

15. Dentista: **Guardiamo la radiografia. Mmmm . . . La radice sembra essere sana. No, non è necessario estrarlo.**
Let's look at the x-rays. Mmmm . . . The root seems to be healthy. No, it won't be necessary to pull it.

16. Signora Fiumi: **Allora, cosa c'è che non va?**
So, what's wrong?

17. Dentista: **È una carie, ma è profonda. Adesso gliela curo.**
It's a cavity, but it's deep. Now I'm going to fill it.

Dal medico
At the Doctor's

18. Signor Valletta: **Non sto affatto bene. Ho male dappertutto. Alla gola, alla testa, allo stomaco, agli occhi. È possibile che stia avendo un infarto?**
I don't feel well at all. Everything hurts, my throat, my head, my stomach, my eyes. Is it possible I'm having a heart attack?

19. Dottore: **Ne dubito molto. Se Lei stesse avendo un infarto, avrebbe un forte dolore, o almeno avrebbe male al braccio sinistro, e anche la nausea. Lei non ha questi sintomi.**
I doubt it very much. If you were having a heart attack, you would be in serious pain, or at least your left arm would hurt, and you would feel nauseous, too. You don't have these symptoms.

20. Signor Valletta: **Allora che cos'ho?**
So, what's wrong with me?

21. Dottore: **Adesso La visito. Apra la bocca, Le voglio misurare la temperatura. Ah, Lei ha la febbre, e ha anche la gola tutta rossa. Adesso tossisca, Le**

voglio ascoltare i polmoni. Penso che lei abbia una brutta influenza.

Now I'll examine you. Open your mouth; I want to take your temperature. Ah, you have a fever, and your throat is all red, too. Now cough; I want to listen to your lungs. I think you have a bad flu.

22. Signor Valletta: **Cosa devo fare, Dottore?**
    What should I do, Doctor?

23. Dottore: **Deve stare a letto per due o tre giorni finché Le passa la febbre.**
    You have to stay in bed for two or three days until the fever is gone.

24. Signor Valletta: **Posso mangiare di tutto?**
    Can I eat everything (I want)?

25. Dottore: **No, deve mangiare in modo leggero e bere molti liquidi. Deve anche prendere le pastiglie che le ordinerò.**
    No, you have to eat lightly, and drink plenty of fluids. You also have to take the pills that I'm going to prescribe for you.

26. Signor Valletta: **Qual è il suo onorario, Dottore?**
    What's your fee, Doctor?

27. Dottore: **Centocinquanta euro. Ma non c'è fretta. Vorrei rivederLa fra qualche giorno.**
    One hundred fifty euros. But there's no hurry. I'd like to see you in a few days again.

In farmacia
At the Pharmacy

28. Signor Valletta: **Ecco la ricetta che mi ha ordinato il dottore.**
    Here's the prescription my doctor wrote for me.

29. Farmacista: **Vado a prenderLe subito la medicina ... Deve prendere una pastiglia tre volte al giorno, prima dei pasti.**
I'm going to get your medicine right away ... You have to take a pill three times a day, before meals.

30. Signor Valletta: **Ah! Mi ero quasi dimenticato. Ho anche bisogno di aspirine e di pastiglie contro la tosse. Avete qualcosa di omeopatico?**
Ah! I almost forgot. I also need aspirin and some cough drops. Do you have anything homeopathic?

31. Farmacista: **Certamente, abbiamo una linea di prodotti omeopatici veramente buona. Ecco, queste pastiglie sono per la tosse. E vede questo prodotto? È contro l'influenza. Se l'avesse preso ai primi sintomi, adesso non starebbe così male.**
Of course. We have a very good line of homeopathic products. Here, these are cough drops. Do you see this product? It's for the flu. If you'd taken it at the first symptoms, you wouldn't feel so sick now.

32. Signor Valletta: **La ringrazio, me lo ricorderò la prossima volta. Ma speriamo che non venga troppo presto!**
Thank you, I'll remember for the next time. But let's hope it doesn't come too soon!

B. NOTES

4. *Tutte gonfie,* "all swollen." *Tutto/a/i/e,* in this adverbial context, is used as an intensifier (the equivalent of "entirely/all/very/awfully/quite").

10. *Ahi,* "Ouch," is expressed in different ways in all languages of the world.

18. To express that something hurts, Italian uses either the expression *fare male*, which works exactly like the verb *piacere*, or *avere male a*. *Lui ha male alla testa / gli fa male la testa.* Note that with parts of the body the definite article is used, rather than the possessive.

19. *Il braccio*, " the arm," has an irregular plural form *le braccia*, which is feminine and ends in *-a*. Several parts of the body have the same irregularity: *il ciglio, le ciglia* (eyelash/es); *il sopracciglio, le sopracciglia* (eyebrow/s); *il labbro, le labbra* (lip/s); *il ginocchio, le ginocchia* (knee/s).

21. *La temperatura*: temperature is measured in degrees Centigrade; 37° is the normal body temperature.

25. *La pastiglia*, or *pasticca*, is a pill. *Una pillola* and *le pillole* are also used to mean pill, but *la pillola* usually refers to the birth control pill.

31. *Il prodotti omeopatici,* homeopathic products, are very popular in Italy and are sold in pharmacies.

C. GRAMMAR AND USAGE

1. *Usi particolari del congiuntivo* / Special Uses of the Subjunctive

   The present subjunctive can be used alone in an independent clause to express an exclamation or a strong wish or desire.

   Dio vi benedica! / Che Dio vi benedica!
   May God bless you!

   Che vadano subito dal dottore!
   Make sure that they go to the doctor's right away!

The imperfect subjunctive in independent clauses is used to express regret or wishes that are contrary to reality.

Magari stessi bene!
I wish I were well!

Venisse a visitarmi a casa il dottore!
If only the doctor came to examine me at home!

Almeno non avessi la febbre!
If only I didn't have a fever!

2. *La frase ipotetica* / The "If" Clause

The *frase ipotetica* (the "if" clause) is used to communicate hypotheses and their consequences. It is made up of two parts: the dependent clause introduced by *se* (if), which expresses the condition, and the independent clause, which states the consequences.

Se mangio qualcosa di dolce, il male diventa insopportabile.
If I eat anything sweet, the pain becomes unbearable.

Se Lei stesse avendo un infarto, avrebbe un forte dolore.
If you were having a heart attack, you would be in serious pain.

Se avesse preso questo prodotto ai primi sintomi, adesso non starebbe così male.
If you'd taken this product at the first symptoms, you wouldn't feel so sick now.

The tense and the mood of verbs in hypothetical sentences depend on whether the situation is real or likely to occur, possible, or impossible. When real or likely situations are described, the *se* clause is always in the indicative mood, and the results clause is in the indicative or the imperative.

Condition / "If" Clause	Consequence
se + present	present
future	imperative
se + future	future
	imperative
se + present perfect	present
past absolute	future
imperfect	imperfect
	present perfect
	past absolute
	imperative

Se mia moglie ritorna a casa ora, mi farò accompagnare dal dentista.
> If my wife returns now, I'll have her take me to the dentist's.

Se stai male, va' dal dottore!
> If you don't feel well, go to the doctor's!

Se lui è andato dal dottore un'ora fa, starà ancora aspettando in sala d'aspetto.
> If he went to the doctor's an hour ago, he'll still be waiting in the waiting room.

When the "if" clause describes situations that are probable (likely or not likely to happen), the imperfect subjunctive (*congiuntivo imperfetto*) is used in the *se* clause, and the conditional (*condizionale*) in the main clause.

Condition ("If" Clause)	Consequence
se + imperfect subjunctive	present conditional
	past conditional

Sarebbe meglio se tu andassi dal medico più spesso.
> It would be better if you went to the doctor's more often.

Se lei stesse bene, non sarebbe andata dal medico.
> If she were fine, she wouldn't have gone to the doctor's.

Se si mangiassero cibi più sani, ci si ammalerebbe di meno.
> If people ate healthier food, they would get sick less.

When the "if" clause describes situations that are impossible (contrary to fact), the past perfect subjunctive (*congiuntivo trapassato*) is used in the *se* clause, and the present or past conditional (*condizionale presente o passato*) is used in the main clause.

Condition ("If" Clause)	Consequence
se + past perfect subjunctive	present conditional
	past conditional

Se il bambino non avesse mangiato così tante caramelle, ora non avrebbe tutte quelle carie.
> If the child hadn't eaten all those candies, he wouldn't have all those cavities now.

Se lui fosse arrivato all'ospedale in tempo, non sarebbe morto.
> If he had arrived at the hospital in time, he wouldn't have died.

Se avessero preso quella medicina, ora starebbero già meglio.
> If they had taken that medicine, they would already feel better now.

In Italian, unlike English, *se* can be omitted at times.

Fossero più sani, viaggerebbero di più.
> If they were healthier, they would travel more.

Note that the order of the clauses is interchangeable in Italian, just as in English.

Andrei fuori a cena, se non mi facesse male un dente.
> I would go out to dinner, if one of my teeth didn't hurt.

Se non mi facesse male un dente, andrei fuori a cena.
> If one of my teeth didn't hurt, I would go out to dinner.

In spoken Italian the imperfect indicative often replaces both the past perfect subjunctive in the "if" clause, and the past conditional in the main clause.

Se fosse andato dal dentista prima, non si sarebbe dovuto far togliere il dente.

Se andava dal dentista prima, non si doveva fare togliere il dente.
> If he had gone to the dentist's sooner, he wouldn't have had to have his tooth pulled out.

3. *Altri usi di se* / Other Uses of *se*

Se is also used with the meaning of "whether."

Non so se il dottore oggi è nel suo studio.
> I don't know whether the doctor is in his office today.

Se + the imperfect subjunctive can also be used to make a suggestion. This construction translates into English as "What if . . ." or "How about . . ."

Marco sta male. Se lo portassimo dal dottore?
> Marco is not well. What if we took him to the doctor's?

E se prendeste un appuntamento dal dentista per un controllo?
> How about (your) making an appointment at the dentist's for a checkup?

Se followed by the imperfect or past perfect subjunctive expresses regret, as in the English "if only . . ."

Se non fossi malato!
> If only I weren't sick!

Se fossero andati prima dal dottore!
> If only they had gone to the doctor's sooner!

EXERCISES

A. Rewrite the sentences, following the example.

Esempio: Se prendi la medicina, ti sentirai meglio.
Se tu prendessi la medicina, ti sentiresti meglio.

1. *Se vai dal dottore, ti darà una medicina per l'insonnia.*

2. *Se mangi di meno, dimagrisci.*

3. *Se vai dal dentista regolarmente, avrai meno problemi ai denti.*

4. *Se prendi questa medicina omeopatica, ti aiuterà.*

5. *Se sto male, vado dal dottore.*

6. *Se hai mal di denti, devi andare dal dentista.*

7. *Se mangi bene, rimani sano.*

8. *Se il farmacista mi consiglia una medicina, la prendo.*

B. Choosing from the following verbs, fill in the blanks
   with the subjunctive or the conditional.

ammalarsi   arrivare   avere   fare

finire   mangiare   prendere   respirare

1. *Saremmo andati in Italia, se mia madre non*
   _____.

2. *Se tu _____ il lavoro, potremmo andare al
   cinema stasera.*

3. *Se _____ all'ospedale in tempo, non
   sarebbe morto.*

4. *Se fosse stato più attento in passato, non
   _____ bisogno di stare a dieta.*

5. *Se _____ le medicine, starebbe
   meglio.*

6. *Io _____ di più, se non avessi paura
   di ingrassare.*

7. *Se lei non _____ esercizio regolarmente, sarebbe molto più grassa.*

8. *Se non avesse fumato così tanto da giovane, ora
   _____ meglio.*

C. Fill in the blanks, using the imperfect or past perfect
   subjunctive, and the present or past conditional as
   appropriate.

1. *Se lui _____ (fare) esercizio da giovane, adesso non _____ (avere) problemi di
   cuore.*

2. *Se noi _____ (mangiare) di più,
   _____ (essere) grassi.*

3. *Se tu _____ (studiare) di più,
   _____ (finire) già l'università.*

4. *Noi _____ (venire) a trovarti oggi, se
   non _____ (stare) male la notte scorsa.*

5. *Se noi non lo _____ (portare) al
   pronto soccorso ieri sera, lui _____
   (perdere) il braccio.*

6. *Se loro _____ (studiare) medicina, ora _____ (avere) una professione
   interessante.*

7. *Maria _____ (potere) diventare dentista, se suo padre non _____ (perdere)
   il lavoro.*

8. *Stasera noi _____ (stare) fuori fino a
   tardi, se non _____ (essere) così stanchi.*

D. Translate the following sentences into Italian.

   1. If I were you, I would go and see a doctor.

   2. I wish I were rich!

   3. If you go out tonight, tomorrow you'll be tired.

   4. If we had money, we could buy a house in Tuscany.

   5. I want to know whether I'm really sick or not.

   6. If only they knew what they missed!

ANSWER KEY

A. 1. *Se tu andassi dal dottore, ti darebbe una medicina
per l'insonnia.* 2. *Se tu mangiassi di meno, dimagri-
resti.* 3. *Se tu andassi dal dentista regolarmente, avresti
meno problemi ai denti.* 4. *Se tu prendessi questa
medicina omeopatica, ti aiuterebbe.* 5. *Se io stessi
male, andrei dal dottore.* 6. *Se tu avessi mal di denti,
dovresti andare dal dentista.* 7. *Se tu mangiassi bene,
rimarresti sano.* 8. *Se il farmacista mi consigliasse una
medicina, la prenderei.*

B. 1. *Saremmo andati in Italia, se mia madre non si fosse
ammalata.* 2. *Se tu finissi il lavoro, potremmo andare
al cinema stasera.* 3. *Se fosse arrivato all'ospedale in
tempo, non sarebbe morto.* 4. *Se fosse stato più attento
in passato, non avrebbe bisogno di stare a dieta.* 5. *Se
prendesse / avesse preso le medicine, starebbe meglio.*
6. *Io mangerei di più, se non avessi paura di ingrassare.* 7. *Se lei non facesse esercizio regolarmente,
sarebbe molto più grassa.* 8. *Se non avesse fumato così
tanto da giovane, ora respirerebbe meglio.*

C. 1. *Se lui avesse fatto esercizio da giovane, adesso non
avrebbe problemi di cuore.* 2. *Se noi mangiassimo di
più, saremmo grassi.* 3. *Se tu avessi studiato di più,
avresti già finito l'università.* 4. *Noi verremmo /
saremmo venuti a trovarti oggi, se non fossimo stati
male la notte scorsa.* 5. *Se noi non lo avessimo portato
al pronto soccorso ieri sera, lui avrebbe perso il
braccio.* 6. *Se loro avessero studiato medicina, ora
avrebbero una professione interessante.* 7. *Maria
potrebbe / sarebbe potuta diventare dentista, se suo
padre non avesse perso il lavoro.* 8. *Stasera noi
staremmo fuori fino a tardi, se non fossimo così
stanchi.*

D. 1. *Se fossi in te, andrei a vedere un dottore.* 2. *Magari fossi ricco/a!* 3. *Se esci stasera, domani sarai stanco/a.* 4. *Se avessimo soldi, potremmo comprare una casa in Toscana.* 5. *Voglio sapere se sono veramente malato/a o no.* 6. *Se sapessero quello che hanno perso!*

LESSON 20

UNA DISCUSSIONE POLITICA
A POLITICAL DISCUSSION

A. DIALOGUE

*Maria Teresa e Susanna sono due studentesse universitarie
e oggi si incontrano in un bar per mangiare qualcosa prima
di andare a lezione.*
Maria Teresa and Susanna are two university students, and
today they meet in a café to eat something before going to
class.

1. Maria Teresa: **Domani dovremo stare a casa perché non ci sarà lezione.**
Tomorrow we'll have to stay home because there
aren't going to be any classes.

2. Susanna: **E perché non c'è lezione?**
And why are there no classes?

3. Maria Teresa: **Non hai sentito? Domani ci sarà uno
sciopero generale! Gli autobus saranno fermi
dalle otto alle dodici, i negozi non apriranno fino
al pomeriggio, e anche l'università e tutte le
scuole staranno chiuse. La città sarà completamente bloccata.**
You haven't heard? Tomorrow there'll be a general
strike. The buses won't be running between eight
and twelve, the stores won't open until the afternoon, and the university and all the schools will be
closed too. The city will be at a complete standstill.

4. Susanna: **Che bello, potrò stare a letto fino a
tardi!**
Great, I'll be able to stay in bed late!

5. Maria Teresa: **Ma come, non scendi in piazza a manifestare? Io ci andrò senz'altro.**
What do you mean, you aren't coming downtown to protest? I'll definitely be there.

6. Susanna: **E per che cosa si protesta?**
And what are people protesting about?

7. Maria Teresa: **Innanzi tutto per il carovita, però tutte le categorie hanno dei motivi particolari per cui protestare. Noi studenti vogliamo protestare perché le tasse universitarie sono troppo alte.**
First of all, the high cost of living, but each group has a particular reason to protest. We students want to protest because university tuition is too high.

8. Susanna: **Ma è assurdo! Paghiamo meno di duemila euro all'anno. Se pensi a quanto pagano gli studenti americani per andare all'università, quello che paghiamo noi è una cifra veramente ridicola.**
But it's absurd! We pay less than two thousand euros a year. If you think about how much American students pay to go to college, what we pay is really a ridiculous amount.

9. Maria Teresa: **L'America è l'America, e qui siamo in Italia, e l'università italiana dovrebbe essere aperta e gratuita per tutti.**
America is America, and here we are in Italy, and the Italian university should be open and free to all.

10. Susanna: **Maria Teresa, quanto hai speso per comprare quei pantaloni di pelle che avevi la scorsa settimana? Quattrocentosettanta euro, se ricordo bene. Sei disposta a spendere tutti quei soldi per un paio di pantaloni, ma per il tuo futuro non vuoi pagare nulla.**

Maria Teresa, how much did you pay to buy those leather pants you were wearing last week? Four hundred seventy euros, if I remember correctly. You are willing to spend all that money for a pair of pants, but for your future you don't want to pay anything.

11. Maria Teresa: **Ma noi paghiamo già fior di quattrini per l'istruzione. Pensa a quanto sono alte le nostre tasse in confronto, per esempio, all'America, il paese che ti piace prendere come modello. Paghiamo tasse alte per avere dei servizi sociali efficienti. Invece finisce che paghiamo le tasse e i servizi che ci offrono fanno schifo!**
But we already pay tons of money for education. Think about how high our taxes are compared to, for example, America, the country you like to take as a model. We pay high taxes in order to have efficient social services. Instead, we end up paying taxes, and the services we get are awful!

12. Susanna: **Su questo sono già più d'accordo. L'università potrebbe essere organizzata meglio. Le classi potrebbero essere meno affollate e gli studenti dovrebbero avere più opportunità di organizzare i loro studi secondo i loro interessi individuali.**
On this I can agree with you. The university could be organized better. Classes could be less crowded, and students should have more opportunities to organize their studies according to their individual interests.

13. Maria Teresa: **Allora vieni anche tu in piazza a protestare! L'importante è fare vedere che non siamo soddisfatti di come vanno le cose e che è necessario che il governo cominci a rivedere tutto il sistema.**

Then come downtown to protest! The important
thing is to show that we're not satisfied with how
things are, and that it's necessary that the government begin to re-examine the whole system.

14. Susanna: **Ci penserò, anche se ancora non sono
molto convinta che questo sciopero sia giustificato.**
I'll think about it, even though I'm still not convinced that this strike is justified.

*Più tardi Maria Teresa è a casa e parla al telefono con
Andrea, il suo ragazzo.*
Later Maria Teresa is at home and is speaking on the phone
with Andrea, her boyfriend.

15. Maria Teresa: **Andrea, oggi ho parlato con
Susanna e mi ha detto che non sapeva che domani
ci sarebbe stato uno sciopero.**
Andrea, today I spoke to Susanna, and she told me
she didn't know there was a strike tomorrow.

16. Andrea: **Ma è proprio fuori dal mondo. La TV e i
giornali non parlano d'altro da una settimana. E
cos'altro ha detto? Verrà in piazza a manifestare?**
She's really out of it. The TV and newspapers haven't
spoken about anything else for a week. And what else
did she say? Will she come downtown to protest?

17. Maria Teresa: **Non sono sicura. Prima ha detto che
l'importo delle tasse universitarie non era affatto
alto.**
I'm not sure. First she said the tuition amount was
not high at all.

18. Andrea: **Per forza, suo padre ha un sacco di soldi!**
I bet her father has a load of money!

19. Maria Teresa: **E ha accusato me di spendere soldi in cose inutili e di non voler spendere per la mia istruzione.**
And she accused me of spending a lot of money on useless things and of not wanting to spend money for my education.

20. Andrea: **E cos'altro ha detto? Quando la vedo voglio proprio fare una bella litigata con lei!**
And what else did she say? When I see her I really want to give her a piece of my mind!

21. Maria Teresa: **Ma no, forse l'ho convinta. Alla fine ha ammesso che l'università avrebbe potuto essere organizzata meglio e che le classi avrebbero potuto essere meno affollate.**
But no, maybe I convinced her. In the end she admitted that the university could be organized better, and that classes could be less crowded.

22. Andrea: **Meno male, stavo già prendendo in considerazione l'idea di tagliare i ponti con lei. Ma alla fine cos'ha deciso di fare, viene o non viene in piazza?**
Good thing! I was already considering the idea of breaking my friendship with her. So, in the end, what did she decide to do? Is she coming downtown or not?

23. Maria Teresa: **Ha detto che ci avrebbe pensato, perché non era molto convinta che lo sciopero fosse giustificato.**
She said she would think about it, because she was not convinced that the strike was justified.

24. Andrea: **Beh, speriamo che faccia la scelta giusta. Le sono affezionato, e mi dispiacerebbe molto dovere rompere un'amicizia per motivi politici.**

Well, let's hope she makes the right choice. I care about her, and I would be very sorry to have to break a friendship for political reasons.

25. Maria Teresa: **Adesso sei tu che stai esagerando. Non si rompono le amicizie per questi motivi. Ognuno è libero di avere le sue idee. L'impor- tante è continuare a discutere delle cose a cui teniamo, ma sempre rispettando le idee altrui.**
Now you're the one who's exaggerating. You don't break a friendship for reasons like this. Everyone is free to have his or her own ideas. The important thing is to keep discussing the things we care about, while always respecting other people's ideas.

26. Andrea: **Lo so che hai ragione, ma per me è molto difficile accettare idee diverse dalle mie, soprattutto quando si tratta di cose che sono molto importanti per me. Allora, mia cara, tro- viamoci domani alle otto per andare alla mani- festazione.**
I know you're right, but I find it really difficult to accept ideas different from mine, especially when we talk about things that are very important to me. So, my dear, let's meet tomorrow at eight to go to the demonstration.

B. NOTES

7. Because most Italian universities are public, tuition is considered a tax.

11. *Fior di quattrini* is an idiomatic expression that means "a lot of money." *Un quattrino* was an old coin, but now the word *quattrini* is use to indicate money in general.

22. *Tagliare i ponti con qualcuno* literally means "to cut bridges" with someone, thus "to break up a relationship."

24. *Essere affezionato a qualcuno* means to care about someone.

25. *Tenere a qualcuno / a qualcosa* means to care about someone or something. *A* + object is replaced by the pronoun *ci*. *Ci tengo molto*, "I care a lot about it."

C. GRAMMAR AND USAGE

1. *Il discorso indiretto* / Indirect Discourse

While direct discourse reports a person's speech word for word, indirect discourse (also known as reported speech) reports speech indirectly. Indirect discourse is usually introduced by verbs such as *dire* (to say), *domandare* (to ask), *affermare* (to affirm), *dichiarare* (to declare), *esclamare* (to exclaim), *chiedere* (to ask), *rispondere* (to answer), etc. Compare the two types of discourse:

Direct Discourse:

Maria Teresa dice: "Domani non c'è lezione".
Maria Teresa says: "Tomorrow there's no class."

Indirect Discourse:

Maria Teresa dice che domani non c'è lezione.
Maria Teresa says that tomorrow there's no class.

When changing from direct to the indirect discourse, the tense of the verbs in the indirect discourse remains the same if the verb of "saying" that introduces the indirect discourse is in the present or future tense.

Susanna dice: "Non so se lo sciopero è giustificato".
Susanna says: "I don't know if the strike is justified."

Susanna dice che non sa se lo sciopero è giustificato.
Susanna says that she doesn't know whether the strike is justified.

However, when the verb of "saying" introducing the indirect discourse is in a past tense, including the present perfect (*passato prossimo*), the past absolute (*passato remoto*), the imperfect (*imperfetto*), and the past perfect (*trapassato*), the verb in the indirect discourse changes according to the following chart.

Direct Discourse	Indirect Discourse
present (indicative or subjunctive)	imperfect (indicative or subjunctive)
imperfect (indicative or subjunctive)	imperfect (indicative or subjunctive)
present perfect / absolute past	past perfect indicative
past perfect (indicative or subjunctive)	past perfect (indicative or subjunctive)
future (simple or anterior)	past conditional
conditional (present or past)	past conditional
imperative	*di* + infinitive
	che + imperfect subjunctive
past subjunctive	past perfect subjunctive

Susanna ha detto: "Lo sciopero è assurdo".
Susanna said: "The strike is absurd."

Susanna ha detto che lo sciopero era assurdo.
Susanna said that the strike was absurd.

Maria Teresa ha detto: "Domani ci sarà uno sciopero generale".

Maria Teresa said: "Tomorrow there'll be a general strike."

Maria Teresa ha detto che il giorno seguente ci sarebbe stato uno sciopero generale.

Maria Teresa said that the next day there'd be a general strike.

Maria Teresa ha detto a Susanna: "Vieni anche tu in piazza a protestare".

Maria Teresa said to Susanna: "Come downtown to demonstrate."

Maria Teresa ha detto a Susanna di andare anche lei in piazza a protestare / che andasse anche lei in piazza a protestare.

Maria Teresa said to Susanna that she too should go downtown to demonstrate.

Susanna ha detto: "L'università potrebbe essere organizzata meglio".

Susanna said: "The university could be better organized."

Susanna ha detto che l'università avrebbe potuto essere organizzata meglio.

Susanna said that the university could have been better organized.

When a hypothetical sentence of any kind is related in an indirect discourse, the past subjunctive is always used in the *se* clause, and the past conditional is used in the main clause.

Andrea ha detto: "Se Susanna non viene a protestare, non sarà più mia amica".

Andrea said: "If Susanna doesn't come to demonstrate, she won't be my friend anymore."

Andrea ha detto che se Susanna non fosse andata a protestare non sarebbe più stata sua amica.
Andrea said that if Susanna weren't going to demonstrate, she wouldn't be his friend anymore.

2. *I pronomi nel discorso indiretto* / Pronouns in Indirect Discourse

As in English, in the change from direct to indirect discourse, first and second person subject pronouns and possessive adjectives change to the third person.

Direct Discourse	Indirect Discourse
io, tu	*lui / lei*
noi, voi	*loro*
mi, ti (direct objects)	*lo / la*
mi, ti (indirect objects)	*gli / le*
ci, vi (direct objects)	*li / le*
ci, vi (indirect objects)	*gli / loro*
mio, tuo	*suo*
nostro, vostro	*loro*

Maria Teresa ha detto: "La mia amica Susanna mi fa spesso arrabbiare".
Maria Teresa said: "My friend Susanna often makes me mad."

Maria Teresa ha detto che la sua amica Susanna la fa spesso arrabbiare.
Maria Teresa said that her friend Susanna often makes her mad.

3. *Altri cambiamenti nel discorso indiretto* / Other Changes In Indirect Discourse

Other changes that occur when shifting from direct to indirect discourse are the following:

Direct Discourse	Indirect Discourse
questo	*quello*
qui (qua)	*lì (là)*
oggi	*quel giorno*
ieri	*il giorno prima*
domani	*il giorno dopo*
domani mattina	*l'indomani mattina*
poco fa	*poco prima*
l'anno scorso	*l'anno precedente*
l'anno prossimo	*l'anno seguente / successivo / dopo*
sabato scorso	*il sabato prima*
sabato prossimo	*il sabato seguente / successivo / dopo*
fra / tra	*dopo*
fra / tra poco	*poco dopo*

Hanno detto: "Domani andremo in piazza a protestare".
They said: "Tomorrow we'll go downtown to protest."

Hanno detto che il giorno dopo sarebbero andati in piazza a protestare.
They said that they would go downtown the next day to protest.

EXERCISES

A. Change the following sentences from direct to indirect discourse.

1. *Maria ha detto: "Non voglio andare a lezione domani".*

2. *I ragazzi hanno urlato a Giulio: "Non tirare la palla così".*

3. *Il professore ha detto: "Domani non ci sarà lezione".*

4. *Maria Teresa ha detto: "Le tasse universitarie non dovrebbero essere così alte".*

5. *Mirella ha detto: "Ieri non sono andata in centro perché c'era sciopero degli autobus".*

6. *Luigi ha detto: "Penso che sia giusto protestare".*

7. *Giorgio ha detto: "Se domani c'è sciopero andrò a lavorare lo stesso".*

8. *Marina ha detto a Pietro: "Vieni a cena da me domani".*

B. Change the following dialogue into indirect discourse. Add any expression that you consider necessary.

Ieri Tonino e Marcello si sono incontrati al bar.

Tonino: Marcello, vuoi venire al cinema con me?

Marcello: Volentieri, ma a che ora ci vai?

Tonino: C'è uno spettacolo alle otto e uno alle dieci. Per me vanno bene entrambi.

Marcello: Io preferirei andare alle otto. Domani mattina devo alzarmi presto perché ho un appuntamento.

Tonino: Vuoi mangiare una pizza prima di andare al cinema?

Marcello: Va bene. Chi paga?

Tonino: Non preoccuparti, pagherò io.

C. Change the following passage from indirect to direct discourse.

Ieri Maria Teresa ha annunciato che il giorno dopo non ci sarebbe stata lezione a causa di uno sciopero. Ha chiesto a Susanna se sarebbe andata con lei in piazza a protestare. Susanna ha risposto che non era sicura perché non era completamente d'accordo con le ragioni per lo sciopero. Maria Teresa le ha detto di pensarci bene perché c'erano molte cose che non funzionavano con l'università e che era importante che tutti gli studenti protestassero.

D. Translate the following sentences into Italian.

1. She said she would buy a new car soon.

2. He told his students to take their notebooks ("the notebook") out and begin to write an essay.

3. They announced that they would get married the next summer.

4. We told our kids we would give them money for a vacation if they passed all their exams.

5. You always tell me to do my homework.

6. They asked me if I had read about the strike.

7. They declared they were tired of that job and they were quitting.

8. The director told them they would have a hard time finding another job.

ANSWER KEY

A. 1. *Maria ha detto che non voleva andare a lezione il giorno dopo.* 2. *I ragazzi hanno urlato a Giulio di non tirare la palla così.* 3. *Il professore ha detto che il giorno dopo non ci sarebbe stata lezione.* 4. *Maria Teresa ha detto che le tasse universitarie non sarebbero dovute essere così alte.* 5. *Mirella ha detto che il giorno prima non era andata in centro perché c'era sciopero degli autobus.* 6. *Luigi ha detto che pensava che fosse giusto protestare.* 7. *Giorgio ha detto che se il giorno dopo ci fosse stato sciopero sarebbe andato a lavorare lo stesso.* 8. *Marina ha detto a Pietro di andare a cena da lei il giorno dopo.*

B. *Tonino ha chiesto a Marcello se voleva andare al cinema con lui.*

Marcello ha risposto che ci sarebbe andato volentieri, ma ha chiesto a che ora ci andava.

Tonino ha risposto che c'era uno spettacolo alle otto e uno alle dieci, e che per lui andavano bene entrambi.

Marcello ha detto che lui avrebbe preferito andare alle otto perché la mattina dopo doveva alzarsi presto perché aveva un appuntamento.

Tonino gli ha chiesto se voleva mangiare una pizza prima di andare al cinema.

Marcello ha risposto che andava bene e ha chiesto chi pagava.

Tonino gli ha detto di non preoccuparsi perché avrebbe pagato lui.

C. *Ieri Maria Teresa ha annunciato: "Domani non ci sarà lezione a causa di uno sciopero". Ha chiesto a Susanna: "Verrai con me in piazza a protestare?"*

Susanna ha risposto: "Non sono sicura perché non sono completamente d'accordo con le ragioni per lo sciopero". Maria Teresa le ha detto: "Pensaci bene perché ci sono molte cose che non funzionano con l'università ed è importante che tutti gli studenti protestino".

D. 1. *Ha detto che avrebbe comprato una macchina nuova presto.* 2. *Ha detto ai suoi studenti di prendere il quaderno e di cominciare a scrivere un tema.* 3. *Hanno annunciato che si sarebbero sposati l'estate dopo.* 4. *Abbiamo detto ai nostri figli che gli avremmo dato dei soldi per una vacanza se avessero superato tutti i loro esami.* 5. *Mi dici sempre di fare i compiti.* 6. *Mi hanno chiesto se avevo letto qualcosa sullo sciopero / letto dello sciopero.* 7. *Hanno dichiarato che erano stanchi di quel lavoro e che si dimettevano.* 8. *Il direttore gli ha detto che avrebbero avuto delle difficoltà a trovare un altro lavoro.*

NUMBERS

CARDINAL

1 *uno*	21 *ventuno*	200 *duecento*
2 *due*	22 *ventidue*	300 *trecento*
3 *tre*	23 *ventitrè*	400 *quattrocento*
4 *quattro*	24 *ventiquattro*	500 *cinquecento*
5 *cinque*	25 *venticinque*	600 *seicento*
6 *sei*	26 *ventisei*	700 *settecento*
7 *sette*	27 *ventisette*	800 *ottocento*
8 *otto*	28 *ventotto*	900 *novecento*
9 *nove*	29 *ventinove*	1000 *mille*
10 *dieci*	30 *trenta*	2000 *duemila*
11 *undici*	40 *quaranta*	3000 *tremila*
12 *dodici*	50 *cinquanta*	4000 *quattromila*
13 *tredici*	60 *sessanta*	10,000 *diecimila*
14 *quattordici*	70 *settanta*	100,000 *centomila*
15 *quindici*	80 *ottanta*	1,000,000 *un milione*
16 *sedici*	90 *novanta*	1,000,000,000 *un miliardo*
17 *diciassette*	100 *cento*	
18 *diciotto*	101 *centouno*	
19 *diciannove*	102 *centodue*	
20 *venti*	103 *centotrè*	

ORDINAL

1st *primo*	7th *settimo*	13th *tredicesimo*
2nd *secondo*	8th *ottavo*	14th *quattordicesimo*
3rd *terzo*	9th *nono*	15th *quindicesimo*
4th *quarto*	10th *decimo*	16th *sedicesimo*
5th *quinto*	11th *undicesimo*	17th *diciassettesimo*
6th *sesto*	12th *dodicesimo*	18th *diciottesimo*

19th	*diciannovesimo*	50th	*cinquantesimo*
20th	*ventesimo*	100th	*centesimo*
30th	*trentesimo*	1000th	*millesimo*
40th	*quarantesimo*		

SUMMARY OF ITALIAN GRAMMAR

1. ALPHABET

LETTER	NAME	LETTER	NAME	LETTER	NAME
a	*a*	h	*acca*	q	*qu*
b	*bi*	i	*i*	r	*erre*
c	*ci*	l	*elle*	s	*esse*
d	*di*	m	*emme*	t	*ti*
e	*e*	n	*enne*	u	*u*
f	*effe*	o	*o*	v	*vu/vi*
g	*gi*	p	*pi*	z	*zeta*

2. PRONUNCIATION

SIMPLE VOWELS

a	as in *ah* or *father*
e	as in *day, ace*
i	as in *machine, police*
o	as in *no, note*
u	as in *rule*

VOWEL COMBINATIONS

ai	ai in *aisle*
au	ou in *out*
ei	ay-ee
eu	ay-oo
ia	ya in *yard*
ie	ye in *yes*
io	yo in *yoke*
iu	you
oi	oy in *boy*

ua	wah
ue	way
ui	oo-ee
uo	oo-oh

CONSONANTS

h	is never pronounced
ll	When two consonants occur in
mm	the middle of a word, they are
	both pronounced.
nn	Notice the difference between
	the following:
rr	*caro,* dear, *carro,* truck
ss	*casa,* house, *cassa,* case
	pala, shovel, *palla,* ball

SPECIAL ITALIAN SOUNDS

1. *ci, ce* is pronounced like the English *ch* in *chair:*

cacciatore   hunter

2. *ch* before *e* and *i* is pronounced like the English *k* in *key:*

chitarra   guitar

3. *gi, ge* is pronounced like *j* in *jail:*

generoso   generous

4. *gh* before *e* and *i* is pronounced like the English *g* in *gate:*

ghirlanda   garland

5. *gli.* The closest English approximation is the combination *lli* as in *million:*

figlio   son   *paglia*   straw

6. *gn* is always pronounced as one letter, somewhat like the English *ni* in *onion* or *ny* in *canyon:*

segno	sign	*Spagna*	Spain

7. *sc* before *e* and *i* is pronounced like the English *sh* in *shoe:*

scendere	(to) descend	*sciroppo*	syrup

8. *sc* before *a, o,* and *u* is pronounced like the English *sk* in *sky:*

scuola	school	*scarpa*	shoe

3. STRESS

1. Words of two syllables are generally stressed on the first syllable, unless the other one bears an accent mark:

matita	pencil	*città*	city
penna	pen	*virtù*	virtue
meta	goal	*metà*	half

2. Words of more than two syllables are generally stressed either on the syllable before the last, or on the syllable before that:

ancora	more	*ancora*	anchor
dolore	grief	*amore*	love
scatola	box	*automobile*	car

4. USE OF THE DEFINITE ARTICLE

il, l', and *lo* (masc. sing.)   *la* and *l'* (fem. sing.)
i and *gli* (masc. pl.)   *le* (fem. pl.)

There are many instances in which Italian uses a definite article where no article is used in English:

Il tempo è denaro.	Time is money.
La vita è piena di guai.	Life is full of troubles.
I lupi sono feroci.	Wolves are ferocious.
I cani sono fedeli.	Dogs are faithful.
L'oro è un metallo prezioso.	Gold is a precious metal.
Il ferro è duro.	Iron is hard.
Gli affari sono affari.	Business is business.
La necessità non conosce legge.	Necessity knows no law.

Remember that in Italian you generally find the definite article in front of a possessive adjective or pronoun:

Il mio libro è nero, il tuo rosso. My book is black, yours red.

But with nouns indicating a family member in the singular, no article is used with the possessive adjective:

mio padre	my father
tuo fratello	your brother
nostro zio	our uncle

When *loro* (their or your) is used or when the relationship noun is modified, the definite article precedes the possessive:

la loro mamma	their mother
il mio padre generoso	my generous father

In expressions like the following, Italian uses the definite article:

tre volte la settimana three times a week
due euro al kilo two euros a kilo

The definite article is used when talking about parts of the human body.

Il signore ha il naso lungo. The gentleman has a long nose.

The definite article is always used with expressions of time:

Sono le due. It is two o'clock.

With some geographical expressions:

L'Europa è un continente. Europe is a continent.
La Toscana è bella. Toscany is beautiful.

5. USE OF THE INDEFINITE ARTICLE

Un, uno, una, un'

Italian uses no indefinite article in cases like the following ones:

Io sono maestro. I am a teacher.
Che donna! What a woman!
mezzo chilo half a kilo
cento uomini a hundred men

6. THE PLURAL

There is no special plural form for:

1. Nouns with a written accent on the last vowel:
la città the city
le città the cities

il caffè	the coffee
i caffè	the coffees

2. Nouns ending in *i* in the singular, and almost all the nouns in *ie:*

il brindisi	the toast
i brindisi	the toasts
la crisi	the crisis
le crisi	the crises
la superficie	the surface
le superficie	the surfaces

3. Nouns ending in a consonant:

il bar	the bar
i bar	the bars
il computer	the computer
i computer	the computers

7. THE PARTITIVE

1. The partitive can be expressed in Italian in several ways:

a. With the preposition *di* + a form of the definite article *il, lo, la:*

Io mangio del pane.	I eat some (of the) bread.
Io mangio della carne.	I eat some meat.
Io prendo dello zucchero.	I take some sugar.
Io leggo dei libri.	I read some books.
Io scrivo degli esercizi.	I write some exercises.
Io compro delle sedie.	I buy some chairs.

b. By using *qualche* (only with singular nouns):

Io scrivo qualche lettera.	I write a few letters.
Io leggo qualche giornale.	I read a few (some) newspapers.

c. By using *alcuni, alcune* (only in the plural):

Io ho alcuni amici.	I have a few friends.
Io scrivo alcune poesie.	I write a few poems.

d. By using *un po' di:*

Io prendo un po' di zucchero.	I'll take some sugar.

2. In some cases, especially if the sentence is negative, Italian does not use any partitive at all:

Io non mangio cipolle.	I don't eat onions.

8. ADJECTIVES

1. Most singular adjectives end in *-o* for the masculine and *-a* for the feminine:

un caro amico	a dear friend *(masc.)*
una cara amica	a dear friend *(fem.)*

2. Most plural adjectives end in *-i* for the masculine and *-e* for the feminine:

cari amici	dear friends *(masc.)*
care amiche	dear friends *(fem.)*

3. Some singular adjectives end in -*e* in the masculine and in the feminine:

un uomo gentile	a kind man
una donna gentile	a kind woman

In the plural these same adjectives end in *i* in both the masculine and the feminine:

uomini gentili	kind men
donne gentili	kind women

9. POSITION OF THE ADJECTIVE

In general, adjectives follow the noun. Some common exceptions are: *buono* (good), *cattivo* (bad), *nuovo* (new), *bello* (beautiful), and *brutto* (ugly).

la musica italiana	Italian music
il libro nero	the black book
una brutta giomata	an awful day
un nuovo libro	a new book

Possessive adjectives, demonstrative adjectives, numerals, and indefinite adjectives generally precede the noun:

il mio amico	my friend
questo libro	this book
due penne	two pens
alcuni signori	a few men

10. COMPARISON

(così) . . . come	as . . . as
tanto . . . quanto	as much/as many . . . as

più . . . di or che	more . . . than
meno . . . di or che	fewer/less . . . than
Il mio appartamento è grande come il tuo.	My apartment is as large as yours.
Luigi legge tanto quanto Paola.	Luigi reads as much as Paola.

After *più* and *meno,* either *di* or *che* can be used, but if the comparison is between two adjectives, or if there is a preposition, only *che* can be used:

Franco è più studioso di Carlo.	Frank is more studious than Charles.
Franco è meno alto di Luca.	Carlo is less tall than Luca.
Giacomo è più studioso che intelligente.	James is more studious than intelligent.
Ci sono meno bambini in campagna che in città.	There are fewer children in the country than in the city.

If the second term of the comparison is expressed by a clause, *di quello che* must be used.

Studia più di quello che tu pensi.	He studies more than you think.

If the second term of the comparison is expressed by a pronoun, the object form is used:

Lui è più alto di me.	He is taller than I.
Io sono meno ricco di te.	I am less rich than you.
Lei è coraggiosa come lui.	She is as brave as he.

SPECIAL USES OF THE COMPARATIVE

Some expressions with the comparative:

ancora del (dello, della, dei, etc.)	more
un po' più di	a little more
altro, -a, -i, -e	more
Voglio ancora del pane.	I want more bread.
Prendo un po' più di carne.	I take a little more meat.
Compriamo altri libri.	We buy more books.
non di più	no more (quantity)
non più	no longer (time)
Volete di più? No, non ne vogliamo di piu.	Do you want more? No, we don't want any more.
Lei non canta più.	She doesn't sing anymore.
Tanto meglio!	Great! (So much the better.)
Tanto peggio!	Too bad! (So much the worse.)

11. RELATIVE SUPERLATIVE

The relative superlative (the most/the least/the . . . -est) is formed by placing the appropriate definite article before *più* or *meno*. Of/in is translated with *di*, whether by itself or combined with the definite article:

Quest'uomo è il più ricco del mondo.	This man is the richest in the world.
Lei è la più famosa delle sorelle.	She is the most famous of the sisters.
Marco è il meno timido di tutti.	Marco is the least timid of all.

The subjunctive often follows the superlative:

È il quadro più bello che io abbia mai visto.	It's the most beautiful painting I have ever seen.

With the superlative of adverbs, the definite article is often omitted, unless *possibile* is added to the adverb:

Parla più chiaramente di tutti.	She speaks the most clearly of all.
Parliamo il più chiaramente possibile.	We're speaking as clearly as possible.

12. ABSOLUTE SUPERLATIVE

1. The absolute superlative is formed by dropping the last vowel of the adjective and adding *-issimo, -issima, -issimi, -issime:*

L'esercizio è facilissimo.   The exercise is very easy.

2. By putting the words *molto, troppo,* or *assai* in front of the adjectives:

La poesia è molto bella.   The poem is very beautiful

3. By using a second adjective of almost the same meaning, or by repeating the adjective:

La casa è piena zeppa di amici.	The house is full of (loaded with) friends.
La macchina è nuova nuova.	The car is brand new.

4. By using *stra-, arci-, sopra-, super-, extra-*:

Il signore è straricco. (or)	The gentleman is
Il signore è arciricco.	loaded with money.
Questa seta è sopraffina.	This silk is extra fine.

13. IRREGULAR COMPARATIVES AND SUPERLATIVES

Some adjectives and adverbs have irregular comparatives and superlatives in addition to the regular forms.

ADJECTIVE	COMPARATIVE	SUPERLATIVE
good	better	the best
buono(a)	*più buono(a)*	*il più buono*
	migliore	*buonissimo(a)*
		ottimo(a)
		il/la migliore
bad	worse	the worst
cattivo(a)	*peggiore*	*il/la peggiore*
	più cattivo(a)	*il/la più cattivo(a)*
		pessimo(a)
		cattivissimo(a)
big/great	bigger/greater	the biggest/ greatest
grande	*maggiore*	*il/la maggiore*
	più grande	*grandissimo(a)*
		il/la più grande
		massimo(a)
small/little	smaller/lesser	the smallest
piccolo(a)	*minore*	*il/la minore*
	più piccolo(a)	*il/la più piccolo(a)*
		piccolissimo(a)
		minimo(a)

ADVERB	COMPARATIVE	SUPERLATIVE
well	better	the best
bene	*meglio*	*il meglio*
badly	worse	the worst
male	*peggio*	*il peggio*

14. DIMINUTIVES AND AUGMENTATIVES

1. The endings *-ino, -ina, -ello, -ella, -etto, -etta, -uccio, -uccia* imply smallness:

gattino	kitty
casetta	small house

2. The endings *-one, -ona, -otta* imply largeness:

stupidone	big fool
donnona	big woman

3. The endings *-ino(a), -uccio(a)* indicate endearment:

tesoruccio	little treasure
boccuccia	sweet little mouth

4. The endings *-accio, -accia, -astro, -astra, -azzo, -azza* indicate depreciation:

parolaccia	curse word
cagnaccio	ugly dog

15. MASCULINE AND FEMININE

Nouns referring to males are masculine; nouns referring to females are feminine:

il padre	the father	*la madre*	the mother
il figlio	the son	*la figlia*	the daughter
l'uomo	the man	*la donna*	the woman

il toro	the bull	*la vacca*	the cow
il gatto	the tomcat	*la gatta*	the female cat

MASCULINE NOUNS

1. Nouns ending in *-o* are usually masculine:

il corpo	the body
il cielo	the sky
il denaro	the money

2. The names of the months and the names of the days (except Sunday) are masculine:

il gennaio scorso	last January
il lunedì	on Mondays

3. The names of lakes and some names of mountains are masculine:

il Garda	Lake Garda
gli Appennini	the Apennines

FEMININE NOUNS

Nouns ending in *-a* are usually feminine:

la testa	the head
la città	the city
la macchina	the car

NOUNS ENDING IN *-E*

Nouns ending in *-e* in the singular may be either masculine or feminine:

la madre	the mother
il padre	the father

la legge   the law
il piede   the foot

NOUNS WITH MASCULINE AND FEMININE FORMS

1. Some masculine nouns ending in *-a, -e, -o,* mostly professions, form their feminine in *-essa:*

il poeta	the poet	*la poetessa*	the poetess
il professore	the professor	*la professoressa*	the (female) professor

2. Masculine nouns ending in *-tore* form their feminine in *-trice:*

l'attore	the actor	*l'attrice*	the actress

16. PLURALS OF NOUNS

1. Nouns ending in *-o,* mostly masculine, form their plural in *-i:*

il bambino	the child	*i bambini*	the children

SOME EXCEPTIONS

A few nouns ending in *-o* are feminine:

la mano	the hand	*le mani*	the hands
la radio	the radio	*le radio*	the radios
la dinamo	the dynamo	*le dinamo*	the dynamos

Some masculine nouns ending in *-o* have two plurals, with different meanings for each plural:

il braccio	the arm
i bracci	the arms (of a stream)
le braccia	the arms (of the body)

2. Nouns ending in -*a,* usually feminine, form their plural in -*e:*

la rosa	the rose	*le rose*	the roses

Masculine nouns ending in -*a* form their plural in -*i:*

il poeta	the poet	*i poeti*	the poets

3. Nouns ending in -*e,* which can be masculine or feminine, form their plural in -*i:*

il nipote	the nephew or grandson	*i nipoti*	the nephews or grandsons
la nipote	the niece or granddaughter	*le nipoti*	the nieces or granddaughters

SPECIAL CASES

1. Nouns ending in -*ca* or -*ga* insert *h* in the plural in order to keep the "k" or "g" sound in the plural:

la barca	the boat	*le barche*	the boats
il monarca	the monarch	*i monarchi*	the monarchs

Exceptions:

un belga	a Belgian	*i belgi*	the Belgians
un amico	a friend	*gli amici*	the friends

2. Nouns ending in -*cia* or -*gia* (with unaccented *i*) form their plural in -*ce* or -*ge* if the *c* or *g* is doubled or is preceded by another consonant:

la spiaggia	the seashore	*le spiagge*	the seashores
la guancia	the cheek	*le guance*	the cheeks

Nouns ending in *-cia* or *-gia* form their plural in *-cie* or *-gie* if the *c* or *g* is preceded by a vowel or if the *i* is accented:

la bugia	the lie	*le bugie*	the lies

3. Nouns ending in *-io* (without an accent on the *i*) have a single *i* in the plural:

il figlio	the son	*i figli*	the sons

If the *i* is accented, the plural has *ii*:

lo zio	the uncle	*gli zii*	the uncles

4. Nouns ending in *-co* or *-go* form their plural in *-chi* or *-ghi* if the accent falls on the syllable before the last:

il fico	the fig	*i fichi*	the figs

Exception:

l'amico	the friend	*gli amici*	the friends

If the accent falls on the second-to-last syllable, the plural is in *-ci* or *-gi*:

il medico	the doctor	*i medici*	the doctors

5. Nouns in the singular with the accent on the last vowel do not change in the plural:

la città	the city	*le città*	the cities

17. DAYS OF THE WEEK

The days of the week (except Sunday) are masculine and are not capitalized unless they begin a sentence. The article is only used when referring to a repeated, habitual event, as in "on Sundays" "on Mondays," etc.

lunedì	Monday
martedì	Tuesday
mercoledì	Wednesday
giovedì	Thursday
venerdì	Friday
sabato	Saturday
domenica	Sunday
Vengo lunedì.	I'm coming on Monday.
Gli andranno a fare visita domenica.	They're going to pay them a visit on Sunday.
La vedo sabato.	I'll see her on Saturday.
La domenica vado in chiesa.	On Sundays I go to church.
Vado a scuola il venerdì.	I go to school on Fridays.

Note: The word *on* is not translated before the days of the week or a date.

il 15 febbraio	on February 15

18. MONTHS OF THE YEAR

The names of the months are masculine and are not capitalized unless they begin a sentence. They are usually used without the definite article:

gennaio	January
febbraio	February

marzo	March
aprile	April
maggio	May
giugno	June
luglio	July
agosto	August
settembre	September
ottobre	October
novembre	November
dicembre	December

19. THE SEASONS

l'inverno (masc.)	winter
la primavera	spring
l'estate (fem.)	summer
l'autunno (masc.)	fall

The names of the seasons are usually not capitalized. They are preceded by the definite article, but after *di* the article may or may not be used:

L'inverno è una brutta stagione.	Winter is an ugly season.
Fa freddo d'inverno.	It's cold in (the) winter.
Io lavoro durante i mesi d'estate (or dell'estate).	I work during the summer months.

20. NUMBERS

The plural of *mille* (thousand) is *mila; duemila,* two thousand; *seimila,* six thousand.

After *milione* the preposition *di* is used:

un milione di soldati	one million soldiers
tre milioni di dollari	three million dollars

In writing a date, give the day first and then the month:

il 5 (cinque) agosto	August 5th
il 10 (dieci) novembre	November 10th

The ordinal numeral is used only for the first of the month:

il primo novembre	November 1st
il tre agosto	August 3rd

21. DEMONSTRATIVES

questo, -a, -i, -e	this, these
quello, -a, -i, -e	that, those

The pronoun "this" is *questo*:

Questo è l'uomo che cerchiamo.	This is the man we are looking for.

Besides the forms of *quello* already given, there are also the forms *quel, quei,* and *quegli.* Here is how they are used:

   1. If the article *il* is used before the noun, use *quel*:

il libro	the book
quel libro	that book

   2. If the word begins with a vowel and the article *l'* is used, then use *quell'*:

l'orologio	the watch
quell'orologio	that watch

   3. If *i* is used before the noun, use *quei*:

i maestri	the teachers
quei maestri	those teachers

4. If *gli* is used before the noun, use *quegli:*

gli studenti	the students
quegli studenti	those students

The same rules apply to *bel, bell', bei, begli,* from *bello, -a, -i, -e,* "beautiful."

22. POSSESSIVE ADJECTIVES

Always use the article in front of a possessive adjective:

il mio denaro	my money
la tua sedia	your chair
la vostra borsa	your pocketbook

Except for members of the family in the singular:

mia madre	my mother

The possessive adjective agrees with the thing possessed and not with the possessor:

la sua casa	(his, her) house

Suo may mean "his" or "her," or, with the polite form, "your." If confusion should arise because of the use of *suo,* use *di lui, di lei,* etc.

23. INDEFINITE ADJECTIVES

1. *qualche* (used only in *sing.*) some
   alcuni (used only in *pl.*) some

qualche lettera	some letters
alcuni dollari	some dollars

2. *qualunque, qualsiasi*   any
   (has no *pl.*)

qualunque mese   any month
qualsiasi ragazzo   any boy

3. *ogni* (has no *pl.*)   every or each
   ciascun, ciascuno,   each or every
   ciascuna (no *pl.*)

Ogni ragazzo parla.   Every boy talks.
Ogni ragazza parla.   Every girl talks.
Diciamo una parola a   Let's say a word
ciascun signore.   to each
    gentleman.

Raccontate tutto a   Tell everything to
ciascuna signora.   each (or every)
    woman.

4. *altro (l'altro), altra, altri,*   other or more
   altre

Mandiamo gli altri libri?   Do we send the
    other books?

Vuole altro denaro?   Do you want
    more money?

5. *nessuno, nessun,*   no, no one
   nessuna

Nessuno zio ha scritto.   No uncle wrote.
Nessun soldato ha paura.   No soldier is afraid.
Nessuna sedia è buona.   No chair is good.

24. INDEFINITE PRONOUNS

1. *alcuni*   some
   alcuni . . . altri   some . . . some

alcuni dei suoi discorsi	some of his speeches
Di questi libri, alcuni sono buoni, altri cattivi.	Of these books, some are good, some bad.

2. *qualcuno* — someone, somebody

Qualcuno è venuto. — Somebody came.

3. *chiunque* (no *fem.*, no *pl.*) — anybody, any one

Chiunque dice così. — Anybody says so.

4. *ognuno* (only *sing.*); *tutti* (only *pl.*) *ciascuno* (only *sing.*); *tutto* — each one, each person; everybody, everyone each or each one; everything

Tutti corrono. — Everybody runs. (All run.)

Ho dato un biscotto ciascuno. — I gave each one a cookie.

5. *l'altro, l'altra, gli altri, le altre, altro* — the other, the others; (in interrogative or negative sentences) else, anything else

un altro — another one

Lui dice una cosa ma l'altro non è d'accordo. — He says one thing, but the other one does not agree.

Volete altro? — Do you want something else?

Non vogliamo altro.	We do not want anything else.

6. *niente, nulla* nothing
nessuno (no *fem.*, no *pl.*) nobody, no one

Niente (nulla) lo consola.	Nothing consoles him.
Nessuno conosce questa regola.	Nobody knows this rule.

25. INTERROGATIVE PRONOUNS AND ADJECTIVES

1. The interrogative pronoun *chi* refers to persons, and corresponds to *who, whom,* or *which,* as illustrated by the three examples following:

Chi vi scrive?	Who writes to you?
Chi vediamo?	Whom do we see?
Chi di noi ha parlato?	Which one of us has talked?

2. *Che, cosa,* or *che cosa* translates as *what:*

Che facciamo?	What are we going to do?
Che cosa leggete?	What are you reading?
Cosa studi?	What do you study [in college]?

3. The two interrogative adjectives *quale* and *che* mean *which, what:*

Quale dei due giornali compra Lei?	Which of the two newspapers do you buy?

Che colore desiderate? What color do you
want?

26. RELATIVE PRONOUNS

chi	he who, him who
che	who, whom, that, which
cui	(used with prepositions)
a cui	to whom
di cui	of whom, of which
in cui	in which

Chi studia impara.	He who studies, learns.
l'uomo che ho visto	the man whom I saw
la donna di cui parlo	the woman of whom I speak
la ragazza a cui parlo	the girl to whom I'm speaking

1. *che* (indeclinable): For masculine, feminine, singular, plural; for persons, animals, things. Do not use this pronoun if there is a preposition.

2. *il quale, la quale, i quali, le quali:* For persons, animals, things, with the same English meanings as *che;* can be used with or without prepositions. When used with prepositions, the contracted forms are used, e.g., *alla quale, dei quali,* etc.

3. *cui* (indeclinable): Masculine, feminine, singular, plural; for persons, animals, things; substitutes for *che* when there is a preposition (*di, a, da, in, con, su, per, fra*).

27. PERSONAL PRONOUNS

Pronouns have different forms depending on whether they are:

1. The subject of a verb
2. The direct object of a verb
3. The indirect object of a verb
4. Used after a preposition
5. Used with reflexive verbs

     a. The subject pronouns are:

SINGULAR

io	I
tu	you *(fam.)*
lui	he
lei	she
Lei	you *(pol.)*
esso	it *(masc.)*
essa	it *(fem.)*

PLURAL

noi	we
voi	you
loro	they
Loro	you *(formal plur.)*

It is not necessary to use subject pronouns as the verb ending indicates who is speaking or being spoken about.

     b. The direct object pronouns are:

mi	me
ti	you *(fam.)*
lo	him, it
la	her, it, you *(pol.)*
ci	us
vi	you
li	them, you
le	them, you

Ci vede.	He sees us.
Lo scrive.	He writes it.

    c. The indirect object pronouns are:

mi	to me
ti	to you *(fam.)*
gli	to him
le	to her
Le	to you *(pol.)*
ci	to us
vi	to you
gli / a loro	to them, to you *(form.)*

Lui mi scrive una lettera.	He is writing me a letter.
Io ti regalo una bambola.	I am giving you a doll.
Noi gli parliamo.	We speak to them.

    d. The pronouns used after a preposition are:

me	me
te	you *(fam.)*
lui	him
lei	her, you *(pol.)*
noi	us
voi	you
loro	them, you *(form.)*

Io verrò con te.	I will come with you.
Lui parla sempre di lei.	He always speaks about her.

    e. The reflexive pronouns are:

mi	myself
ti	yourself *(fam.)*

si	himself, herself, itself, yourself *(pol.)*
ci	ourselves
vi	yourselves
si *(form.)*	themselves, yourselves

Io mi lavo.	I wash myself.
Noi ci alziamo alle nove.	We get up at nine.
Loro si alzano.	They get up.

28. POSITION OF PRONOUNS

1. Pronouns are written as separate words, before the verb, except with the imperative, infinitive, and gerund, where they follow the verbal form and are written as one word with it:

Ditelo.	Say it.
Fatemi un favore.	Do me a favor.
facendolo . . .	doing it . . .
chiamandolo	calling him
per scriverle una lettera	to write her a letter
dopo avermi chiamato	after having called me

2. In the imperative, when the polite form is used, the pronouns are never attached to the verb:

Mi faccia un favore.	Do me a favor.

3. Some verbs of one syllable in the imperative double the initial consonant of the pronoun:

Dimmi una cosa.	Tell me one thing.
Facci una cortesia.	Do us a favor.

4. In the compound infinitive the pronoun is generally attached to the auxiliary:

Credo di averti dato tutto.	I think I gave you everything.

The simple infinitive drops the final *e* before the pronoun:

per leggere un articolo	to read an article
per leggerti un articolo	to read you an article

5. When two object pronouns are used with the same verb, the indirect precedes the direct:

Te lo voglio dire.	I want to tell it to you.

Observe the following changes in the pronouns that occur in this case:

The *i* in *mi, ti, ci, vi, si* changes to *e* before *lo, la, le, li, ne,* while *gli* takes an additional *e* and is written as one word with the following pronoun. *Le* also becomes *glie* before *lo, la, li, le, ne:*

Ce lo dà.	He gives it to us.
Glielo mando a casa.	I send it to him (to her, to you) at home.
Glielo dicono.	They tell it to him (to her, to you, to them).

29. *Ne*

1. Used as a pronoun meaning *of him, of her, of them, of it:*

Parla del mio amico?	Are you talking of my friend?
Sì ne parlo.	Yes, I am talking of him.
Parliamo di questa cosa?	Are we talking of this thing?
Sì, ne parliamo.	Yes, we are talking of it.

2. Used as a partitive meaning "some" or "any":

Mangia del pesce la signorina?	Does the young lady eat some fish?
Sì, ne mangia.	Yes, she does (eat some).

30. SI

1. *Si* can be used as a reflexive pronoun:

Lui si lava.	He washes himself.
Loro si lavano.	They wash themselves.

2. *Si* is used as an impersonal pronoun:

Non sempre si riflette su quel che si dice.	Not always does one ponder over what one says.
Qui si mangia bene.	Here one eats well.

3. *Si* is sometimes used to translate the English passive:

Come si manda questa lettera?	How is this letter sent?

31. ADVERBS

1. Many adverbs end in *-mente:*

caramente	dearly
dolcemente	sweetly

These adverbs are easily formed; take the feminine, singular form of the adjective and add *-mente.* For instance, "dear" = *caro, cara, cari, care;* the feminine singular is *cara,* and so the adverb will be *caramente.* "Sweet" is *dolce, dolci* (there is no difference between the masculine and feminine); the feminine singular is *dolce,* and so the adverb will be *dolcemente.*

2. Adjectives ending in *-le* or *-re* drop the final *e* before *-mente* if the *l* or *r* is preceded by a vowel; thus the adverb corresponding to *facile* is *facilmente* (easily). The adverbs corresponding to *buono* (good) and *cattivo* (bad) are *bene* and *male.*

3. Adverbs may have a comparative and a superlative form: *Caramente, più caramente, molto caramente,* or *carissimamente.*

Observe these irregular comparative and superlative forms of adverbs:

meglio	better
peggio	worse
maggiormente	more greatly
massimamente	very greatly
minimamente	in the least
ottimamente	very well
pessimamente	very bad

32. Prepositions

1. The most common prepositions in Italian are:

di	of
a	at, to
da	from
in	in
con	with
su	above
per	through, by means of, on
tra, fra	between, among

2. When used before a definite article, these prepositions are often contracted. Here are the most common of these combinations:

di + il = del   a + *il = al*
di + lo = dello   a + *lo = allo*
di + la = della   a + *la = alla*
di + l' = dell'   a + *l' = all'*
di + i = dei   a + *i = ai*
di + gli = degli   a + *gli = agli*
di + le = delle   a + *le = alle*

con + il = col   *sul + il = sul*
con + i = coi   *su + la = sulla*
                         su + lo = sullo
                         su + gli = sugli
                         su + i = sui

Io ho del denaro.	I have some money.
il cavallo dello zio	the uncle's horse
Io regalo un dollaro al ragazzo.	I give a dollar to the boy.
Il professore risponde agli studenti.	The professor answers the students.

33. NEGATION

1. *Non* (not) comes before the verb:

Io non vedo.	I don't see.
Lui non parla.	He isn't speaking.

2. Nothing, never, no one:

Non vedo nulla.	I see nothing.
Non vado mai.	I never go.
Non viene nessuno.	No one comes.

If the negative pronoun begins the sentence, *non* is not used.

Nessuno viene.   No one comes.

34. QUESTION WORDS

Che?	What?
Che cosa?	What?
Perché?	Why?
Come?	How?
Quanto?	How much?
Quando?	When?
Dove?	Where?
Quale?	Which?

35. THE TENSES OF VERBS

Italian verbs are divided into three classes (conjugations) according to their infinitives:

Class I—*parlare, amare*
Class II—*scrivere, temere*
Class III—*partire, sentire*

1. The present:
   To form the present tense, take off the infinitive ending *(-are, -ere, -ire)* and add the following present tense endings:

FIRST CONJ. (I)	SECOND CONJ. (II)	THIRD CONJ. (III)
-o	-o	-o
-i	-i	-i
-a	-e	-e
-iamo	-iamo	-iamo
-ate	-ete	-ite
-ano	-ono	-ono

The present tense can be translated in several ways:

Io parlo italiano.	I speak Italian. I am speaking Italian. I do speak Italian.

2. The imperfect:

I	II	III
-avo	*-evo*	*-ivo*
-avi	*-evi*	*-ivi*
-ava	*-eva*	*-iva*
-avamo	*-evamo*	*-ivamo*
-avate	*-evate*	*-ivate*
-avano	*-evano*	*-ivano*

The imperfect is used:

a. To indicate continued or customary action in the past:

Quando ero a Roma andavo sempre a visitare i musei.	When I was in Rome, I was always visiting the museums.
Lo incontravo ogni giorno.	I used to meet him every day. / I would meet him every day.

b. To indicate what was happening when something else happened:

Lui scriveva quando lei è entrata.	He was writing when she entered.

3. The future:
The future of regular verbs is formed by adding to the infinitive (after the final *e* is dropped) the endings *-ò; -ai; -à; -emo; -ete; -anno.* For the

first conjugation, the *a* of the infinitive changes to *e*.

The future generally expresses actions that will take place in the future:

Lo comprerò.	I'll buy it.
Andrò domani.	I'll go tomorrow.

Sometimes it expresses probability or conjecture:

Che ora sarà?	What time can it be? What time do you think it must be?
Sarà l'una.	It must be one.
Starà mangiando ora.	He's probably eating now.

4. *Passato remoto* (preterit, past definite):
This tense indicates an action that happened in a period of time completely finished now. Although there are some regions in Italy where the *passato remoto* is used in conversation, it is chiefly a literary tense, and the *passato prossimo* is used in conversation instead.

Romolo fondò Roma.	Romulus founded Rome.
Dante nacque nel 1265.	Dante was born in 1265.
Garibaldi combattè per l'unità d'Italia.	Garibaldi fought for the unity of Italy.

5. *Passato prossimo* (compound past):
The *passato prossimo* is formed by adding the past participle to the present indicative of *avere* or *essere*. It is used to indicate a past action and corresponds to the English preterit or present perfect:

Io ho finito il mio lavoro.	I finished my work. (I have finished my work.)
L'hai visto?	Have you seen him?
Sono arrivati.	They arrived.

6. The past perfect tense is formed by adding the past participle to the imperfect of *avere* or *essere*.

Lui l'aveva fatto.	He had done it.

7. The *trapassato remoto* (preterit perfect) is formed by adding the past participle to the past definite of *avere* or *essere*. It is a rare, literary tense used to indicate an event that had happened just before another event:

Dopo che ebbe finito uscì.	After he finished he went out.

8. The future perfect tense is a literary tense formed by adding the past participle to the future of *avere* or *essere*.

Lui avrà finito presto.	He will soon have finished.

The future perfect can also be used to indicate probability:

Lui sarà stato ammalato.	He was probably sick.
Saranno già partiti.	They probably left already.

Complete conjugation of a sample verb from each class:

AMARE (FIRST CONJUGATION): TO LOVE, TO LIKE

INDICATIVE

PRESENT
io amo
tu ami
lui/lei/Lei ama
noi amiamo
voi amate
loro amano

IMPERFECT
io amavo
tu amavi
lui/lei/Lei amava
noi amavamo
voi amavate
loro amavano

FUTURE
io amerò
tu amerai
lui/lei/Lei amerà
noi ameremo
voi amerete
loro ameranno

PRESENT PERFECT
io ho amato
tu hai amato
lui/lei/Lei ha amato
noi abbiamo amato
voi avete amato
loro hanno amato

PRETERIT
io amai
tu amasti
lui/lei/Lei amò
noi amammo
voi amaste
loro amarono

PAST PERFECT
io avevo amato
tu avevi amato
lui/lei/Lei aveva amato
noi avevamo amato
voi avevate amato
loro avevano amato

PRETERIT PERFECT
io ebbi amato
tu avesti amato
lui/lei/Lei ebbe amato
noi avemmo amato
voi aveste amato
loro ebbero amato

FUTURE PERFECT
io avrò amato
tu avrai amato
lui/lei/Lei avrà amato
noi avremo amato
voi avrete amato
loro avranno amato

SUBJUNCTIVE

PRESENT
che io ami
che tu ami
che lui/lei/Lei ami
che noi amiamo
che voi amiate
che loro amino

IMPERFECT
che io amassi
che tu amassi
che lui/lei/Lei amasse
che noi amassimo
che voi amaste
che loro amassero

PERFECT
che io abbia amato
che tu abbia amato
che lui/lei/Lei abbia amato

che noi abbiamo amato

che voi abbiate amato
che lui abbiano amato

PAST PERFECT
che io avessi amato
che tu avessi amato
*che lui/lei/Lei avesse
    amato*
*che noi avessimo
    amato*
che voi aveste amato
*che loro avessero
    amato*

IMPERATIVE

PRESENT
ama (tu)
ami (Lei)
amiamo (noi)
amate (voi)
amino (Loro)

CONDITIONAL

PRESENT
io amerei
tu ameresti
lui/lei/Lei amerebbe

noi ameremmo
voi amereste
loro amerebbero

PERFECT
io avrei amato
tu avresti amato
*lui/lei/Lei avrebbe
    amato*
noi avremmo amato
voi avreste amato
loro avrebbero amato

INFINITIVES

PRESENT	PERFECT
amare	*avere amato*

PARTICIPLES

PRESENT	PERFECT
amante	*amato*

GERUNDS

PRESENT	PERFECT
amando	*avendo amato*

TEMERE (SECOND CONJUGATION): TO FEAR

INDICATIVE

PRESENT	IMPERFECT
io temo	*io temevo*
tu temi	*tu temevi*
lui/lei/Lei teme	*lui/lei/Lei temeva*
noi temiamo	*noi temevamo*
voi temete	*voi temevate*
loro temono	*loro temevano*

FUTURE	PRESENT PERFECT
io temerò	*io ho temuto*
tu temerai	*tu hai temuto*
lui/lei/Lei temerà	*lui/lei/Lei ha temuto*
noi temeremo	*noi abbiamo temuto*
voi temerete	*voi avete temuto*
loro temeranno	*loro hanno temuto*

PRETERIT	PAST PERFECT
io temei (or -etti)	*io avevo temuto*
tu temesti	*tu avevi temuto*
lui/lei/Lei temé (or -ette)	*lui/lei/Lei aveva temuto*
noi tememmo	*noi avevamo temuto*
voi temeste	*voi avevate temuto*
loro temerono (or -ettero)	*loro avevano temuto*

PRETERIT PERFECT
io ebbi temuto
tu avesti temuto
lui/lei/Lei ebbe temuto
noi avemmo temuto
voi aveste temuto
loro ebbero temuto

FUTURE PERFECT
io avrò temuto
tu avrai temuto
lui/lei/Lei avrà temuto
noi avremo temuto
voi avrete temuto
loro avranno temuto

SUBJUNCTIVE

PRESENT
che io tema
che tu tema
che lui/lei/Lei tema
che noi temiamo
che voi temiate
che loro temano

IMPERFECT
che io temessi
che tu temessi
che lui/lei/Lei temesse
che noi temessimo
che voi temeste
che loro temessero

PERFECT
che io abbia temuto
che tu abbia temuto
che lui/lei/Lei abbia temuto
che noi abbiamo temuto
che voi abbiate temuto
che loro abbiano temuto

PAST PERFECT
che io avessi temuto
che tu avessi temuto
che lui/lei/Lei avesse temuto
che noi avessimo temuto
che voi aveste temuto
che loro avessero temuto

IMPERATIVE

PRESENT
temi (tu)
tema (Lei)
temiamo (noi)
temete (voi)
temano (Loro)

CONDITIONAL

PRESENT	PERFECT
io temerei	io avrei temuto
tu temeresti	tu avresti temuto
lui/lei/Lei temerebbe	lui/lei/Lei avrebbe temuto
noi temeremmo	noi avremmo temuto
voi temereste	voi avreste temuto
loro temerebbero	loro avrebbero temuto

INFINITIVES

PRESENT	PERFECT
temere	aver temuto

PARTICIPLES

PRESENT	PERFECT
temente	temuto

GERUNDS

PRESENT	PERFECT
temendo	avendo temuto

SENTIRE (THIRD CONJUGATION): TO HEAR

INDICATIVE

PRESENT	IMPERFECT
io sento	io sentivo
tu senti	tu sentivi
lui/lei/Lei sente	lui/lei/Lei sentiva
noi sentiamo	noi sentivamo
voi sentite	voi sentivate
loro sentono	loro sentivano

FUTURE	PRESENT PERFECT
io sentirò	*io ho sentito*
tu sentirai	*tu hai sentito*
lui/lei/Lei sentirà	*lui/lei/Lei ha sentito*
noi sentiremo	*noi abbiamo sentito*
voi sentirete	*voi avete sentito*
loro sentiranno	*loro hanno sentito*

PRETERIT	PAST PERFECT
io sentii	*io avevo sentito*
tu sentisti	*tu avevi sentito*
lui/lei/Lei sentì	*lui/lei/Lei aveva sentito*
noi sentimmo	*noi avevamo sentito*
voi sentiste	*voi avevate sentito*
loro sentirono	*loro avevano sentito*

PRETERIT PERFECT	FUTURE PERFECT
io ebbi sentito	*io avrò sentito*
tu avesti sentito	*tu avrai sentito*
lui/lei/Lei ebbe sentito	*lui/lei/Lei avrà sentito*
noi avemmo sentito	*noi avremo sentito*
voi aveste sentito	*voi avrete sentito*
loro ebbero sentito	*loro avranno sentito*

SUBJUNCTIVE

PRESENT	IMPERFECT
che io senta	*che io sentissi*
che tu senta	*che tu sentissi*
che lui/lei/Lei senta	*che lui/lei/Lei sentisse*
che noi sentiamo	*che noi sentissimo*
che voi sentiate	*che voi sentiste*
che loro sentano	*che loro sentissero*

PERFECT	PAST PERFECT
che io abbia sentito	*che io avessi sentito*
che tu abbia sentito	*che tu avessi sentito*

che lui/lei/Lei abbia sentito	*che lui/lei/Lei avesse sentito*
che noi abbiamo sentito	*che noi avessimo sentito*
che voi abbiate sentito	*che voi aveste sentito*
che loro abbiano sentito	*che loro avessero sentito*

IMPERATIVE

PRESENT
senti (tu)
senta (Lei)
sentiamo (noi)
sentite (voi)
sentano (Loro)

CONDITIONAL

PRESENT	PERFECT
io sentirei	*io avrei sentito*
tu sentiresti	*tu avresti sentito*
lui/lei/Lei sentirebbe	*lui/lei/Lei avrebbe sentito*
noi sentiremmo	*noi avremmo sentito*
voi sentireste	*voi avreste sentito*
loro sentirebbero	*loro avrebbero sentito*

INFINITIVES

PRESENT	PERFECT
sentire	*aver sentito*

PARTICIPLES

PRESENT	PERFECT
sentente	*sentito*

GERUNDS

PRESENT	PERFECT
sentendo	*avendo sentito*

36. The Past Participle

1. The past participle ends in:

-ato, (-ata, -ati, -ate)   *parl -ato*
   (for the First Conjugation)

-uto (-uta, -uti, -ute)   *bev -uto*
   (for the Second Conjugation)

-ito (-ita, -iti, -ite)   *part -ito*
   (for the Third Conjugation)

2. The past participle used with *essere* agrees with the subject of the verb:

Marco è andato.	Marco left.
Le bambine sono andate.	The girls left.

All reflexive verbs also conjugate with *essere*.

Mi sono divertito/a.	I enjoyed myself (f./m.).

3. The past participle used with *avere* changes its form only when it follows a direct object pronoun with which it must agree.

Ho comprato i CD.	I bought the CDs.
Li ho comprati.	I bought them.
Ho visto Anna.	I saw Anna.
L'ho vista.	I saw her.

37. Use of the Auxiliaries

The most common intransitive verbs that are conjugated with the verb *essere* in the compound tenses are the following:

andare, arrivare, scendere, entrare, salire, morire, nascere, partire, restare, ritornare, uscire, cadere, venire.

Io sono venuto (-a).	I have come.
Lui è arrivato.	He has arrived.
Noi siamo partiti.	We have left.

Reflexive verbs form their compound tenses with *essere.* The past participle agrees with the subject.

La signorina si è rotta il braccio.	The young lady broke her arm.

Passive constructions are formed with *essere:*

Il ragazzo è amato.	The boy is loved.
La ragazza è stata amata.	The girl has been loved.
I ragazzi furono amati.	The boys were loved.
Le ragazze saranno amate.	The girls will be loved.

Sometimes the verb *venire* is used instead of *essere* in a passive construction:

La poesia è letta dal maestro.	The poem is read by the teacher.
La poesia viene letta dal maestro.	The poem is read by the teacher.

38. THE PRESENT PROGRESSIVE

Io fumo means "I smoke" or "I am smoking," but there is also a special way of translating "I am smoking": *Io sto fumando.* In other words, Italian uses the verb *stare* with the present gerund of the main verb to emphasize that an action is in progress:

Noi stiamo leggendo.	We are reading.
Lui stava scrivendo.	He was writing.

This form is generally used only in the simple tenses.

39. THE SUBJUNCTIVE

Formation

1. The present tense

   a. First Conjugation: by dropping the *-are* from the infinitive and adding *-i, -i, -i, -iamo, -iate, -ino.*

Penso che lui parli troppo.	I think (that) he speaks too much.

   b. Second and Third Conjugations: by dropping the *-ere* and *-ire* and adding *-a, -a, -a, -iamo, -iate, -iano.*

Sebbene Lei scriva in fretta non fa errori.	Although you write fast, you make no mistakes.

2. The imperfect tense

   a. First Conjugation: by dropping the *-are* and adding *-assi, -assi, -asse, -assimo, -aste, -assero.*

Credevo che il ragazzo lavorasse molto.	I thought (that) the boy was working hard.

    b. Second Conjugation: by dropping the -*ere* and adding -*essi*, -*essi*, -*esse*, -*essimo*, -*este*, -*essero*.

Prima che le signorina scrivesse la lettera il padre la chiamò.	Before the girl wrote the letter, her father called her.

    c. Third Conjugation: by dropping the -*ire* and adding -*issi*, -*issi*, -*isse*, -*issimo*, -*iste*, -*issero*.

Ero del parere che il mio amico si sentisse male.	I was under the impression that my friend did not feel well.

3. The compound tenses (perfect and past perfect) These are formed with the present and imperfect of the subjunctive of "to have" and "to be" and the past participle.

Credo che gli studenti abbiano finito la lezione.	I think (that) the students have finished the lesson.
Era possibile che i mei amici fossero già arrivati in città.	It was possible that my friends had already arrived in town.

Uses of the Subjunctive

The subjunctive mood expresses doubt, uncertainty, hope, fear, desire, supposition, possibility, probability, granting, etc. For this reason, it is mostly found in clauses dependent upon another verb.

The subjunctive is used in dependent clauses in the following ways:

    a. After verbs expressing hope, wish, desire, command, doubt:

Voglio che tu ci vada.	I want you to go there.

    b. After verbs expressing an opinion *(penso, credo)*:

Penso che sia vero.	I think it is true.

    c. After expressions made with a form of *essere* and an adjective or an adverb *(è necessario, è facile, è possibile),* or some impersonal expressions like *bisogna, importa, etc.*:

È necessario che io parta subito.	It is necessary that I leave immediately.
È impossibile che noi veniamo questa sera.	It is impossible for us to come this evening.

    d. After some conjunctions—*sebbene, quantunque, per quanto, benché, affinché, prima che* (subjunctive to express a possibility; indicative to express a fact):

Sebbene non sia guarito, devo uscire.	Although I am not well yet, I must go out.
Benche io te l'abbia già detto, ricordati di andare alla Posta.	Although I told you already, remember to go to the Post Office.

40. THE CONDITIONAL

The conditional is formed:

1. In the present tense:
   First and Second Conjugations: by dropping the final vowel of the infinitive and adding *-ei, -esti, -ebbe, -emmo, -esti,* and *-ebbero.* The *-a* of the first conjugation changes to *-e,* as in the future tense.

La signora parlerebbe molto, se potesse.	The lady would speak a lot if she could.
Il signore si sentirebbe bene, se prendesse le pillole.	The gentleman would feel well if he took the pills.

2. In the past tense:
By using the present conditional of "to have" or "to be" and the past participle.

Mio cugino non avrebbe investito il suo denaro in questo, se l'avesse saputo prima.	My cousin would not have invested his money in this if he had known it before.

41. "If" Clauses

An "if" clause can express:

1. *Reality.* In this case the indicative present and future is used:

Se studio, imparo.	If I study, I learn.
Se oggi pioverà, non uscirò.	If it rains today, I won't go out.

2. *Possibility.* The imperfect subjunctive and the conditional present are used to express possibility in the present:

Se studiassi, imparerei.	If I studied, I would learn.
Se tu leggessi, impareresti.	If you read, you would learn. (The idea is that it is possible that you may read and so you may learn.)

The past perfect subjunctive and the past conditional are used to express a possibility in the past:

Se tu avessi letto, avresti imparato.	If you had read, you would have learned. (The idea is that you might have read and so might have learned.)

3. *Impossibility* or *counterfactuality.* Use the same construction as in number 2; the only difference is that we know that the condition cannot be fulfilled.

Se avessi studiato, avrei imparato.	If I had studied, I would have learned. (But it's a fact that I did not study, and so I did not learn.)
Se l'uomo vivesse mille anni, imparerebbe molte cose.	If a man lived 1,000 years, he would learn many things. (But it's a fact that people don't live 1,000 years, and so don't learn many things.)

42. The Imperative

The forms of the imperative are normally taken from the present indicative:

leggi	read *(familiar)*
leggiamo	let's read
leggete	read *(plural)*

For the First Conjugation, however, note:

canta	sing

The polite forms of the imperative are taken from the present subjunctive:

canti	sing
cantino	sing
legga	read
leggano	read

43. "To Be" and "To Have"

Essere and *avere*, "to be" and "to have," are very irregular. For your convenience, here are their complete conjugations.

ESSERE: TO BE

INDICATIVE

PRESENT	PRETERIT
io sono	*io fui*
tu sei	*tu fosti*
lui/lei/Lei è	*lui/lei/Lei fu*
noi siamo	*noi fummo*
voi siete	*voi foste*
loro sono	*loro furono*

IMPERFECT	PAST PERFECT
io ero	*io ero stato/a*
tu eri	*tu eri stato/a*
lui/lei/Lei era	*lui/lei/Lei era stato/a*
noi eravamo	*noi eravamo stati/e*
voi eravate	*voi eravate stati/e*
loro erano	*loro erano stati/e*

FUTURE
io sarò
tu sarai
lui/lei/Lei sarà
noi saremo
voi sarete
loro saranno

PRESENT PERFECT
io sono stato/a
tu sei stato/a
lui/lei/Lei è stato
noi siamo stati/e
voi siete stati/e
loro sono stati/e

PRETERIT PERFECT
io fui stato/a
tu fosti stato/a
lui/lei/Lei fu stato/a
noi fummo stati/e
voi foste stati/e
loro furono stati/e

FUTURE PERFECT
io sarò stato/a
tu sarai stato/a
lui/lei/Lei sarà stato
noi saremo stati/e
voi sarete stati/e
loro saranno stati/e

SUBJUNCTIVE

PRESENT
che io sia
che tu sia
che lui/lei/Lei sia
che noi siamo
che voi siate
che loro siano

PERFECT
che io sia stato/a
che tu sia stato/a
che lui/lei/Lei sia stato

che noi siamo stati/e
che voi siate stati/e
che loro siano stati/e

IMPERFECT
che io fossi
che tu fossi
che lui/lei/Lei fosse
che noi fossimo
che voi foste
che loro fossero

PAST PERFECT
che io fossi stato/a
che tu fossi stato/a
*che lui/lei/Lei fosse
     stato/a*
che noi fossimo stati/e
che voi foste stati/e
che loro fossero stati/e

IMPERATIVE

PRESENT
sii (tu)
sia (Lei)

siamo (noi)
siate (voi)
siano (Loro)

CONDITIONAL

PRESENT	PERFECT
io sarei	*io sarei stato/a*
tu saresti	*tu saresti stato/a*
lui/lei/Lei sarebbe	*lui/lei/Lei sarebbe stato/a*
noi saremmo	*noi saremmo stati/e*
voi sareste	*voi sareste stati/e*
loro sarebbero	*loro sarebbero stati/e*

INFINITIVE

PRESENT	PERFECT
essere	*essere stato/a/i/e*

PARTICIPLE

	PERFECT
	stato/a/i/e

GERUND

PRESENT	PERFECT
essendo	*essendo stato/a/i/e*

AVERE: TO HAVE

INDICATIVE

PRESENT	PRETERIT
io ho	*io ebbi*
tu hai	*tu avesti*

lui/lei/Lei ha
noi abbiamo
voi avete
loro hanno

lui/lei/Lei ebbe
noi avemmo
voi aveste
loro ebbero

IMPERFECT
io avevo
tu avevi
lui/lei/Lei aveva
noi avevamo
voi avevate
loro avevano

PAST PERFECT
io avevo avuto
tu avevi avuto
lui/lei/Lei aveva avuto
noi avevamo avuto
voi avevate avuto
loro avevano avuto

FUTURE
io avrò
tu avrai
lui/lei/Lei avrà
noi avremo
voi avrete
loro avranno

PRETERIT PERFECT
io ebbi avuto
tu avesti avuto
lui/lei/Lei ebbi avuto
noi avemmo avuto
voi aveste avuto
loro ebbero avuto

PRESENT PERFECT
io ho avuto
tu hai avuto
lui/lei/Lei ha avuto
noi abbiamo avuto
voi avete avuto
loro hanno avuto

FUTURE PERFECT
io avrò avuto
tu avrai avuto
lui/lei/Lei avrà avuto
noi avremo avuto
voi avrete avuto
loro avranno avuto

SUBJUNCTIVE

PRESENT
che io abbia
che tu abbia
che lui/lei/Lei abbia

IMPERFECT
che io avessi
che tu avessi
che lui/lei/Lei avesse

che noi abbiamo
che voi abbiate
che loro abbiano

che noi avessimo
che voi aveste
che loro avessero

PERFECT
che io abbia avuto
che tu abbia avuto
che lui/lei/Lei abbia avuto

che noi abbiamo avuto
che voi abbiate avuto
che loro abbiano avuto

PAST PERFECT
che io avessi avuto
che tu avessi avuto
che lui/lei/Lei avesse
    avuto
che noi avessimo avuto
che voi aveste avuto
che loro avessero avuto

IMPERATIVE

PRESENT
abbi (tu)
abbia (Lei)
abbiamo (noi)
abbiate (voi)
abbiano (Loro)

CONDITIONAL

PRESENT
io avrei
tu avresti
lui/lei/Lei avrebbe

noi avremmo
voi avreste
loro avrebbero

PERFECT
io avrei avuto
tu avresti avuto
lui/lei/Lei avrebbe
    avuto
noi avremmo avuto
voi avreste avuto
loro avrebbero avuto

INFINITIVE

PRESENT
avere

PERFECT
avere avuto

PARTICIPLES

PRESENT
avente

PERFECT
avuto

GERUND

PRESENT
avendo

PERFECT
avendo avuto

44. SOME IRREGULAR VERBS

(Only irregular tenses are indicated. Other tenses follow the regular pattern of the conjugation as shown in the tenses of the verb.)

Andare = to go
Ind. pres.: *vado, vai, va, andiamo, andate, vanno.*
Future: *andrò, andrai, andrà, andremo, andrete, andranno.*
Subj. pres.: *vada, vada, vada, andiamo, andiate, vadano.*
Imperative: *va', vada, andiamo, andate, vadano.*
Cond. pres.: *andrei, andresti, andrebbe, andremmo, andreste, andrebbero.*
Past part.: *andato.*

Bere = to drink
Ind. pres.: *bevo, bevi, beve, beviamo, bevete, bevono.*
Imperfect: *bevevo, bevevi,* etc.
Preterit: *bevvi, bevesti, bevve, bevemmo, beveste, bevvero.*
Future: *berrò, berrai, berra, berremo, berrete, berranno.*
Subj. imp.: *bevessi, bevessi, bevesse, bevessimo, beveste, bevessero.*

Cond. pres.: *berrei, berresti, berrebbe, berremmo, berreste, berrebbero.*
Past part.: *bevuto.*

Cadere = to fall
Future: *cadrò, cadrai, cadrà, cadremo, cadrete, cadranno.*
Preterit: *caddi, cadesti, cadde, cademmo, cadeste, caddero.*
Cond. pres.: *cadrei, cadresti, cadrebbe, cadremmo, cadreste, cadrebbero.*
Past part.: *caduto/-a*

Chiedere = to ask
Preterit: *chiesi, chiedesti, chiese, chiedemmo, chiedeste, chiesero.*
Past part.: *chiesto.*

Chiudere = to shut
Preterit: *chiusi, chiudesti, chiuse, chiudemmo, chiudeste, chiusero.*
Past part.: *chiuso.*

Conoscere = to know
Preterit: *conobbi, conoscesti, conobbe, conoscemmo, conosceste, conobbero.*
Past part.: *conosciuto.*

Cuocere = to cook
Ind. pres.: *cuocio, cuoci, cuoce, cociamo, cocete, cuociono.*
Preterit: *cossi, cocesti, cosse, cocemmo, coceste, cossero.*
Subj. pres.: *cuocia, cuocia, c(u)ociamo, c(u)ociate, cuociano.*

Imperative: *cuoci, cuoc(i)a, c(u)ociamo, c(u)ocete, cuoc(i)ano.*
Past part.: *cotto.*

Dare = to give
Ind. pres.: *do, dai, dà, diamo, date, danno.*
Preterit: *diedi* or *detti, desti, diede* or *dette, demmo, deste, dettero* or *diedero.*
Subj. pres.: *dia, dia, dia, diamo, diate, diano.*
Subj. imper.: *dessi, dessi, desse, dessimo, deste, dessero.*
Imperative: *da', dia, diamo, date, diano.*
Past part.: *dato.*

Dire = to say
Ind. pres.: *dico, dici, dice, diciamo, dite, dicono.*
Imperfect: *dicevo, dicevi, diceva, dicevamo, dicevate, dicevano.*
Preterit: *dissi, dicesti, disse, dicemmo, diceste, dissero.*
Subj. pres.: *dica, dica, dica, diciamo, diciate, dicano.*
Subj. imper.: *dicessi, dicessi, dicesse, dicessimo, diceste, dicessero.*
Imperative: *di', dica, diciamo, dite, dicano.*
Past part.: *detto.*

Dovere = to owe, to be obliged, to have to
Ind. pres.: *devo* or *debbo, devi, deve, dobbiamo,* or *dovete, devono,* or *debbono.*
Future: *dovrò, dovrai, dovrà, dovremo, dovrete, dovranno.*
Subj. pres.: *deva* or *debba, deva* or *debba, deva* or *debba, dobbiamo, dobbiate, devano* or *debbano.*
Cond. pres.: *dovrei, dovresti, dovrebbe, dovremmo, dovreste, dovrebbero.*
Past part.: *dovuto.*

Fare = to do
Ind. pres.: *faccio, fai, fa, facciamo, fate, fanno.*
Imperfect: *facevo, facevi, faceva, facevamo, facevate, facevano.*
Preterit: *feci, facesti, fece, facemmo, faceste, fecero.*
Subj. pres.: *faccia, faccia, faccia, facciamo, facciate, facciano.*
Subj. imp.: *facessi, facessi, facesse, facessimo, faceste, facessero.*
Imper. pres.: *fa', faccia, facciamo, fate, facciano.*
Past part.: *fatto.*

Leggere = to read
Preterit: *lessi, leggesti, lesse, leggemo, leggeste, lessero.*
Past part.: *letto.*

Mettere = to put
Preterit: *misi, mettesti, mise, mettemmo, metteste, misero.*
Past part.: *messo.*

Morire = to die
Ind. pres.: *muoio, muori, muore, moriamo, morite, muoiono.*
Future: *morirò* or *morrò, mor(i)rai, mor(i)rà, mor(i)remo, mor(i)rete, mor(i)ranno.*
Subj. pres.: *muoia, muoia, muoia, moriamo, moriate, muoiano.*
Cond. pres.: *morirei* or *morrei, mor(i)resti, mor(i)rebbe, mor(i)remmo, mor(i)reste, mor(i)rebbero.*
Past part.: *morto.*

Nascere = to be born
Preterit: *nacqui, nascesti, nacque, nascemmo, nasceste, nacquero.*
Past part.: *nato.*

Piacere = to please, to like
Ind. pres.: *piaccio, piaci, piace, piacciamo, piacete, piacciono.*
Preterit: *piacqui, piacesti, piacque, piacemmo, piaceste, piacquero.*
Subj. pres.: *piaccia, piaccia, piaccia, piac(c)iamo, piac(c)iate, piacciano.*
Past part.: *piaciuto.*

Piovere = to rain
Ind. pres.: *piove, piovono.*
Preterit: *piovve, piovvero.*
Past part.: *piovuto.*

Potere = to be able, can
Ind. pres.: *posso, puoi, può, possiamo, potete, possono.*
Future: *potrò, potrai, potrà, potremo, potrete, potranno.*
Subj. pres.: *possa, possa, possa, possiamo, possiate, possano.*
Cond. pres.: *potrei, potresti, potrebbe, potremmo, potreste, potrebbero.*
Past part.: *potuto*

Ridere = to laugh
Ind. pres.: *rido, ridi, ride, ridiamo, ridete,ridono.*
Preterit: *risi, ridesti, rise, ridemmo, rideste, risero.*
Past part.: *riso.*

Rimanere = to stay
Ind. pres.: *rimango, rimani, rimane, rimaniamo, rimanete, rimangono.*
Preterit: *rimasi, rimanesti, rimase, rimanemmo, rimaneste, rimasero.*
Future: *rimarrò, rimarrai, rimarrà, rimarremo, rimarrete, rimarranno.*

Subj. pres.: *rimanga, rimanga, rimanga, rimaniamo, rimaniate, rimangano.*
Cond. pres.: *rimarrei, rimarresti, rimarrebbe, rimarremmo, rimarreste, rimarrebbero.*
Past part.: *rimasto.*

Rispondere = to answer
Preterit: *risposi, rispondesti, rispose, rispondemmo, rispondeste, risposero.*
Past part.: *risposto.*

Salire = to go up, to climb
Ind. pres.: *salgo, sali, sale, saliamo, salite, salgono.*
Subj. pres.: *salga, salga, salga, saliamo, saliate, salgano.*
Imperative: *sali, salga, saliamo, salite, salgano.*
Past part.: *salito.*

Sapere = to know
Ind. pres.: *so, sai, sa, sappiamo, sapete, sanno.*
Future: *saprò, saprai, saprà, sapremo, saprete, sapranno.*
Preterit: *seppi, sapesti, seppe, sapemmo, sapeste, seppero.*
Subj. pres.: *sappia, sappia, sappia, sappiamo, sappiate, sappiano.*
Imperative: *sappi, sappia, sappiamo, sappiate, sappiano.*
Cond. pres.: *saprei, sapresti, saprebbe, sapremmo, sapreste, saprebbero.*
Past part.: *saputo.*

Scegliere = to choose, select
Ind. pres.: *scelgo, scegli, sceglie, scegliamo, scegliete, scelgono.*

Preterit: *scelsi, scegliesti, scelse, scegliemmo, sceglie-
ste, scelsero.*
Subj. pres.: *scelga, scelga, scelga, scegliamo, sceglia-
te, scelgano.*
Imperative: *scegli, scelga, scegliamo, scegliete, scelgano.*
Past part.: *scelto.*

Scendere = to go down, descend
Preterit: *scesi, scendeste, scese, scendemmo, scen-
deste, scesero.*
Past part.: *sceso.*

Scrivere = to write
Preterit: *scrissi, scrivesti, scrisse, scrivemmo,
scriveste, scrissero.*
Past part.: *scritto.*

Sedere = to sit
Ind. pres.: *siedo, siedi, siede, sediamo, sedete, siedono.*
Subj. pres.: *sieda, sieda, sieda, sediamo, sediate,
siedano.*
Imperative: *siedi, sieda, sediamo, sedete, siedano.*
Past part.: *seduto*

Stare = to stay; to remain (to be)
Ind. pres.: *sto, stai, sta, stiamo, state, stanno.*
Preterit: *stetti, stesti, stette, stemmo, steste, stettero.*
Future: *starò, starai, starà, staremo, starete, staranno.*
Subj. pres.: *stia, stia, stia, stiamo, stiate, stiano.*
Subj. imper.: *stessi, stessi, stesse, stessimo, steste,
stessero.*
Imperative: *sta', stia, stiamo, stiate, stiano.*
Cond. pres.: *starei, staresti, starebbe, staremmo,
stareste, starebbero.*
Past part.: *stato.*

Uscire = to go out
Ind. pres.: *esco, esci, esce, usciamo, uscite, escono.*
Subj. pres.: *esca, esca, esca, usciamo, usciate, escano.*
Imperative: *esci, esca, usciamo, uscite, escano.*
Past part.: *uscito*

Vedere = to see
Ind. pres.: *vedo, vedi, vede, vediamo, vedete, vedono.*
Preterit: *vidi, vedesti, vide, vedemmo, vedeste, videro.*
Future: *vedrò, vedrai, vedrà, vedremo, vedrete, vedranno.*
Past part.: *visto* or *veduto.*

Venire = to come
Ind. pres.: *vengo, vieni, viene, veniamo, venite, vengono.*
Preterit: *venni, venisti, venne, venimmo, veniste, vennero.*
Future: *verrò, verrai, verrà, verremo, verrete, verranno.*
Subj. pres.: *venga, venga, venga, veniamo, veniate, vengano.*
Imperative: *vieni, venga, veniamo, venite, vengano.*
Cond. pres.: *verrei, verresti, verrebbe, verremmo, verreste, verrebbero.*
Pres. part.: *veniente.*
Past part.: *venuto.*

Vivere = to live
Preterit: *vissi, vivesti, visse, vivemmo, viveste, vissero.*
Future: *vivrò, vivrai, vivrà, vivremo, vivrete, vivranno.*
Cond. pres.: *vivrei, vivresti, vivrebbe, vivremmo, vivreste, vivrebbero.*
Past part.: *vissuto.*

Volere = to want

Ind. pres.: *voglio, vuoi, vuole, vogliamo, volete, vogliono.*

Preterit: *volli, volesti, volle, volemmo, voleste, vollero.*

Future: *vorrò, vorrai, vorrà, vorremo, vorrete, vorranno.*

Subj. pres.: *voglia, voglia, voglia, vogliamo, vogliate, vogliano.*

Cond. pres.: *vorrei, vorresti, vorrebbe, vorremmo, vorreste, vorrebbero.*

Past part.: *voluto.*

LETTER WRITING

A. FORMAL INVITATIONS AND
ACCEPTANCES
INVITI FORMALI

marzo 2002

*Il signore e la signora Peretti hanno il piacere di
annunciare il matrimonio della loro figlia Maria con
il signor Giovanni Rossi, ed hanno il piacere di invi-
tarvi alla cerimonia che avrà luogo nella Chiesa di
San Giuseppe, il sei di questo mese, alle ore dodici.
Dopo la cerimonia un ricevimento sarà dato in onore
degli sposi nella casa dei genitori della sposa.*

March 2002

Mr. and Mrs. Peretti take pleasure in announcing the
wedding of their daughter Maria to Mr. Giovanni
Rossi, and have the pleasure of inviting you to the ceremony, which will take place at the Church of San
Giuseppe on the sixth of this month at twelve noon.
There will be a reception for the newlyweds afterward
at the residence of the bride's parents.

settembre 2002

*Il signore e la signora De Marchi hanno il piacere di
invitare il signor Rossi e la sua gentile signora a cena
lunedì prossimo, alle otto.*

September 2002

Mr. and Mrs. De Marchi take pleasure in inviting
Mr. and Mrs. Rossi to dinner next Monday at eight
o'clock.

marzo 2002

Il signore e la signora Martini hanno il piacere di invitare il signore e la signora Parisi al ricevimento in onore della loro figlia Anna, domenica sera, 19 marzo, alle ore nove.

March 2002

Mr. and Mrs. Martini take pleasure in inviting Mr. and Mrs. Parisi to a party in honor of their daughter Anna, on Sunday evening, March 19, at nine o'clock.

Responses
RISPOSTE

Il signor Parisi e signora ringraziano per il cortese invito, felici di prendere parte al ricevimento del 19 marzo p.v.

Thank you for your kind invitation. We will be honored to attend the reception on March 19th.

[Note: *p.v.* = *prossimo venturo,* which means "the next coming" (month). *c.m.* = *corrente mese,* which means "of this month" (the running month).]

I coniugi Rossi accettano il gentile invito per lunedì prossimo e ringraziano sentitamente.

Mr. and Mrs. Rossi will be honored to have dinner with Mr. and Mrs. De Marchi next Monday. With kindest regards.

I coniugi Rossi ringraziano sentitamente il signore e la signora Peretti per il cortese invito, spiacenti che impegni precedenti non permettano loro di poter accettare.

Mr. and Mrs. Rossi thank Mr. and Mrs. Peretti for their kind invitation and regret that they are unable to come due to a previous engagement.

B. THANK-YOU NOTES
BIGLIETTI DI RINGRAZIAMENTO

Roma, 5 marzo 2002

Cara Anna,

    Poche righe soltanto per sapere come stai e per ringraziarti del bellissimo vaso che mi hai regalato. L'ho messo sul pianoforte, e ti assicuro che è bellissimo.
    Spero di vederti il mese prossimo al ricevimento di Angela. Sono sicura che la festa sarà molto divertente.
    Mi auguro che la tua famiglia stia bene, come la mia. Ti saluto affettuosamente.

Mària

March 5, 2002

Dear Anna,

    Just a few lines to say hello and also to let you know that I received the beautiful vase you sent me as a gift. I've put it on the piano, and you can't imagine how nice it looks.

    I hope to see you at Angela's party next month. I think it's going to be a lot of fun.

    I hope your family is all well, as is mine. Everyone here is fine.

Affectionately,

Maria

C. BUSINESS LETTERS
LETTERE COMMERCIALI

Cavatorta & Co.,
Via Veneto 125,
Roma—Italia

Ditta Marini e Figli
Via Nomentana, 11
Roma.

Roma, 2 aprile 2002

Gentili Signori:

Abbiamo il piacere di presentarvi il portatore di questa lettera, signor Carlo Fontanesi, che è uno dei nostri agenti attualmente in visita alle principali città del vostro paese. Inutile aggiungere che qualsiasi gentilezza sarà usata al signor Fontanesi sarà da noi gradita come un personale favore.

Ringraziandovi in anticipo, vi inviamo i nostri distinti saluti.

Cavatorta & Co.
il Presidente

Cavatorta & Co.
Via Veneto 125
Rome—Italy

Marini & Sons
Via Nomentana, 11
Rome

April 2, 2002

Gentlemen:

We have the pleasure of introducing to you the bearer of this letter, Mr. Carlo Fontanesi, one of our salesmen, who is visiting the principal cities of your country. We shall greatly appreciate any courtesy you extend to him. Needless to say, we shall consider any courtesy you extend to him as a personal favor.

Thanking you in advance, we send our best regards.

Cavatorta & Co.
President

Milano, 3 marzo 2002
Signor Giulio Perri
direttore de "Il Mondo"
Via Montenapoleone, 3
Milano.

Gentile Signore:

    Includo un assegno di €100 (cento) per un anno di abbonamento alla Sua rivista.

Distintamente

Lucia Landi

Lucia Landi
Corso Vittorio Emanuele, 8
Roma

March 3, 2002

Mr. Giulio Perri
Editor of *Il Mondo*
Via Montenapoleone, 3
Milan

Dear Sir:
    Enclosed please find a check for 100 euros for a year's subscription to your magazine.

Very truly yours,
Lucia Landi

Lucia Landi
8 Corso Vittorio Emanuele
Rome

D. INFORMAL LETTERS
LETTERE INFORMALI

Caro Giuseppe,

Sono stato molto lieto di ricevere la tua ultima lettera. Prima di tutto desidero darti la grande notizia. Ho finalmente deciso di fare un viaggio a Roma, dove intendo rimanere tutto il mese di maggio. Anna verrà con me. Lei è molto felice che avrà così l'occasione di conoscervi. Cerca, perciò, di essere possibilmente libero, per allora.

Gli affari vanno bene e spero che il buon vento continui. L'altro giorno ho visto Antonio e lui mi ha chiesto tue notizie.

Ti sarei grato se vorrai riservarci una camera all'albergo Nazionale. Scrivi presto. Saluti ad Elena.

tuo
Giovanni

Dear Giuseppe,

I was very happy to get your last letter. First of all, let me give you the big news. I have finally decided to make a trip to Rome, where I expect to spend all of May. Anna will come with me. She is extremely happy to be able to meet the two of you at last. Try therefore to be as free as you can then.

Business is good now, and I hope will keep that way (that the good wind will continue). I saw Antonio the other day and he asked me about you.

I'd be grateful to you if you would try to reserve a room for us at the National Hotel. Write soon. Give my regards to Helen.

Yours,
Giovanni

E. E-MAILS

a. A business e-mail

Gentile Giovanni Maria,

   grazie per aver acquistato su mondowind online.
   Abbiamo ricevuto l'ordine che hai effettuato presso mondowind online.
   Ecco il dettaglio del tuo acquisto:
   1 Ricarica ReWind on line da 60 euro
   per il numero 320-7757155
   Controlla che i dati riportati siano esatti, annota il numero dell'ordine e conservalo per qualsiasi verifica.
   Puoi anche verificare lo stato di avanzamento del tuo ordine, aggiornato in tempo reale, direttamente sul sito, cliccando sul link "Tracking ordine" posto a sinistra.
   Riceverai presto aggiornamenti sullo stato del tuo acquisto.

   Cordiali saluti,
   Servizio Clienti mondowind online

Dear Giovanni Maria,

Thanks for shopping on Mondowind Online.

We received your order. Here are the details of your purchase:

1 ReWind Recharge online for 60 euros

for number 320-775-7155

Please check that this information is correct, make a note of the order number and keep it for your records.

You can also verify the status of your order, updated in real time, directly on the site, by clicking on the link "Tracking Order" on your left.

You'll soon receive updates on the status of your purchase.

Sincerely,
Mondowind Online Customer Services

b. A personal e-mail

Carissima, grazie dell'e-mail! Buone vacanze anche a te! Ti mando in allegato la foto del mio nuovo cane. Inoltrala anche a Fabio. Grazie! A presto! Carla

Dearest, thanks a lot for your e-mail! Happy Holidays to you too! I'm sending in an attachment the picture of my new dog. Forward it to Fabio too. Thank you! See you soon! Carla

F. FORMS OF SALUTATIONS

Formal

Signore	Sir
Signora	Madam (Mrs., Ms.)
Signorina	Miss
Professore	My dear Professor

Gentile signor Rossi	My dear Mr. Rossi
Gentile signora Rossi	My dear Mrs. Rossi
Gentile signorina Rossi	My dear Miss Rossi

Informal

Caro Antonio	My dear Antonio
Cara Anna	My dear Anna
Carissimo Paolo	Dearest Paolo
Carissima Giovanna	Dearest Giovanna
Ciao, tesoro	My dearest

G. FORMS OF COMPLIMENTARY CLOSINGS

Formal

1. *Distinti saluti.* — Very truly yours.

2. *Cordiali saluti.* — Sincerely. (Heartfelt feelings.)

3. *Le invio cordiali saluti.* — Sincerely. (I send you heartfelt greetings.)

Informal

1. *In attesa di vostre notizie vi invio i miei sinceri e cordiali saluti.* — Best regards. (Waiting for your news, I send you my sincere and heartfelt greetings.)

2. *Sperando di ricevere presto tue notizie ti invio cordialissimi saluti.* — Best regards. (Hoping to hear from you soon, I send you my most heartfelt greetings.)

3. *Cari saluti.* — Best.

4. *Un abbraccio.* — Love. (Hugs.)

5. *Un bacio(ne).* — Kisses.

6. *A presto.* — Talk to you soon.

H. FORMS OF THE ENVELOPE

Paolo Bolla
Via Veneto, 10
00100 Roma

        Gent.mo Sig.
        Angelo Rossi
        Piazza Roma, 24
        80133 Napoli

Barbara Soldi
Via Nomentana, 27
00100 Roma

        Gent.ma Sig.ra
        Marcella Marini
        Via Montenapoleone, 13
        20100 Milano

Anna Rossi
Piazza Vittorio Emanuele, 9
50123 Firenze

        Gent.ma Sig.na
        Silvana Tarri
        Piazza Venezia, 71
        00100 Roma

INTERNET RESOURCES

The following is a list of useful websites for those students who would like to enhance their language-learning experience.

Italian Government Tourist Board
www.italiantourism.com

Events, food, sport
www.allaboutitaly.com

Events, accommodations, and general information
www.initaly.com

Information on all of Italy
www.discoveritalia.com

Museums of Italy
www.museionline.com

Rome
www.romaturismo.com

Florence
www.firenze.net

Venice
www.turismovenezia.it

Amalfi Coast
www.touristbureau.com/indexIta.asp

Sicily
www.bestofsicily.com

Italian newspaper from Milan
www.corriere.it

The Italian version of Yahoo!
it.yahoo.com

INDEX

NOTES

NOTES

Take Your **Language Skills** to the **Next Level!**

Go *Beyond the Basics* with this acclaimed new series, developed by the experts at **LIVING LANGUAGE**®

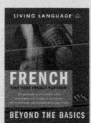

FRENCH — BEYOND THE BASICS

Package: $27.95/C$39.95
ISBN: 1-4000-2168-5
Book: $8.95/C$12.95
ISBN: 1-4000-2165-0

GERMAN — BEYOND THE BASICS

Package: $27.95/C$39.95
ISBN: 1-4000-2172-3
Book: $8.95/C$12.95
ISBN: 1-4000-2169-3

ITALIAN — BEYOND THE BASICS

Package: $27.95/C$39.95
ISBN: 1-4000-2176-6
Book: $8.95/C$12.95
ISBN: 1-4000-2173-1

SPANISH — BEYOND THE BASICS

Package: $27.95/C$39.95
ISBN: 1-4000-2164-2
Book: $8.95/C$12.95
ISBN: 1-4000-2161-8

INGLÉS — MÁS ALLÁ DE LO BÁSICO

Package: $27.95/C$39.95
ISBN: 1-4000-2180-4
Book: $8.95/C$12.95
ISBN: 1-4000-2177-4

Each course package comes complete with a course book, a dictionary, and four hours of recordings on four CDs. These courses are perfect for people with some introductory knowledge who would like to fine-tune their language skills.

Available in French, German, Italian, Spanish, and Inglés/English for Spanish Speakers.

AVAILABLE AT BOOKSTORES EVERYWHERE
www.livinglanguage.com

Also available from LIVING LANGUAGE®

2,000+ Essential Italian Verbs
The perfect companion book to any language course. Learn the forms, master the tenses, and speak fluently!

$18.95/C$26.95 • ISBN: 1-4000-2097-2

Drive Time Italian
A hands-free language course for learning on the road!

4 CDs or Cassettes/Listener's Guide
$21.95/C$29.95 • ISBN: 1-4000-2183-9 (CD Package) • 1-4000-2186-3 (Cassette Package)

Italian for Travelers
An essential language program for leisure and business travelers.

2 CDs/Phrase Book • $19.95/C$27.95
ISBN: 1-4000-1491-3

In-Flight Italian
An essential one-hour program aimed at helping travelers learn enough to get by in every travel situation.

CD/Audioscript • $13.95/C$21.00
ISBN: 0-609-81071-5

Ultimate Italian: Beginner-Intermediate
Our most comprehensive program for serious language learners, businesspeople, and anyone planning to spend time abroad.

8 CDs/Course Book • $79.95/C$110.00
ISBN: 1-4000-2111-1

Ultimate Italian: Advanced
Ideal for serious language learners who would like to develop native-sounding conversational skills.

8 CDs/Course Book • $79.95/C$120.00
ISBN: 1-4000-2066-2